上海金融论丛 2019

金融中心建设与风险防范

上海市金融学会　编

责任编辑：石　坚
责任校对：李俊英
责任印制：丁淮宾

图书在版编目（CIP）数据

金融中心建设与风险防范/上海市金融学会编．—北京：中国金融出版社，2019.11

（上海金融论丛 2019）

ISBN 978－7－5220－0291－0

Ⅰ.①金… Ⅱ.①上… Ⅲ.①国际金融中心—建设—上海—文集 Ⅳ.①F832.751－53

中国版本图书馆 CIP 数据核字（2019）第 210149 号

金融中心建设与风险防范

Jingong Zhongxin Jianshe yu Fengxian Fangfan

出版

发行　**中国金融出版社**

社址　北京市丰台区益泽路2号

市场开发部　（010）63266347，63805472，63439533（传真）

网上书店　http：//www.chinafph.com

　　　　　（010）63286832，63365686（传真）

读者服务部　（010）66070833，62568380

邮编　100071

经销　新华书店

印刷　保利达印务有限公司

尺寸　169毫米×239毫米

印张　18.75

字数　330千

版次　2019年11月第1版

印次　2019年11月第1次印刷

定价　69.00元

ISBN 978－7－5220－0291－0

如出现印装错误本社负责调换　联系电话（010）63263947

目 录

上海金融中心与科创中心

上海国际金融中心建设研究
  王 江 张 春 严 弘 吴 婷 仲文娜 …………… 3
上海建设全球金融科技中心的现状与路径研究
  尹应凯 刘亚洲 王 艳 王柔雅 …………………… 24
金融科技在金融市场基础设施领域的应用研究
  张生举 刘俊山 吴 昊 王 然 …………………… 44
金融科技对上海国际金融中心建设的影响及监管研究
  朱永行 刘 凌 王德发 ………………………………… 60

金融风险防范

去杠杆背景下我国债券违约特征、影响与应对
  闻岳春 夏 婷 程天笑 ………………………………… 77
新时期商业银行不当行为风险防化的有效性研究
  中国工商银行上海市分行课题组 ……………………… 95
信用违约互换的信用事件触发和处置机制研究
  蔡 悦 杜 一 侯 哲 毛文逸 ………………………… 109
偿二代下基于风险与价值的风险限额传导模型研究与运用
  中国太平洋人寿保险股份有限公司偿二代风险管理项目组 …… 124
对保险公司优化战略风险管理的模式研究及定量评价实证分析
  白 云 张 博 鲍 澐 陆婧文 郑 楠 ………………… 137

金融市场

中国国债期货市场功能评估与监管研究
  张宗新 张秀秀 林弘毅 陈 莹 ……………………… 157

基于价差和信息概率计算的黄金市场风险实时监控技术研究
——以 Au（T+D）合约市场为例
　　路冠平　于海旭　孙文超 ………………………………… 176
票交所时代票据产品与业务的创新和发展设想
　　王红霞　曾一村　付　萱 ………………………………… 193
开通上海自贸区离岸人民币直接进入境内证券市场专项通道的战略意义
　　钱　俊　杨雁捷 …………………………………………… 210

商业银行经营与发展

商业银行货币政策利率传导的实证研究
　　张吉光　陈舟楫 …………………………………………… 223
大都市型普惠金融视角下民营银行错位竞争创新机制研究
　　付　强　郁蕊芬　钱　璟 ………………………………… 235
私人银行消费金融 ABS 业务探讨
　　郝新梅 ……………………………………………………… 261
境内外支付账户体系创新发展研究及相关启示
　　张安琪　邓　珺　舒　冲　刘　源 ……………………… 275

上海金融中心与科创中心

上海国际金融中心建设研究

王　江　张　春　严　弘　吴　婷　仲文娜[①]

一、什么是国际金融中心

(一) 金融中心的含义

金融中心一般是指在金融服务体系中（包括支付、融资、交易、投资、定价、风险配置、保险等）起着枢纽作用的中心城市，其往往也是金融机构、金融市场和金融人才高度集中的地方。每个金融中心在功能上各有所侧重。

(二) 金融中心的分类

金融中心的服务范畴可由两个维度来衡量：开放程度和离岸业务的比重。开放程度反映资金、业务、机构、人才的可流动性。开放的一个前提条件是资金跨境的自由流通（资本账户的开放）。离岸业务是指服务于境外交易者的纯中介业务。

根据这两个维度，金融中心可分为三类：本国、国际、全球。本国金融中心服务的对象及提供者主要为本国的个人、企业和机构。国际金融中心的服务对象及提供者包括国外的个人、企业和机构。全球金融中心是指在规模、质量、规则、定价、创新、人才、在全球经济和金融体系中的影响力等方面都起着引领和举足轻重作用的国际金融中心。

在所有国际金融中心里，仅有纽约和伦敦可以称得上全球金融中心，其中纽约以在岸业务为主带动离岸业务，而伦敦是以离岸业务为主带动在岸业务。

1. 纽约拥有全球最大的股票市场

截至2017年末，在纽交所挂牌的股票总市值已达到22.08万亿美元；紧随其后的是纳斯达克交易所，两者占到全球股票市场市值总额的39%。从上市公司数目和交易额来看，纽约在股票市场上也拥有绝对的优势。

伦敦在股票市场上的优势正在减弱，这与近年来各个新兴国家股票市场的发展有一定的关系。但正如下文所述，伦敦作为顶级国际金融中心的

[①] 作者单位：上海交通大学上海高级金融学院。

特色更体现在其国际化程度、外汇市场、完整的金融及配套服务和国际化金融人才的聚集上。

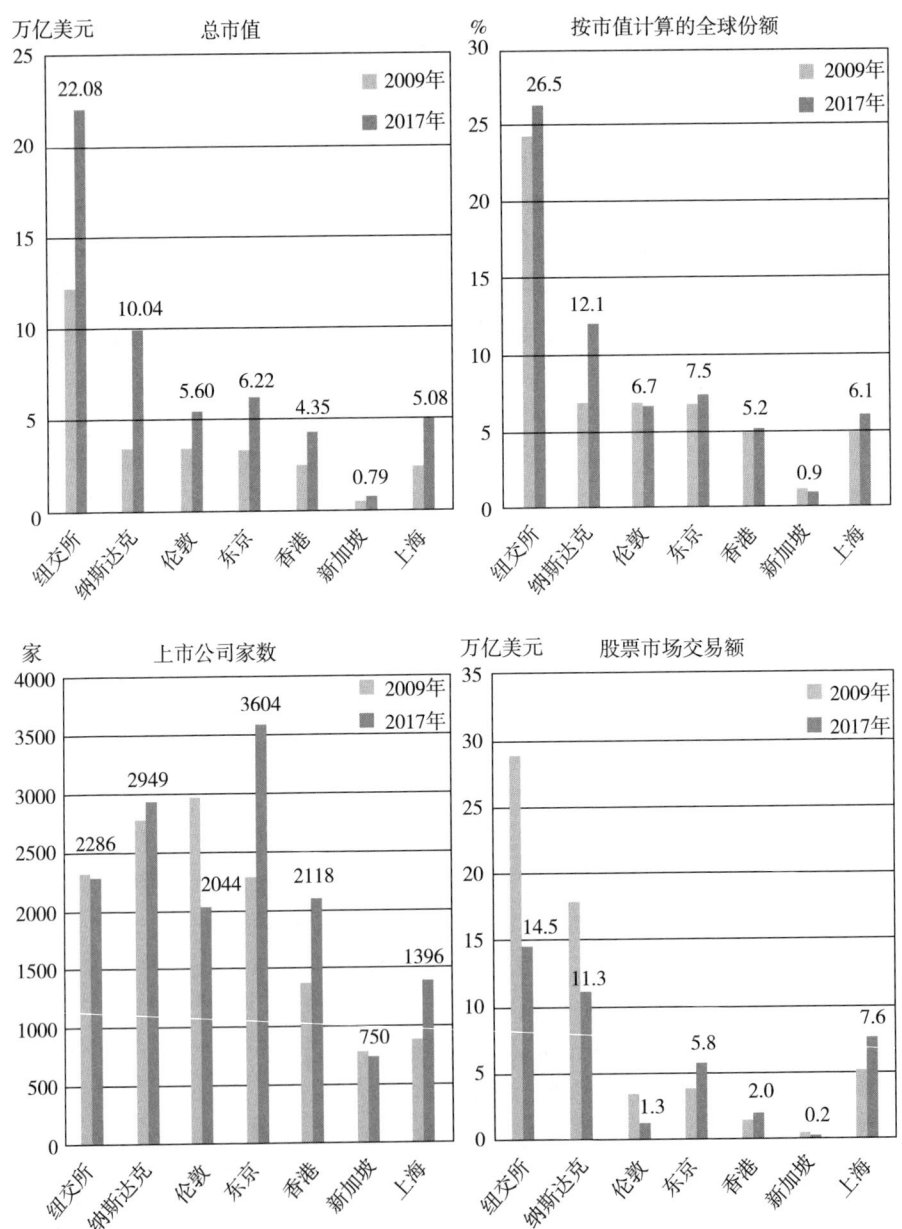

资料来源：World Federation of Exchauges；伦敦交易所。

图1　各交易所上市总市值、按市值计算的全球份额上市公司数目和交易量

2. 伦敦和纽约拥有全球两个最大的外汇交易市场,伦敦更是境外美元的主要交易市场

伦敦的外汇市场以交易效率高、货币种类多、交易设施先进和专业人才训练有素而闻名,且这些有利条件是伦敦依然保持着世界外汇市场中心地位的有力支撑。根据国际清算银行(BIS)的最新统计,截至2016年,英国占全球外汇交易额的37%,居全球榜首,其次是美国(20%),新加坡(8%)和日本(8%)。伦敦的外汇日均交易额为2.42万亿美元,而且在伦敦外汇市场上交易的美元数额是美国外汇市场的两倍。

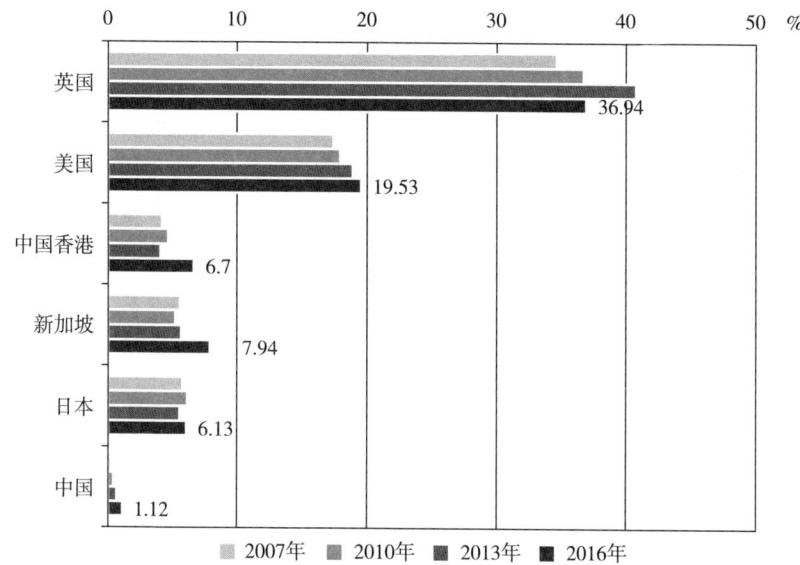

注:该数据每3年更新一次。
资料来源:BIS。

图2 各国及地区外汇交易额的全球占比

3. 全球29%以上的国际银行贷款(Lending)和30%以上的国际银行借款(Borrowing)来自英国和美国,其中大部分来自伦敦和纽约

美国和英国的银行部门按总资产计分别为全球第二位和第三位(第一位是中国),这两个国家也是国际信贷的领头羊。英国的国际信贷业务规模是全球最大的,贷款和借款的余额在2017年分别占全球总额的19%和17%。其次是美国,美国的国际借款余额占全球总额的13%,而其国际贷款的占比略低,为10%。

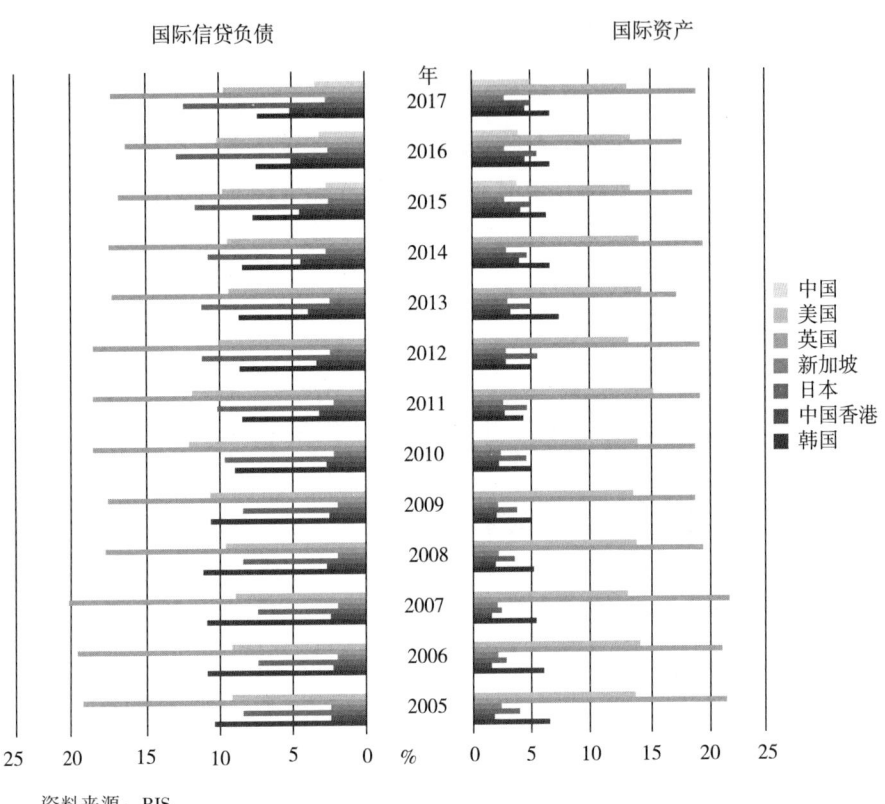

资料来源：BIS。

图3　各国及地区的国际信贷负债（Borrowing）和国际资产（Lending）占全球的比例

4. 美国拥有全球最大的保险市场，而英国名列第四

2017 年，美国的总保费收入为 1.38 万亿美元，排名第一；中国其次，保费为 0.54 万亿美元，高于日本的 0.42 万亿美元和英国的 2.83 万亿美元①。

5. 北美和欧洲是全球最大的两个对冲基金管理中心

作为历史最悠久的全球对冲基金中心，美国是 47% 的对冲基金总部所在地。英国位居第二，占 19%。

---

① 资料来源：Swiss Re。

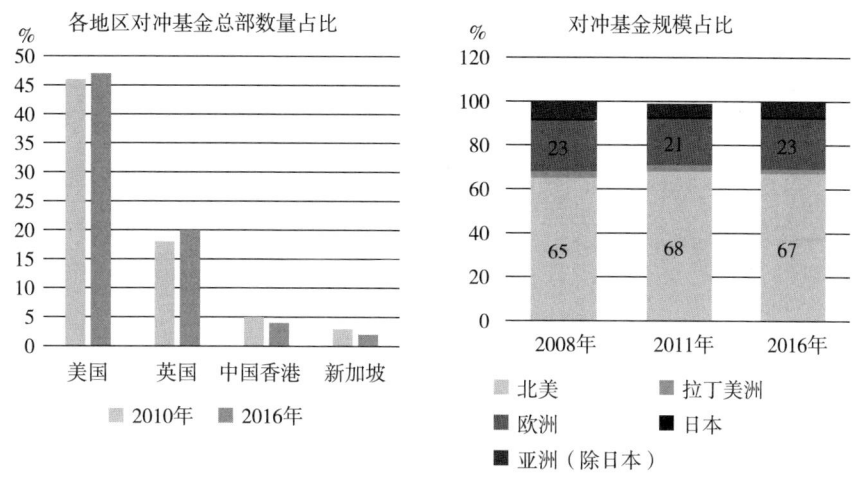

资料来源：Eurekahedge。

图4 对冲基金总部数量与规模占比

6. 纽约和伦敦场外衍生品交易共占全球80%的份额

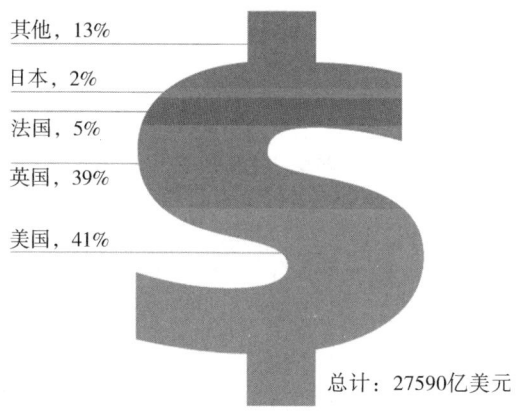

资料来源：国际清算银行。

图5 场外衍生品日均成交额的全球占比

（三）国际金融中心的条件

要实现国际金融中心应具备的金融服务功能，必须具备以下条件：1. 明确的国家战略定位和相应举措；2. 政治稳定、经济发达、资本开放；3. 具有合理、健全、高效的法治环境；4. 充分开放、国际化和有竞争力的商业环境和支持服务；5. 适度的监管体系，具有稳定、透明、规范、有效的特征；6. 丰富的高端金融人才池及维持其生活质量的国际化环境；7. 有竞争力的税收制度；8. 靠近金融服务的对象。

特别需要强调的是，由于金融行业的战略重要性和高度的流动性和竞争性，每个国际金融中心的建立都是作为国家战略的重要部分，需要在政策、资源等各方面倾举国之力。因此，上列第1点尤为重要。

(四) 全球金融中心的格局

全球有三大经济板块——欧洲、北美和亚洲。根据世界银行的统计数据，2017年亚太地区GDP占全球总额的30%，欧洲（含中亚）和北美地区的占比分别为27%和26%。

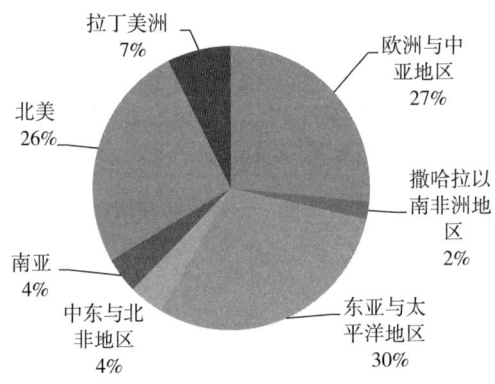

资料来源：世界银行。

图6　2017年全球主要地区GDP占比

根据国际金融中心的区位理论①，每个板块都需要一个全球性的国际金融中心，以支撑本板块的经济发展并连接其他经济板块。由于金融本身极强的规模效应和竞争性，如无其他制约，每个板块最多只会出现一个全球性金融中心，使其既能充分发挥区域中心作用，又能保证其全球地位的竞争性。欧洲和美国已分别有伦敦和纽约，而亚洲的经济规模和水平正在超越欧美，亚洲的全球金融中心如果出现，会是哪里呢？

二、纽约和伦敦如何成为全球顶级的金融中心

工业革命以来出现过两个全球强国：大英帝国和美国。它们也都是全球的金融强国，这不是偶然的。这也造就了伦敦和纽约两个全球金融中心。

---

① 区位理论主要从区位与金融业务供给需求、区位与技术进步、区位与金融环境以及区位所在时区优势等方面对国际金融中心的形成与分布进行解释。李迅雷. 2020年上海国际金融中心发展战略研究 [M]. 北京：中国金融出版社，2016.

它们地位的巩固和发展绝不只是靠历史（伦敦尤其如此），而是在一定的客观条件下战略抉择的结果。

以客观条件而言，伦敦和纽约都有强大实体经济的依托（英国/欧洲、美国），充分开放和国际化的法律、经济和商业环境开放的金融市场，合理的监管和相信市场、敢于创新的理念，深度的高端和国际化人才池（金融、法律、会计、管理、技术、服务等），以及高质量的生活、社会、文化环境。

这些优越的条件虽是形成全球金融中心的必要条件，但不是充分条件。明确、坚定的国家战略和举措是关键，也是进一步提升客观条件的基础。以英国为例，虽然大英帝国的辉煌为伦敦奠定了丰厚的基础，但第二次世界大战后世界经济格局的变化和英国自身经济地位的下滑都带来极大的挑战。但它为维护伦敦的全球金融中心地位作出了不懈的努力，包括充分开放的金融服务业、灵活和不断创新的监管框架、推动两次金融业"大爆炸"改革。美国也是如此，在第二次世界大战后成为超级大国的基础上，极力构造以美元为主导的国际货币体系、完全开放的金融市场、宽松的监管框架和持续不断的金融创新（如场内外衍生品市场、资产证券化、现代信用体系、场外资本市场），都是纽约成为全球金融中心的重要条件。

三、东京为什么没有成为纽约和伦敦那样的全球金融中心

第二次世界大战后亚洲经济的发展以日本的崛起为起点，随后是"四小龙"的出现，继之以中国的改革开放，从而开启了全球经济重心向亚洲转移的格局。在此过程中，日本的经济在规模、质量和开放程度上都率先达到世界发达水平，并依然处于亚洲领先地位。其于20世纪80年代开始的金融自由化和国际化过程（包括资本账户全开放），也较快地推进了日本金融体系的现代化和国际化，确立了日元作为主要国际货币和东京作为主要国际金融中心的地位。在体量上东京远远领先于香港、新加坡等亚洲的其他国际金融中心。

尽管在各项客观条件和机遇上，东京具有诸多相对优势，但是它没有成为伦敦和纽约那样的全球金融中心，为整个亚洲的崛起提供亟须的金融服务和支持。这里最主要的原因是不够开放、缺乏战略定位。从战略、政策、监管、业务、人才到文化，基本导向都是内向的，形成多方面的体制制约和隐形壁垒，既使国际的金融机构在日本市场难以公平竞争，市场缺乏活力和创新，也使日本的金融机构基本局限于本国市场、难以服务国际和全球市场。当然，日本经济增长的长期停滞、金融改革的迟缓、国际政治中的不当定位都妨碍了东京充分发挥自身优势、借力中国、印度及东南

亚的经济起飞，打造自己作为亚洲的全球金融中心的机会。这个机会随着中国经济的增长和金融体系的发展成为历史了。

四、上海要成为怎样的国际金融中心

工业革命以来，19世纪属于欧洲，20世纪属于美国，21世纪属于亚洲。中国和亚洲的经济崛起需要一个以自己区域内的全球金融中心为核心的金融市场的支撑。这是中国的历史机遇，我们应该坚决抓住，而不能像日本那样错过。

鉴于中国和亚洲的经济体量、发展机遇和巨大空间，我们要建立的国际金融中心应该是纽约型的全球金融中心，以中国经济为依托，覆盖亚洲，辐射全球（包括"一带一路"）。这也就要求它应该属于中国经济发展整体战略的核心，是真正国际化的、开放的、具有全球水平的金融中心。

（一）中国及亚洲经济体的崛起，为上海建设覆盖亚洲、辐射全球的国际金融中心提供了坚实的经济基础

如前文所述，按照经济体量，目前亚太地区已经赶上并超过了欧洲和北美，成为全球最大、发展最快的经济板块。北美有纽约，欧洲有伦敦，但是亚洲目前还没有一个世界级的、主要服务于亚洲实体经济的国际金融中心。

强大的经济实力和需求是支撑国际金融中心发展的最根本和最持久的动力。从这个角度考虑，上海应该成为亚洲类似于纽约和伦敦的全球金融中心的首选。中国已经成为全球第二大经济体，而且仍可预期较高的持续经济增速，日本虽然是全球第三大经济体，但是近20年其增速一直都相对低迷。新加坡作为国际化程度较高的、发展相对成熟的国际金融中心，受制于其经济规模，难以担当国际金融中心的重任。

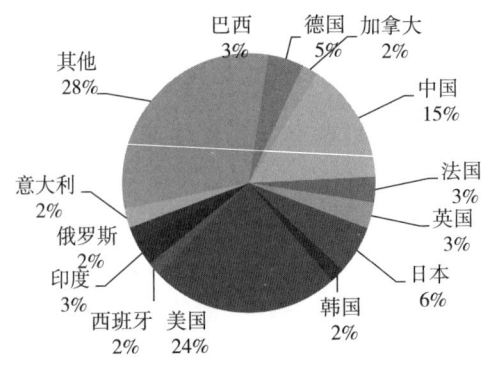

资料来源：世界银行。

图7 2017年各国GDP的全球占比

(二) 上海在金融市场发展和体系完善等方面已经有了多年的积累，从国际金融中心的排名和金融市场规模上都成为全球金融机构和投资者的关注点

上海已经逐渐形成交易场所多层次、交易品种多样化和交易机制多元化的金融市场体系，金融市场总量不断增加，一些品种的交易量位居全球前列，市场功能也在不断深化。上海已经形成一个由上海证券交易所、上海期货交易所、中国金融期货交易所、外汇交易中心、黄金交易所、钻石交易所和上海清算所等构成的全国性现代金融市场体系。

表1　　　　　　　　　2017年全球五大交易所　　　　　单位：万亿美元

排名	交易所	总市值
1	纽约证券交易所	22.1
2	NASDAQ	10.0
3	东京证券交易所	6.2
4	上海证券交易所	5.1
5	伦敦证券交易所	5.6

资料来源：各交易所网站。

表2　　　　　　　2017年全球证券交易所IPO规模　　　　单位：十亿美元

排名	证券交易所	IPO募集资金
1	纽约证券交易所	19.9
2	上海证券交易所	10.3
3	伦敦证券交易所	7.7
4	深圳证券交易所	7.6
5	纳斯达克	6.9
6	香港交易所	6.8
7	韩国交易所	3.5
8	马德里证券交易所	2.6
9	多伦多证券交易所	2.5
10	日本交易所集团	2.4

资料来源：各交易所网站。

(三) 上海已经有一个试行多年的金融基础设施和风控体系基本完备的自贸区

自2013年9月成立以来，中国（上海）自贸区紧紧围绕服务全国、面

向世界的战略要求和上海国际金融中心建设的战略任务，积极当好金融改革创新的"破冰船"，在金融支持自贸区建设方面取得了良好成绩。

在金融市场开拓方面，这些成绩包括：（1）在自贸区成功发行首单上海市政债30亿元；（2）组织商业银行发行自贸区跨境同业存单，发行和投资主体扩大至外资银行；（3）面向国内外推出以人民币计价、交易和结算的黄金集中定价交易业务的"上海金"，深化黄金国际交易平台建设。

在资本账户开放方面，2015年正式落地上海自贸区的自由贸易账户（FT）体系是探索可推广可复制的资本账户开放的重要一步。其核心是FT账户内本外币资金按统一规则管理。同时，为了隔离与境内业务的风险，相关金融机构在提供FT账户及相关服务时设立分账核算单元（FTU – Free Trade Accounting Unit），将区内创新业务单独核算，从而使自贸区内的各类创新可能出现的风险不会波及区外的国内市场。在此项措施的推动下，境外融资、外币业务，以及跨境同业存单等创新业务相继启动，运作良好。

在金融风险防范方面，自贸区内的金融监管机制和风险监测体系也在逐步完善，为探索"守住不发生区域性系统性金融风险的底线"积累了经验。通过"反洗钱、反恐怖融资、反逃税"的监测系统进行日常管理；通过跨境金融综合监测室，对跨境金融活动进行重点监控。5年来，上海自贸区的风险管理能力经受住了考验，没有发生重大风险事件。

五、上海的差距、挑战以及原因

（一）上海的差距

上海虽然已成为国内主要的金融中心之一，尤其是在金融市场的规模方面，但离真正意义上的国际金融中心尚有较大差距。

1. 金融市场开放度不够，与国际市场联动有限

从境内人民币金融资产持有者结构来看，2018年上半年，境外投资者在境内人民币债券投资占比约为2%，低于韩国、巴西等新兴经济体[①]。从发行主体来看，2017年境外机构"熊猫债"发行量为719亿元，仅为同期债券发行量（18.96万亿元）的0.38%[②]；目前尚无境外企业在中国发行股票。从交易主体来看，截至2018年上半年，A股"沪港通"交易量为8.75万亿元，占同期沪市交易额的3.26%[③]。从金融机构国际化程度来看，尽管

---

① 资料来源：德意志银行集团，《中国固定收益策略报告2018》。
② 资料来源：Wind数据库。
③ 资料来源：Wind数据库。

在沪法人外资银行数占在沪法人银行数超过一半，但外资银行总资产占比于2017年刚突破10%，并在2018年上半年达到10.2%①。综上所述，我们认为目前上海的金融市场开放程度依然有限，与国际金融市场联动有待提升。

2. 市场结构和产品尚不完备

成熟完善的金融市场应该覆盖本币与外币、短期与长期、现货与期货等各类金融产品，各个市场分层有序、互为补充。目前，上海的金融市场在外汇、债券和衍生品市场方面的发展还需进一步提升，在资产管理以及相关专业服务方面仍然有待加强。当然，这方面的市场发展还受制于人民币国际化进程的节奏。

此外，部分市场的发展不足影响了上海对相关金融产品的国际定价权，进而影响其国际金融中心的地位。例如，薄弱的离岸市场使上海在离岸人民币定价权方面影响不大，其作为人民币定价中心的地位还有待确立。

3. 现有市场机制不健全、质量不高、资产定价扭曲严重

现有的市场仍然存在诸多需要改进的地方。首先，资本市场的市场化水平仍有待提高，包括股票发行、交易、退市等基础性制度的完善和刚性兑付的打破。其次，市场审批周期有待缩短，目前不少金融产品创新需要监管部门审批或核准，周期较长，不利于金融市场的发展。再次，金融机构市场化运营机制有待提高，目前金融高管选聘市场化程度不足，激励机制失位，不利于机构的商业化发展和市场化运营。最后，市场定价扭曲比较严重，主要来源于对信息披露的要求不严，对内幕交易的惩戒不力以及对市场运营的行政干扰过多。

4. 金融服务水平不高、功能不强，难以满足实体经济转型和发展的迫切需要

我国实体企业发展过程中融资难和融资贵的问题依然没有解决。股市融资供给能力仍相对不足；股市融资功能的稳定性受到IPO发行节奏控制的限制，IPO排队周期较长；2012—2017年，私募股权和创业投资对上海企业的投资金额为447.8亿美元，仅为同期北京的35%②。

(二) 造成这些差距的原因

造成这些差距的原因是多方面的，可以总结为以下几点：体制上的约束，比如我国的资本账户管制；国际机构的参与不足，缺乏充分的竞争和

---

① 资料来源：2018年上半年上海外资银行监管情况通报会，上海银监局，2018。
② 资料来源：Wind数据库。

创新；以及高端国际化的金融人才短缺等。

1. 现有体制对金融发展的约束

（1）资本账户管制

制约上海进一步向国际金融中心发展的最大问题是开放不足带来的较弱的国际辐射能力。从根源上来说，这一问题是由于我国人民币国际化也刚刚起步，资本项下开放程度仍然相对有限，国际资本与国内资本的对流通道尚未打通。这是上海国际金融中心建设面临的一大障碍，但是要打破这种格局，并非上海市政府层面可以解决的，需要中央政府的政策支持。

（2）法制环境不够健全和完善

上海的金融法制环境还需要进一步完善。比如，金融案件审理过程中缺乏可依靠的规则或可依据的案例，金融司法能力有待提高，国际金融法律服务水平相对较低，涉外金融争议仲裁及涉外金融案件审理能力有待提高。上海金融法庭的成立会对改善上海的金融法制环境带来积极的作用。

（3）金融监管不够合理和规范，行政干预过多

第一，我国的监管体系纵横交错，缺乏有效的协调机制。我国现行的是银保监会和证监会分业监管体制。而金融危机中的美国监管体系的经验和教训已经表明，金融控股公司的出现对多头监管的模式提出了挑战。

第二，监管标准未与国际完全接轨。这给上海吸引外资机构带来一定负面影响。

（4）税负制度缺乏竞争力

从公司层面来看，中国的企业所得税为25%，仅低于日本和美国[1]，但是考虑到国内17%的增值税，以及32.9的企业社保费率，我国整体税负偏高，不利于上海吸引国际机构。

从金融从业人员税负来看，中国个人薪酬所得税最高边际税率为45%，远高于中国香港和新加坡，略低于日本，与英国持平。若再考虑从业人员自己负担的社会保障缴费比例（社会保险税），上海的个人税负仅低于日本。因此，上海金融从业人员的整体税负偏高。这在一定程度上降低了上海对于优秀国际金融人才的吸引力，不利于人才集聚和金融业的发展。

---

[1] 特朗普税改后，联邦企业所得税由原先15%~35%的累进税率降至21%的单一税率。考虑到各州以及当地政府征收的其他税，美国的企业平均所得税约为27%。资料来源：KPMG。

表3　六大国际金融中心所在地主要税种税率比较（2018年）　　单位：%

地区	公司所得税税率	业主缴纳社会保险税率	个人所得税税率	雇员缴纳社会保险税率	间接税税率
英国	19	13.8	45	2	20
美国	27	7.65	37	7.65	0
日本	30.86	14.91	55.95	14.51	8
中国香港	16.5	0	15	0	0
新加坡	17	17	22	20	7
中国	25	32.9	45	10.5	17

资料来源：KPMG网站。

2. 国际机构的参与不足，缺乏充分的市场竞争和创新

虽然在沪国际金融机构占比超过30%，但是其市场参与度较低。以上海外资银行资产规模为例，其在2017年才首次突破10%。国际机构参与不足导致竞争的不充分，遏制了金融服务的创新和升级。

3. 高端国际化金融人才短缺

从金融人才总量上看，上海存在着较大的人才缺口。2018年，上海金融从业人员总数超过36万人①，约占全市从业人员总额的3%。这一比例在香港和新加坡超过5%，纽约和伦敦更高，分别为10%和25%。显然，上海金融从业人员总量还不能满足金融业快速发展的需求。

从人才结构上来讲，结构性矛盾比较突出。传统金融类从业人员占比较高，创业投资、科技金融、互联网金融人才数量不足，金融高级管理人才和专业领军人才更是紧缺。

从具有国际竞争力的人才储备来看，上海缺乏具有国际视野和背景、通晓国际法律和会计制度的国际化金融人才。当前，上海金融人才中拥有海外学历的不足10%。这种国际化人才缺乏的短板在短期内难以缓解，若没有系统性的解决措施，将会影响上海作为国际金融中心的竞争力。

4. 国家定位不明确

（1）北京、上海、深圳三足鼎立，加上香港金融资源无法聚焦、难以突破

北京、上海和深圳作为国内最重要的三个金融中心，各有特色和优势。北京是全国金融监管机构和国家控股大型金融机构的聚集地，也是国际金

---

① 资料来源：第十届陆家嘴论坛，李强，2018。

融组织落户中国的首选，是全国资金聚集中心和资金结算中心。上海具有较为完备的金融市场体系和较高的国际化水平，借力自贸区、自贸港和人民币国际化可以进一步加深其金融市场的国际影响力。深圳的特色在于金融创新和与香港毗邻的地缘优势。这一三足鼎立的态势导致国内的金融资源难以聚焦。

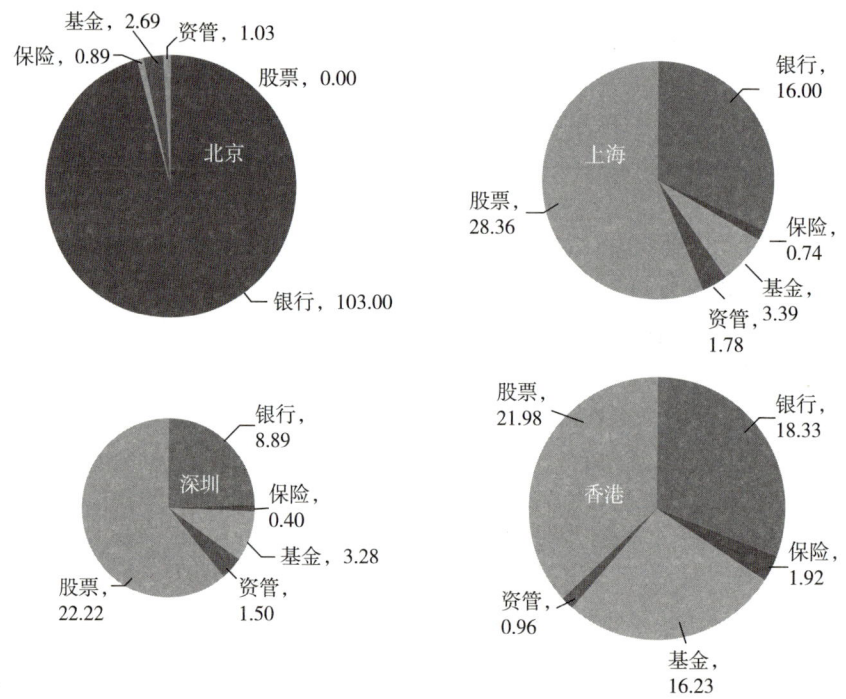

注：图为银行、保险、券商、基金和股票五大类资产规模图。
资料来源：Wind，银保监会，单位均为万亿元人民币。

图8　北京、上海、深圳、香港五大类资产比较

图 8 中圆圈的大小表示城市的金融资产总量规模，并表明各类资产所占比例。从金融资产总量上来看，北京是各大银行总部聚集地，其金融资产总量远超过其他三座城市。上海在基金和证券公司等资产管理类金融机构上要强于北京，但是也面临着来自深圳的压力。

（2）"香港+深圳"已有"离岸+在岸"组合之势，对上海形成有力竞争

随着 CEPA 服务贸易自由化和大珠三角金融一体化的持续推进，"香港+深圳"已有"离岸+在岸"组合之势。香港作为相对成熟的国际金融中心，是世界第三大银行中心、第四大外汇交易中心、第五大金融衍生

品交易中心、第五大股票市场、第五大黄金交易中心、亚太区最大的保险市场和第二大基金管理中心、人民币离岸金融中心，各类金融业务都十分发达。深圳是中国重要的资本募集市场和领先的财富管理中心，其前海地区作为深港合作区，大胆尝试、鼓励创新，正以离岸人民币业务和资产管理业务为重点与香港开展深度金融合作。

六、上海如何实现国际金融中心建设的目标

2009年国务院通过《关于推进上海加快发展现代服务业和先进制造业建设国际金融中心和国际航运中心的意见》（国发〔2009〕19号），明确上海到2020年基本建成与我国经济实力以及人民币国际地位相适应的国际金融中心。随着金融业务开放举措的具体实施，上海金融行业的国际化程度会有显著提升，实现这一目标还是可行的。

然而，若我们设想国家长远的战略目标是把上海定位为全球性国际金融中心，那么结合上海当前的实际情况和现实条件，我们给出以下所要采取的主要举措的建议。

我们的整体设想可概括为"三支箭"，即完全开放的离岸金融市场、国际化的在岸金融市场、密切对接实体经济的场外市场。我们建议：

通过自贸区，建立金融自由港（Financial Free Harbor，FFH），即完全开放、国际一流水平的离岸市场。

借助最近对金融机构外资持股比率上限进一步开放的契机，在上海全面引进国际一流金融机构，包括银行、投行、券商、基金、资管和保险公司等，推动在岸金融市场的快速发展，提高上海金融中心的国际化水平。

全方位放开有利于推动中国经济转型和创新驱动发展的各类金融产品、市场和服务的场外市场，提高资源配置的效率，加强具有前瞻性的智慧监管，有效地激励为实体经济服务的金融创新。

这三个市场是互相配合、相辅相成的。以离岸市场作为直接对接全球金融市场的桥头堡，以上海的在岸金融市场和服务作为对接国内外金融市场和服务的桥梁，以丰富、多层次的场外市场和服务辐射全国的实体经济。

（一）金融自由港（Financial Free Harbor）——完全开放的离岸市场

上海自贸试验区被赋予政策环境宽松、投资领域开放、金融业务包容、贸易自由化、监管宽松、税负宽松等有利条件，拥有在利率市场化、资本项目开放等领域先行先试的改革机遇，可以通过积极推进各类金融市场的发展，消除阻碍离岸金融市场发展的体制和政策瓶颈，为连接境内在岸市场和国际市场打通通道。党的十九大提出的自由贸易港可被视为开放程度

最高的交易港。上海自贸区的建立促进了离岸金融业务的发展,自贸港的发展过程也是离岸贸易的进一步发展过程。上海可借助申报自由贸易港的有利契机,在离岸金融服务方面取得新突破,实现离岸金融业务和离岸贸易中心共同发展,为上海建成完全开放,国际一流水平的离岸市场(金融自由港)提供有力支撑。

我们所提议的金融自由港是一个完全开放的离岸市场。因为现有的国际金融中心,包括像伦敦和纽约这样的全球金融中心,都因为历史的原因和传统的限制有着各种缺陷,所以即使是最佳实践也不一定适合中国的需要。在金融自由港的建设过程中,我们需要跳出现有体制(包括法律、监管、行政、税收等)的制约,以现代金融科学以及法律和行政管理科学的最新认知为基础,设计和建设最为先进、合理、有效的金融市场、机构和监管框架,以崭新的模式超越现有的其他国际金融中心。

具体而言,金融自由港应该发展成为具有多种功能、服务全国和亚太地区、辐射全球的金融中心,为个人、企业和国家提供相应的金融服务。

1. 人民币国际化的根据地和服务中心。利用和依托在上海新建成的人民币跨境支付系统(CIPS)和自由贸易分账户核算系统,逐步建立以人民币定价、面对境外的各类股权、债券、货币、衍生品和大宗商品市场,提升中国在全球金融和商品市场的辐射力、定价权和话语权,为国内外企业提供全球化的人民币投资,融资和风险控制的金融产品。

2. 中国财富全球配置的平台和服务中心。中国经济发展即将进入一个用全球视野配置资产和资源的阶段,而金融自由港凭借其开放性可以更好地进行资产的全球配置,为企业、机构和个人提供更多的投资路径。

3. 中国企业海外发展的支持平台和服务中心。产品输出、海外并购是中国企业走向世界的途径,金融自由港应该为中国企业的海外拓展提供金融服务和支撑,为中国企业在海外发展的过程中提供相应的融资、投资和风险控制服务。

4. 为"一带一路"提供金融支持的开放平台和服务中心。在"一带一路"倡议的引领下,中国牵头或与其他国家共同成立了国际性金融机构,如金砖银行、亚投行、丝路基金等,这些机构应该为上海国际金融中心建设注入新的活力和内涵。上海可以推行更多的政策,鼓励将丝路基金、亚投行等机构的重要功能设在上海,并推动出台相关的特色金融服务和产品,将上海建设成"一带一路"的金融起点和出海口。

5. 中国金融机构迈向全球的实战练兵场。在我国进一步放开金融机构外资持股比例上限的同时,我们也要培养本土金融机构在国际市场打拼的能力。金融自由港的全开放特征使本土的金融机构与国际金融机构平等竞争，可以促进它们的业务能力的自我提升，提高它们在国际市场中的竞争力。

6. 服务中国经济的金融创新基地。利用中国在移动支付、互联网金融等领域的成果，结合长三角地区雄厚科技力量，推动金融科技企业、产品和商业模式的创新，并扶持中国新兴的金融科技企业在国际竞争的环境下走向世界。

7. 建立借鉴国际规则而又能为中国服务的金融仲裁制度。这是确保上述金融自由港的功能可以实现，吸引国内外机构积极参与的重要制度保障。

（二）高度国际化的在岸市场

在岸金融市场的发展是大国金融发展的核心，是决定其金融服务在国际市场中发挥的作用、货币国际化进程的顺利推进的根基和保障。同时，在岸金融市场的健康发展也为离岸金融市场的发展提供坚实的资金支持和市场基础。这里我们从机构、资金和服务三个角度提出几个具体建议。

1. 全面引入国际机构参与，提高金融市场的质量、改善定价机制，通过充分的国际竞争，提高金融服务和金融机构的整体水平

目前上海的金融机构国际化程度还不高。中国将进一步开放金融机构的外资持股比例，这是上海发展在岸市场的重要契机。引入更多的国际机构参与市场业务，对提高金融服务质量、改善金融市场的定价机制、提高资产配置功能都有着有益的作用。上海已成为外资金融机构在中国主要集聚地，在营商环境、市场化的运营机制以及开放的政策扶持等多方面都拥有很好的基础。此次开放政策的出台，对于上海来说是个不容错过的发展机遇。在这个过程中要面临的最大竞争来自北京的政治优势和总部经济优势。

2. 聚集国内外顶级投行，形成股权融资和交易的中心

中国下一步以创新驱动的经济发展需要大量的股权（直接）融资，经济转型和升级需要重组和并购，这方面的专业服务需求会日益扩大。随着中国资本市场的成熟和开放，海外企业和机构也会愿意到中国上市，这也给上海带来了更多的机会。上海应该利用自身优势和国际资源，成为聚集国内外顶级投行的股权融资、上市、并购和交易的中心。

3. 成为顶级的国际化基金重镇和资产管理高地

中国不断增长的社会财富需要专业和规范的资产管理服务，海外投资者也愿意参与分享中国经济发展的成果，全球资产配置将成为资本双向流动的重要驱动力。上海应该发挥其独特的金融市场优势，在已经相对发达

的基金行业的基础上,进一步推动资产管理业务的规范化,专业化和国际化,将上海建成世界级财富管理中心和推陈出新的资产管理创新高地。

(三) 场外市场

场外市场作为场内市场的补充,在金融风险管理、金融创新等多个方面发挥着重要的作用,是多层次资本市场的重要组成部分。不论产品创新还是制度创新,场外市场的发展都应该以实体产业为根本,根据产业的变化和真实需求来推动市场创新。

1. 场外衍生品:提高价格发现和风险配置的效率

国内金融衍生品的种类不多,除了金融期货市场外,只有少数几种场内期权,还没有利率、汇率等方面的衍生品,束缚了市场避险功能的发挥,对市场的稳定性也带来一定的负面影响。

制约我国衍生品市场发展的主要问题在于对产品风险的担心。然而,衍生品的初衷正是提供规避风险的工具。发达资本市场的场外衍生品交易数额巨大,为企业和金融机构有效地管控市场中各类风险提供了有用的工具。衍生品也有助于提高市场价值发现的功能。场外衍生品主要在机构间交易,交易方的适当性减少了衍生品可能带来的误伤,提高了它们的使用效率。

2. 资产证券化:丰富金融市场结构、提高资产配置效率、化解中小企业融资难之困

资产证券化是将一些具有稳定现金流但缺乏流动性的资产转换成可交易证券的过程,是盘活资金存量、提高资本效率、降低风险的有效途径。过去几年,我国的资产证券化市场有了长足的发展,但仍面临着基础资产选择不当、信息披露不明、风险隔离不果、产品流动性低下的挑战,很多中小企业很难跨过在场内发行资产证券化产品实现融资的门槛。发展资产证券化的场外市场可以借助金融科技技术解决信息不对称的难题,降低中小企业参与资产证券化融资的门槛,以合理、创新的产品设计有效分散风险,丰富市场结构,提高资产配置的效率。

3. 风投、私募:建立驱动科技创新的金融生态、机制支撑

科技创新需要风险投资,企业改造需要私募股权的投资。在上海创建科创中心的过程中,应大力鼓励风险投资和私募股权基金以上海为基地,充分接近金融机构与资本市场,形成驱动科技创新的金融生态和机制支撑。

(四) 相关配套建设

一是利用离岸、在岸市场的发展机会,创造政策优势,大力吸引专业化、国际化的人才;扶持世界级的金融学术机构,为全球金融中心建设培

养高端人才和提供研究支撑。

二是大力发展金融科技,开发人工智能、大数据、区块链等技术在金融服务中的应用,力争引领下一代的金融革命。

七、国际金融中心建设中的风险如何控制

我国的金融发展一直落后于(而不是推动)经济的发展,一个主要的原因就是对金融风险缺乏科学的认识而产生的恐惧,从而带来举措上的迟滞和反复。即使成熟的金融体系也有风险,建设一个新的金融体系更是如此。我们既要有敢于承担风险的定力,更要有防范和应对风险的有效措施。现代金融科学在对金融风险的规避、防范及发生后的处理方面都已有相当的学术基础和实践经验。我们应该利用最前沿的金融科学和技术,发挥我国的独特优势,构建适用于上海国际金融中心的风险管控体系。

(一)建立全信息风险管理系统

美国次贷危机后,市场对数据透明度的需求越来越大,美国《多德—弗兰克法案》对这一要求作出了明确规定。完整全面的金融交易信息系统有助于信息透明化的实施。由于欧美国家的法律对隐私权的过度保护,目前很难形成一个全信息的风险管理系统。

在这方面我们可以超越欧美体制的局限,利用中国监管体系对市场参与者全面信息收集的优势,对离岸和在岸市场建立统一、完整的金融交易信息系统,并在此基础上建立全信息风险管理系统(Full Information Risk Management System, FIRMS),包括风险尤其是系统性风险的分析框架、量化测度、评估模型、压力测试、预警和管控。这个系统对所有金融市场和金融机构是全覆盖的,可以对金融中心的离岸、在岸和场外市场的金融风险有完全的掌控,成为全球最先进的风控体系。在这一点上,即使相对于香港,上海也具有独特的制度优势。

(二)在离岸和在岸市场之间建立相互隔离但有总量可控通道的全信息风险管理系统,有效地识别、度量并控制两个市场的系统性风险及其相互传导

2008年的国际金融危机鲜明地展示了"系统性风险"的含义,雷曼兄弟一家投资银行的倒闭,竟然能够产生如此强大的冲击波,使全球经济都受到威胁,不少国家至今未走出阴影。金融主体间的紧密关联为系统性危机提供传播途径,但危机产生的根本原因依旧是金融体系的外部性、信息不对称性以及其强大的反馈和放大机制。防范系统性风险必须增强对早期风险的测定和识别能力。在离岸和在岸市场之间建立相互隔离但是具有总

量可控通道的全信息风险管理系统，可以有效地识别、度量并控制两个市场的系统性风险的发生及其相互传导。

（三）区别在岸市场和离岸市场发展的重点，平衡改革的顺序和节奏，在岸市场主推国际机构的参与，在相对隔离的离岸市场则推动全面制度创新和金融新产品、新服务模式和新体制机制的创新，并将成功的经验逐步引入在岸市场

明确在岸、离岸市场的分工和隔离是规避风险的有效方式之一，否则随之而来的政策套利将不利于风险的管控。全开放的离岸金融市场和国际化的在岸金融市场应是上海国际金融中心的长期发展方向。由于离岸市场开放性，机构和境外投资者居多，而离岸市场的相对隔离使其适合进行金融产品和监管创新。在离岸市场推动监管沙盒计划有助于金融创新的风险控制。在岸市场对国际金融机构的引进，需要政府对这些机构实施有效监管，具体措施或可参照新加坡的做法，给不同金融机构发放不同的经营许可。

（四）利用上海自贸区已经建立的自由贸易分账户核算系统以及全信息风险管理系统对离岸和在岸市场之间的资金流动进行有效的监控并逐步加大资金流动的总量，在此风险可控的体系下推动资本账户的有序开放

中国人民银行于2014年在自贸区建立了一套"分账核算"系统，即自贸区内的所有企业、个人、金融机构账户都将被标识，与境内账号隔离；这些被标识账户的所有资金往来，中国人民银行将通过该系统实时监控。在分账核算的基础上，中国人民银行于2015年2月下发《中国（上海）自由贸易试验区分账核算业务境外融资与跨境资金流动宏观审慎管理实施细则》，将宏观审慎管理运用到自贸区跨境资金流动中。若在金融自由港利用上海自贸区已经建立的自由贸易分账户核算系统以及全信息风险管理系统，对离岸和在岸市场之间的资金流动进行有效的监控并逐步加大资金流动的总量，可在风险可控的体系下推动资本账户的有序开放和可兑换。根据条件和需求，逐步在产品、市场、参与者等方面推进离岸和在岸两个市场的融合，最终实现全球金融中心建设的国家战略目标。

（五）推动中央监管授权，在自贸区引入监管沙盒

我国现行的"一行两会"的垂直金融监管体系在强化监管、防止出现金融风险方面有一定的作用，但弱化了金融发展的职能。在现行的金融监管体制下，金融监管与风险处置权责不对等。中央金融监管部门负责对金融机构进行日常监管和市场准入的审批，但风险的处置工作往往由地方政府来承担。这种权责不对等的金融管理方式不利于提前防范及有效化解金融风险，同时增加了风险处置成本和降低了风险处置效率。

中央政府应该给予上海更多的监管权限，一个可行的做法是在自贸区推进沙盒监管。监管沙盒的作用机制是从事金融创新的机构在确保消费者权益的前提下，可以以特定简化的审批程序来提交申请并取得有限授权，在适用范围内测试其创新模式的效果，监管机构会对测试过程进行监控，并对情况进行评估，以判定是否给予正式的监管授权。沙盒监管在一定程度上解决了"一管就死，一放就乱"的监管困境，既能激励金融产品、金融服务和金融科技的创新，又能保护消费者和投资者的权益。

八、结语

我们认为将上海建设成为与伦敦、纽约三足鼎立的全球金融中心是上海和国家的历史机遇和使命，是中国走向经济和金融强国的重大战略举措。我们应该力争国家明确上海全球金融中心的定位，赋予上海建设金融自由港和开放上海在岸市场的政策空间，以现代金融科学和技术为基础和引导，以全面开放的离岸市场、充分国际化的在岸市场和密切结合实体经济、积极创新的场外市场"三位一体"的布局，力求突破，早达目标。

上海建设全球金融科技中心的现状与路径研究

尹应凯　刘亚洲　王　艳　王柔雅①

一、导言

（一）研究背景

金融科技（FinTech）一词源于美国，由"Financial Technology"合成而来，从字面上理解是"应用于金融的技术"。目前，人们对于金融科技的理解不尽相同，从产业、业务、科技等不同的角度，给出不同的解释。一是将金融科技理解为应用现代科技从事金融业务创新的初创企业（或成熟科技企业）。二是将金融科技理解为金融与科技相结合所形成的创新业务模式，包括移动支付、网络借贷、网络保险、股权众筹、智能投顾等。三是将金融科技理解为现代科技在金融领域的应用和创新，特别是云计算、大数据、人工智能、物联网、区块链等现代信息技术在金融领域的应用和创新。中国互联网协会互联网金融工作委员会出版发行的《2016 中国金融科技发展概览》提出了一个更具包容性、能够涵盖国外金融科技与我国互联网金融实践的"金融科技"新解释：金融科技是指科技在金融领域的应用，旨在创新金融产品和服务模式、改善客户体验、降低交易成本、提高服务效率，更好地满足人们的金融需求。

我们认为，金融科技是以人工智能、区块链、云计算、大数据等新兴技术为依托，在互联网与移动支付不断推广普及的大背景下，推动金融与科技交互融合的创新业态，能够高效提升和优化金融服务和金融安全。早在 2004 年之前，金融科技就在中国的金融行业以构建传统金融机构 IT 系统的方式发端，随着移动支付和 P2P 的出现，金融科技从后台系统渗透到核心业务，以其丰富的技术手段和科技之间的相互吸引力活跃于金融与社会生活。

目前，上海正处在 2020 年建立国际金融经济中心的重要阶段。2009 年

---

① 作者单位：上海大学经济学院。

4月，国务院发布了《关于推进上海加快发展现代服务业和先进制造业建设国际金融中心和国际航运中心的意见》，提出2020年基本建成与我国经济实力及人民币国际地位相适应的国际金融中心。这标志着上海建设国际金融中心正式成为一项国家战略。2014年，习近平总书记在上海考察时对上海提出了"加快向具有全球影响力科技创新中心进军"的全新要求。2016年3月发布的"十三五"规划纲要进一步强调支持上海建设具有全球影响力的科技创新中心。国家对上海建设国际金融中心和建设科创中心先后提出了要求，并将发展金融科技上升到战略层面积极推进。

然而，与发展的巨大需求相比，上海建设全球金融科技中心和国际金融中心还有很长的一段路要走，特别是对比伦敦、纽约、新加坡、香港等城市在同领域的发展现状，上海发展金融科技尤显迫切。当下上海正处于2020年建设国际金融中心的重要时点，将当前最具有发展潜力的金融科技与上海本身的经济发展目标相结合是重中之重，探索上海建设全球金融科技中心的发展模式与路径具有重要现实意义。

(二) 文献综述

张仁开、刘效红（2012）在《上海建设国际科技金融中心的战略思考》中指出，国际科技金融中心是国际金融中心建设和发展的必经阶段，他们认为几乎所有的国际金融中心也是创新实力较强、创业活动频繁、科技与金融结合比较密切的城市，即是科技金融中心。张明喜、赵秀梅（2016）在《科技金融中心的内涵、功能及上海实践》一文中指出，上海紧密围绕促进科技和金融结合，充分发挥上海在产业培育、资本聚集、科技资源整合等方面的优势，坚持政府引导与市场机制相结合原则，努力寻求科技与金融良性互动发展的路径；但仍然存在创新步伐缓慢、专门人才需求不足、科技金融服务业发展落后等不足。杨晔、吴丽娜（2018）提出了探索以创新金融科技为特色的适合本土和全球发展趋势的上海金融中心建设模式，包括打造金融创新与上海国际金融中心建设联动的共赢模式，再造金融科技创新与上海国际金融中心建设联动的生态链，以及加强部门协同，形成管控风险合力，双峰式推进综合监管框架调整。

由上可见，学者开始对金融科技与金融中心建设的互动关系予以关注，但总体来说研究还不够系统深入。

二、全球金融科技发展现状分析

当下金融科技发展态势迅猛，各国各地区都努力推进金融科技的试验和实践。本文基于全球主要的金融科技发展报告及排行榜，分析全球金融科技发展的动态进展，参考的金融科技指数（或报告）包括（1）2018年6月，浙江大学互联网金融研究院（简称浙大AIF）司南研究室联合浙江互联网金融联合会/联盟发布的2018全球金融科技中心指数（GFHI），以金融科技实力、区域影响力作为遴选标准，得出全球金融科技区域排名和核心城市排名；（2）2017年4月，全球知名咨询机构德勤发布了《连接全球金融科技：2017年全球金融科技中心报告》，该报告在2016年报告基础上增加了24个全球金融科技中心，并对全球44个金融科技中心进行分析；（3）2017年7月，全球知名咨询机构安永发布《2017年金融科技采纳率指数》，对全球20个主要经济体的金融科技应用指数进行了研究；（4）2018年10月，H2 Ventures与毕马威金融科技联合发布《2018 FinTech100》，从全球范围内选出最具创新性的100家金融科技企业。

首先，我们选取由英国智库集团与中国（深圳）综合开发研究院共同编制的全球金融中心指数（GFCI），浙大AIF司南研究室联合浙江互联网金融联合会/联盟（简称联合会）发布的全球金融科技中心指数以及知名咨询机构德勤发布的全球金融科技得分（index performance scores）对全球18个主要金融科技城市进行分析比较。

表1 全球主要城市全球金融中心指数、金融科技评分（或排名）比较分析

城市	GFCI		GFHI		index performance scores（金融科技评分）
	排名	指数值	排名	指数值	
伦敦	1	794	4	76.00	11
纽约	2	793	5	75.50	14
香港	3	781	13	52.10	22
新加坡	4	765	9	57.00	11
东京	5	749	11	53.30	55
上海	6	741	3	76.80	119
旧金山	8	726	2	77.30	18
悉尼	9	724	8	58.80	45
北京	11	721	1	82.6	—
芝加哥	14	718	12	52.90	20
苏黎世	16	713	25	24.60	41
深圳	18	710	7	73.10	125
迪拜	19	709	30	17.20	99

续表

城市	GFCI		GFHI		index performance scores
	排名	指数值	排名	指数值	（金融科技评分）
法兰克福	20	708	27	27.00	46
巴黎	24	687	18	18.00	76
阿姆斯特丹	50	613	19	19.00	70
圣保罗	67	574	17	47.60	243
莫斯科	83	555	26	21.50	167

资料来源及注释：

（1）GFCI：The Global Financial Centres Index 英国智库 Z/Yen 集团与中国（深圳）综合开发研究院共同编制的全球金融中心指数（23期），这里没有使用最新的第 24 期数据是因为报告尚未披露完整。

（2）GFHI：Global FinTech Hub Index，2018 年浙大 AIF 司南研究室联合浙江互联网金融联合会/联盟（简称联合会）发布的全球金融科技中心指数。

（3）index performance scores：①知名咨询机构德勤发布的全球金融科技得分（因报告中指出指数得分不能用于排名，本报告仅做分数整理）；②分数越小，表现越好。

其次，我们选取全球知名咨询机构安永发布的全球 20 个主要经济体的金融科技应用指数和 H2 Ventures 与毕马威金融科技联合发布的金融科技 100 强公司的数量，从国家层面对比分析全球主要国家金融科技的发展现状。

表 2 全球主要国家金融科技采纳率、金融科技公司 100 强比较分析

国家	金融科技采纳率指数		金融科技公司 100 强的数量
	排名	指数值	
中国	1	69%	11
美国	10	33%	18
英国	3	42%	12
印度	2	52%	3
澳大利亚	5	37%	7
巴西	4	40%	3
新加坡	17	23%	6
墨西哥	7	36%	1
德国	8	35%	4
南非	8	35%	1
韩国	12	32%	2
法国	14	27%	3

续表

国家	金融科技采纳率指数		金融科技公司100强的数量
	排名	指数值	
爱尔兰	16	26%	1
加拿大	18	18%	2
日本	19	14%	2

资料来源及注释：

（1）金融科技采纳率指数：全球知名咨询机构安永发布的2017年金融科技采纳率指数。

（2）金融科技公司100强：H2 Ventures与毕马威金融科技联合发布的2018 FinTech100，本报告整理了全球15个主要国家排上榜单的企业数量。

从上述分析中可以看出，中国近几年在金融科技领域已取得长足发展。主要金融科技中心北京、上海以及深圳跻身世界先列，中国的金融科技采纳率也稳居世界第一，超过美国、英国等发达国家。在FinTech企业领先50强中，中国企业有9家，其中前十强中有4家来自中国。在该领域内，2017年交易总额达10865亿美元，排在全球第一；投融资328笔，占全球总量51%，总交易金额796亿元，占全球57%；2017年中国第三方移动支付市场规模达108.8万亿元，居全球第一。可以说，中国金融科技正在强势崛起，未来中国金融科技将有无限潜能。但是，细看中国金融科技细分领域的发展仍存在一些问题，如成熟度不足，早期成就来源于庞大的人口基础，金融服务不足与监管的放松等。

三、上海金融科技发展现状分析——SWOT分析视角

上海建设全球金融科技中心既有机遇又有挑战，本文基于SWOT分析视角，对上海金融科技发展现状进行全面解读。

表3　　　　　上海金融科技发展现状分析——SWOT分析

优势（S）	弱势（W）
区位优势 传统金融业发达 高校资源聚集 已上升到国家战略高度，拥有自贸区先行先试等政策优势和集成优势	技术短板 优质金融科技企业数量不多 企业生存成本高

续表

机会（O）	威胁（T）
可与长三角其他城市合作	监管不确定性
对于新事物的接受度普遍较高	竞争对手的快速进步
前沿科技涉猎广泛（大数据、区块链等）	

（一）优势

上海的优势：（1）上海居于"一带一路"与长江经济带的交汇点，在国家对外开放的整体布局当中具有独特的区位优势；（2）传统金融发达；（3）高校资源聚集，有复旦大学、上海交通大学等知名院校；（4）上海建设国际金融中心已上升到国家战略高度，享受政策扶持等集成优势。

（二）弱势

上海的弱势：（1）2017年12月，上海市信息中心发布《2017全球科技创新中心评估报告》，上海位列第17位，表明上海在科技创新领域存在短板；（2）《2018 FinTech100》报告显示，公司总部在上海的仅占3席，分别是陆金所、点融网、众安保险，且排名均不高，可见上海尚未充分利用优越的金融创新环境和国际金融中心地位，优质金融科技企业数量不多；（3）上海居高不下的房价、高昂的人力成本等使企业生存成本很高。

（三）机会

上海的机会：（1）可与长三角其他城市合作，发挥城市群的优势；（2）对于新事物的接受度普遍较高，区块链的熟悉度居中国第一，网贷和众筹体验方面也居中国前列（结论来自浙大AIF研究结果）；（3）大数据、云计算、支付网关、移动通信、P2P等前沿技术均有涉猎。

（四）威胁

上海的威胁：（1）金融科技的多点融合模式对分业监管体制提出挑战、金融科技的层次性风险对综合监管提出挑战，故监管的不确定性和金融科技监管体系不够健全的特征为上海带来一定威胁；（2）近年来，杭州也提出打造国际金融科技中心，且作为移动支付之城的杭州发展迅猛，成为上海的主要竞争对手。

综上分析，我们看到上海在建设金融科技中心的过程中具有良好的发展前景和增长空间，但目前仍存在诸多不足，主要体现在金融科技发展不深、不厚、不高。不深主要表现在金融科技产业链不完整、金融科技的监管体制不健全；不厚是指金融科技发展孤岛化，与上海"五个中心"战略协同不够、与长三角其他地区协同不足；不高体现在全球金融科技价值链层级不高,金融科技对上海国际金融中心建设的拉动效应尚不明显。因此,上海建设全球金融科技中心主要需从以上三方面突破,反过来也会助力上海国际金融中心建设。

四、金融科技对国际金融中心建设的影响研究:理论与实证分析

(一)影响机制

金融科技发展对国际金融中心建设的影响机制主要有直接影响机制与间接影响机制两方面。

直接影响机制主要是通过金融科技中心的建设推动金融业的优化与升级。金融科技本身是金融发展的重要领域,更是未来发展的大趋势。通过结合互联网技术、大数据、区块链等前沿技术可以拓宽金融业务,增加金融服务内容、服务更多主体。以金融科技为代表的新金融模式主导着新一轮的进化与升级,上海在发展金融科技的过程中应把握金融与科技的融合,借助新技术来优化传统金融行业的运作逻辑,为新技术找到应用的空间和土壤,让底层的技术公司为金融公司实现赋能,从而找到产业的新增长点。

间接影响机制,主要是金融科技中心建设提高经济效率和城市能级,进而完善金融发展环境、提高金融市场效率,从而间接推动国际金融中心建设。这些影响主要是作用于社会大环境,从金融领域辐射到其他行业,促进全社会的产业升级,提升城市金融效率,完善金融监管,降低金融服务成本,最终打造良性互动的金融生态环境。

金融中心建设反过来也会完善金融科技发展环境、降低金融科技运营成本、推进金融科技发展。因此,金融科技发展与国际金融中心建设能够形成良好的互动机制,并形成良好的闭环。

(二)实证分析

本文还通过建立多元回归模型,研究金融科技中心建设对上海建设国际金融中心的贡献度。

1. 指标选取

表4　　　　　　　　　　　指标选取及来源

类型	名称	表示	数据来源
被解释变量	全球金融中心指数	gfci	世界银行
解释变量1	科技中心指数	itcentre	上海信息中心
解释变量2	数字经济指数	digital	《2018全球数字经济发展指数》
解释变量3	经营风险	risk	The Economist Intelligence Unit(EIU)

2. 模型构建

利用因变量全球金融中心指数和三个解释变量科技中心指数、数字经济指数、经营风险建立一个三元回归模型：$gfci = \beta_1 itcentre + \beta_2 digital + \beta_3 risk + \mu$。

3. 回归结果

表5　　　　　　　　　　　实证分析结果

变量	digital	itcentre	risk
系数	0.71 **	0.38 ***	0.26 ***
T值	2.50	2.89	2.82
R^2	0.5711	F – statistic	13.76
Adjusted R^2	0.5296	Prob > (F – statistic)	0.0000

注：$p<0$ ' *** '，$p<0.001$ ' ** '，$p<0.01$ ' * '，$p<0.05$ ' . '。

4. 结果分析

通过表5的回归结果可以发现建设金融科技中心的确对推动上海成为国际金融中心起到积极作用。方程的 R^2 值为 0.5711，F 统计量 13.76，且通过 F 检验；自变量科技中心（itcentre）及风险指数（risk）均与全球金融中心指数呈正相关关系，系数分别为 0.38 和 0.126，通过 1% 置信水平下的显著性检验；自变量数字经济指数（digital）也与全球金融中心指数高度相关，系数为 0.71，通过 5% 置信水平下的显著性检验。

通过上述实证结果可得出：一个城市创新能力越强、数字经济发展越好、经营风险越低，越有利于其全球金融中心建设。解释变量数字经济指数代表的金融科技证明了金融科技能够促进国际金融中心的建设。因此，对于以 2020 年基本建成国际金融中心为目标的上海，建设全球金融科技中心刻不容缓。

五、国际、国内经验借鉴——六大核心城市比较分析

在建设金融科技中心的过程中，发展模式的选择至关重要。国内外许多地区的发展建设对于上海建设金融科技中心有很好的借鉴意义。本文以六大城市（伦敦、纽约、香港、新加坡、上海、深圳）作为代表，对这些城市的金融科技发展状况进行动态分析，并从中找到上海与这些城市相比存在的优势与短板。

（一）动态比较分析

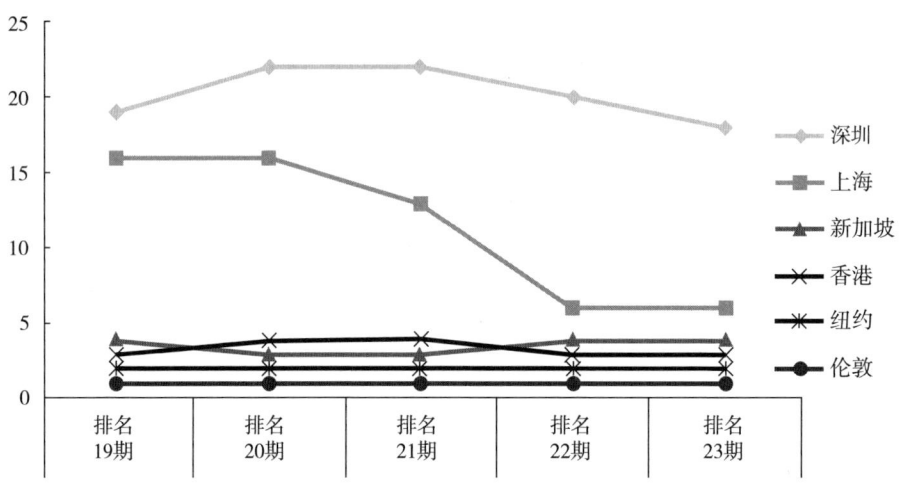

图 1 六大城市全球金融中心指数（GFCI）排名动态比较

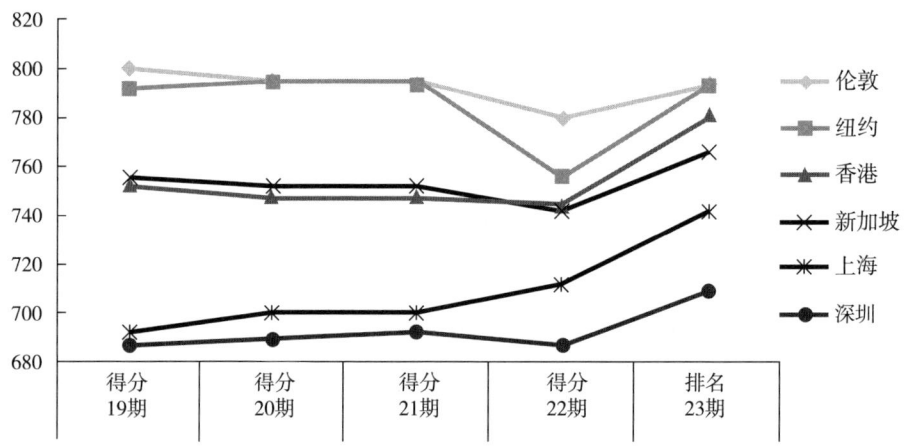

图 2 六大城市全球金融中心指数（GFCI）得分动态比较

从图 1 和图 2 可知，近年来上海全球金融中心的建设成效显著，从 2016 年的第 16 名（GFCI 19 期数据统计所得）跃升至 2018 年的第 6 名（GFCI 23 期数据统计所得），这与上海积极推进国际金融中心建设的各项举措密不可分，近几年上海加快发展现代服务业和先进制造业，建设国际金融中心、国际航运中心和现代国际大都市，致力于打造与人民币国际地位相适应的国际金融中心。

同时，我们也要充分认识到上海在金融科技领域方面的整体水平与全球领先城市还有差距。伦敦和纽约的全球金融中心指数排名始终高居第一位和第二位，可见它们的综合优势显著。学习这些城市的发展经验对我们来说至关重要，通过对各大城市发展模式的经验总结有助于找到上海的优势与短板，从而帮助我们探索适合上海发展的路径。

（二）六大核心城市比较分析与经验借鉴

本文将从资本支持、人才资源、生态环境、监管体系四个层面探讨国外纽约、伦敦、新加坡和国内香港、深圳、杭州六大城市的金融科技发展模式，从中总结国内外经验并找到上海与这些城市在金融科技发展方面的差距。

表6　　　　　　　　基于四个层面的六大城市比较分析

层面 城市	资本支持	人才资源	生态环境	监管体系
纽约	全球金融中心华尔街雄厚资本	新型高科技实用型人才培养模式	众创空间	监管严格，限制多
伦敦	世界第一的金融服务业规模	人才社区	金融科技加速和孵化项目	首创监管沙盒
新加坡	创业投资资金支持充足	高等学府专业培养	FinTech软环境	监管沙盒
香港	亚洲最大的金融中心	创新人才培养	生态环境管理全球领先	政府起到引导作用
深圳	投资丰富	中高端人才流入	产业链完整；政府支持	监管较少
杭州	互联网金融	中高端人才流入	创新需求	监管相对宽松

1. 资本支持

纽约、伦敦是全球两大金融中心，新加坡、香港是亚洲最大的金融中心，它们都具有强大的资本支撑与金融市场专业人才，为金融科技中心发展打造了良好的市场基础。例如，风险投资方面，2017年英国金融科技领域完成超过224宗风险投资交易共获得18亿美元投资；新加坡创业投资资金达到73亿美元，占地区交易总额的45%，风险投资资金13.7亿美元；再看中国市场，金融科技领域投资势头强劲，特别是香港市场，2017年亚太地区前十大金融科技投资案例均在内地和香港，占整个亚太地区金融科技投资的90%。上海金融发展迅猛，体量不断加大，吸引着越来越多的资本青睐，区域间合作日益密切，这都为金融科技中心建设提供了有力保障。

从细分领域来看，区块链作为金融科技的重要支撑，其资本支持也值得关注。投中研究院在《2018年区块链投融资报告》中指出，截至2017年末，全球区块链创业公司超过1600家，获得融资的公司分布在全球45个国家和地区，融资总额近20亿美元。截至2018年4月，中国市场上在营区块链企业超过320家，北上广地区超过占据73.07%，共获得融资89.14亿元，其中2018年前4个月共获得融资63.06亿元，占融资总额的70.74%；融资数量增长迅速，年均增长率达到30.53%；超过六成的交易仍布局种子轮或天使轮。

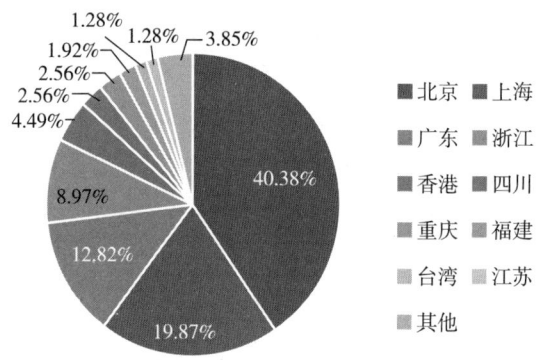

资料来源：投中信息数据终端CVSource。

图3　区块链企业融资情况

截至2017年末，中国共有168家区块链企业获得融资，地域分布上呈现东强西弱的发展态势。由图3可见，东部地区中仍以北京、上海、广东三省（市）居多，三地合计占比超过70%。东部地区的强盛依赖于政策导向和创业氛围的构筑：北京是我国的政治中心，行业资源丰富，政策扶持力度大，吸引了更多的创业者入驻，使北京区块链企业数遥遥领先，占比达到40.38%；上海作为金融中心，市场前景较其他城市更为广阔，紧随其后约占19.87%；广东省和浙江省得益于浓厚的创新氛围和开放性思维，区块链产业融资情况也有着良好的表现，分别位列第三位、第四位。随着区块链技术的不断发展及企业的创立，企业未来应用市场的开发也将会逐步向中西部地区扩张，上海想要保持在该领域的优势，并获得进一步突破，需加强和周边城市的合作，形成区域联动，才能吸引更多资本的青睐。

2. 人才资源

各个城市人才培养模式虽然不尽相同，但都为培养更专业、更具复合才能的人才不断努力。例如，纽约2014年通过创建新型高科技实用型人才培养模式——设立职业技术学院高中预备学校（P-TECH），培养高科技人才；英国人才优势显著，目前约有6.1万金融科技从业人员，还能从高达120万金融服务业从业人员中培养领域专家；科技产业工作者达7.1万人，供应量充沛；伦敦最大的金融科技人才中心Level39是由1250名网络安全、FinTech和零售技术领导者组成的社区；新加坡的高等学府加大对金融科技人才的培养，开设金融科技相关专业和课程；国内的深圳、杭州在近两年吸引了大批中高端人才，2016年第四季度至2018年第一季度的中高端人才净流入率分别达到9.62%和13.6%，杭州还在2019年出台《关于加快推进杭州人才国际化的实施意见》聚焦国际人才留用机制，积极吸纳金融、互联网、大数据、云计算人才，助力金融科技中心建设。

在金融科技的竞争浪潮中，金融机构需要的是复合型人才，从上海来看，人才的需求远大于供给，复旦大学、上海交通大学、同济大学、上海大学、上海财经大学等高校近几年才开设金融科技专业或方向，人才培养方面尚处于探索起步阶段，人才及其所拥有的知识技能与当下金融科技的快速发展尚未能达成匹配。

3. 生态环境

民众的创新精神、金融科技采纳率以及政府的支持力度都决定了城市金融科技发展的速度和效率。例如，纽约民众创业精神强，同时政府也助力打造众创空间，整个城市对金融科技的接纳率很高，目前，全市50岁以上的自营职业居民接近210000人，比2005年增长19%。60岁以上的自营职业者的创业活动甚至增加了44%，达到104000多人；伦敦积极举办世界领先的金融科技加速和孵化项目，其中包括由著名的Startup boot camp举办的金融科技加速项目、巴克莱银行的RISE项目、Techstars和埃森哲成立的金融科技创新实验室，还拥有英国最大的金融科技非官方组织（Innovate Finance）；新加坡每年组织大量与FinTech主题有关的论坛、活动，举办著名的新加坡金融科技节等，都极大地促进了社会创新的氛围；香港虽然在生态环境管理方面具有全球领先优势，但创新对企业、银行以及投资人产生的吸引力有限，新模式或新业态很难产生类似内地市场的瞬间爆发效应；深圳的高科技制造业上下游产业链完备；政府充分支持金融科技发展，实行了很多鼓励政策；杭州近几年金融科技发展迅速得益于产业转型升级与财富管理需求对金融创新的内生需求，这为金融科技发展带来了重要的原动力。

近年来，上海先后举办了很多金融科技论坛等，活动覆盖的人群大多为高端知识分子和相关人员，对于普通人群的创新激励仍然有很大的提升空间。从金融科技的细分领域来看，上海在打造良好的金融科技发展生态环境方面还有很大发展空间，在北京大学发布的互联网金融发展指数（第二期）显示的互联网金融发展指数仅排第7，四大细分业务互联网支付、互联网货币基金、互联网保险和互联网投资的发展指数分别位列第8名、第5名、第7名和第4名，与杭州、深圳、广州等城市尚存在一定差距。

表7　2015年12月城市互联网金融及分行业发展指数前十名城市

排名	总指数	互联网支付	互联网货币基金	互联网保险	互联网投资
1	杭州市	深圳市	杭州市	深圳市	杭州市
2	深圳市	杭州市	深圳市	杭州市	深圳市
3	广州市	广州市	广州市	珠海市	北京市
4	珠海市	珠海市	南京市	广州市	上海市
5	厦门市	珠海市	上海市	厦门市	广州市
6	南京市	厦门市	北京市	三亚市	南京市
7	上海市	北京市	武汉市	上海市	珠海市
8	北京市	上海市	厦门市	宁波市	苏州市
9	武汉市	苏州市	珠海市	北京市	武汉市
10	苏州市	武汉市	苏州市	苏州市	厦门市

资料来源：北京大学发布的互联网金融发展指数（第二期）。

4. 监管体系

监管方面，上海主要可以借鉴英国的监管沙盒。监管沙盒最早由伦敦提出，是给创新企业提供一个缩小版的真实市场和宽松版的监管环境。具体而言，是指从事金融创新的机构在确保消费者权益的前提下，按金融行为监管局（FCA）特定简化的审批程序，提交申请并取得有限授权后，允许金融科技创新机构在适用范围内测试，FCA会对测试过程进行监控，并对情况进行评估，以判定是否给予正式的监管授权，在沙盒之外予以推广。

新加坡也实行了监管沙盒，并已形成完善的沙盒评估标准、退出机制和申请流程。而中国目前尚未形成制度完善又有效促进金融科技发展的监管体制，政府扮演的大多为引导角色，同时辅以一定政策与资本支持。

六、推进金融科技中心建设的路径：上海模式

基于对上海自身优劣势的分析，以及与国内外城市在金融科技发展的对比，本文依据发展金融科技的上海模式——新型雁阵模式，并建立上海"十二宫图"，以此为基础对上海建设金融科技中心提出具体建议。

(一) 模式定义

上海模式是基于上海发展金融科技的现状，通过发挥上海在传统金融、人才培养、先行先试政策等方面的集成优势，以及长三角区域合作优势，带领长三角迈向更高质量一体化发展，进而推动中国金融科技整体水平的提升。该模式以新型雁阵模式为特点，最终目的是构造有利于金融科技中心建设与国际金融中心建设的良好生态环境。

(二) 内涵阐述

新型雁阵模式包括两个方面：一方面，在市场竞争已经成熟的领域，可以跟随金融科技中心城市，在这些领域中发达金融科技中心是领头雁、上海是追随雁，构成人字形雁阵。国外老牌金融中心的传统金融业、区块链技术等以及国内杭州的移动支付等金融科技技术都是上海值得学习的地方。

另一方面，在一些新兴或特色领域，上海与发达金融科技城市基本位于同一起跑线，构成一字形雁阵，上海可以发挥天时（全球金融科技发展的快速发展期）、地利（上海的区位优势，以及上海国际金融中心建设等相关国家战略的集成优势）、人和（中国拥有全球最大的市场）等优势，在这些领域率先突围，最终在这些领域上海可能成为领头雁，其他城市成为追随雁，构成新的人字形雁阵。未来，上海可以在以下方面突出重围：

(1) 发挥传统金融业发达的优势，把传统金融机构与金融科技机构的合作做深、做实。

(2) 抓住密集的高校资源，深化产学研的结合，依托复旦大学、交通大学等上海地区知名高校，联合发展迅速的院校如上海大学等，充分利用高校人才资源，实现金融科技成果转化。

(3) 鉴于上海在大数据、人工智能、区块链等新兴技术方面有较好的接纳度，上海应该借此时机实现弯道超车、变道超车，加快发展金融科技新一代技术。充分利用现代科技的发展趋势与不断扩大普及范围的移动支付优势，实现金融嫁接互联网、新兴技术的产业升级。

(4) 引领建设长三角金融科技生态城市群，在打造金融科技中心的过程中实现优势互补，加速长三角金融科技一体化。以杭州为例，上海的产品驱动、营销驱动优势可与杭州的技术驱动形成完美组合，加上"一带一路"契机，可打造辐射东盟、中亚的大长三角金融科技圈。

浙大 AIF 发布的全球金融科技中心指数显示，中国长三角地区以 81.2 分排名第一，超越美国硅谷和英国伦敦地区。上海作为该区域中的老牌金融中心，更应当引领该区域的金融科技发展，将上海的人才、资金、政策等方面的优势辐射到地区。

（5）集成国家战略优势，用金融科技驱动金融中心和科创中心协同建设。传统金融机构可与金融科技公司合作深化，两者都将是金融产业链生态圈的重要组成部分，依托上海建设"五个中心"、自贸区等国家战略的集成优势，实现金融科技产业发展的聚能突破。

在传统领域发达金融科技中心城市领跑、上海跟随的人字形雁阵，以及在新兴领域上海与处于同一起跑线的一字形雁阵、再到上海领跑形成新的人字形雁阵，这两种雁阵组合我们称为新型雁阵模式。

（三）具体建议——基于上海模式的"十二宫图"

针对SWOT分析中上海金融科技发展不深、不厚、不高等"问题，以及国内外经验借鉴的四个层面，本文提出建立上海金融科技中心的"十二宫图"，并从"十二宫图"视角对上海建设全球金融科技中心提出具体建议（见表8）。"十二宫图"包括纵向、横向、垂直三大维度（具体内涵如图4所示）和资本支持、人才资源、生态环境、监管体系四个层面。

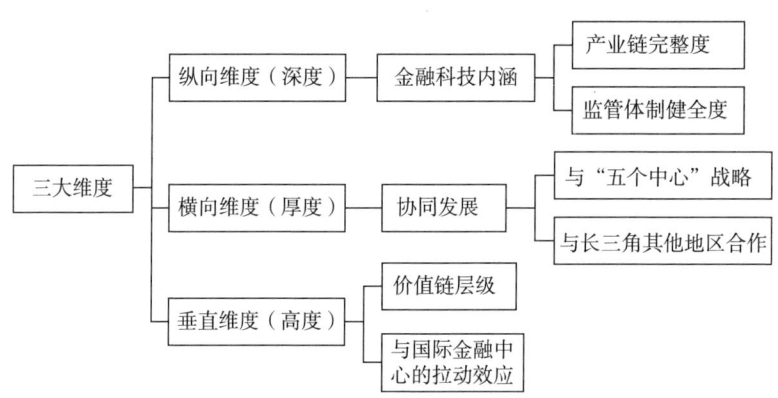

图4　三大维度内涵

表8　　　　　　　　　　上海"十二宫图"

维度	资本支持	人才培养	生态环境	监管体系
纵向维度	做深长三角地区的资金合作	产学研紧密结合	构建金融生态全产业链	本土化监管机制
横向维度	拓宽企业融资渠道	与长三角地区的人才互通机制	引领建设长三角金融科技生态城市群	自贸区先行先试
垂直维度	与国际金融中心的拉动效应	发挥中高端人才集聚优势	培养创新的社会氛围	发展监管科技（RegTech）企业

1. 资本支持

第一，加强长三角地区金融合作，促进资本流通，助力上海建设金融科技中心与国际金融中心。长三角地区可以开展的资金合作主要有长三角指数债券、FTA（自由贸易账户）、建立以上海为中心的碳交易市场，发展碳金融，推出与碳有关的期权期货、抵押、碳回购、碳指数等衍生品。

第二，可以通过签订建立协同优势产业基金投资意向协议助力协同发展，如由上海国方母基金进行管理的协同产业优势基金便是一个很好的例子，投资于有底层技术、有技术应用场景、有产业配套并且商业成本下降的产业，例如物联网、人工智能、生物科技，利用母基金的杠杆作用推动长三角地区完善产业链，深化合作，帮助数万家优质企业发展，促进长三角区域经济发展，形成优势产业集群。

第三，上海可以借鉴浙江成立私募股权机构的方式拓宽企业融资渠道。这不仅能够规范引流充裕的民间资本，帮助中小企业和新兴产业直接融资，而且有利于支持企业科技创新和商业模式创新。上海可以充分借鉴其发展经验，与浙江等周边省市建立良好的联动机制，建立完善的投资融资方式，帮助科创企业快速发展。

第四，充分利用上海国际金融中心优势。在这方面，未来上海应加大对上海创新试点人民币跨境业务和产品的支持，发挥好大宗商品人民币定价结算功能。另外，要稳步推进资本项目可兑换，支持上海先行先试外汇管理改革，拓展上海自由贸易试验区的自由贸易账户功能，推进资本项目管理的便利化和可兑换。

第五，尽快落实科创板，服务好科技创新企业。习总书记在进博会开幕式上提出将设立科创板，并实行注册制。科创板的建设就是要把科技创新的主体——以中小微企业为主的科技创新企业服务好，板块与服务主体的精准定位能够切实发挥市场作用，助力上海的金融科技建设。

2. 人才资源

第一，产学研紧密结合，依托复旦大学、交通大学等世界著名高校，发挥人才与科研优势，高效实现金融科技成果转化。在人才培养方面，国外有很多值得借鉴的经验：纽约的高技术人才培养计划成效显著，目前职业技术学院高中预备学校（P-tech）在美国已扩展到100多所学校，吸引超过400多家企业，并且在国际上已覆盖摩洛哥、澳大利亚、中国台湾等多个国家和地区；新加坡管理大学（SMU）早在2013年就联合MAS和IDA成立了金融IT学院SMU（FITA），南洋理工大学南洋商学院、新加坡国立大学等开设了商业数据分析等相关课程。

上海高校也可以借鉴其经验加强相关学科建设、设立金融科技研究培训基地，为产学研提供优质的通道，努力培养出一批金融科技复合型人才。同时，加大金融人才引进力度，探索与发达国家及地区建立金融科技人才引进机制、与长三角地区建立人才互通机制。要把科技能力植入金融业的每一个环节，不仅有赖于科技人才，还有赖于金融从业人员对于科技的理解。只有两者融合，才能更有效地把金融科技运用到金融机构里。

第二，发挥上海在支付清算、第三方支付、银行卡支付和评级机构等金融服务方面的人才优势和地域优势，利用对外资机构的吸引力，在业务上向更广阔的空间拓展。

3. 生态环境

上海在发展金融科技的过程中应抓住互联网前沿技术与区块链等新兴技术，并借助移动支付优势来优化传统金融行业的运作逻辑，为新技术找到应用的空间和土壤，让技术公司为金融公司赋能，推动金融生态全产业链的构建，培养有利于金融科技发展的创新氛围。

具体而言，构建金融科技中心可以在支付、互联网与新兴技术融合三大方面突破。第一，支付领域，目前国内在这方面做最为突出的是杭州。这座金融科技城市发展的后起之秀，以极高的金融科技体验感在全球城市中脱颖而出，它的第三方支付已经渗透到生活的方方面面，被誉为"全球移动支付之城"。上海移动支付普及率目前不及杭州，可以效仿杭州的模式，同时与杭州等长三角城市群合作共同加快区域内金融数字化进程。

第二，互联网领域。移动互联网时代的到来引发了诸多行业的变革，金融行业就是其中之一。互联网金融具有良好的发展前景与受众程度，但其本身的痛点和难题在政策监管来临之时容易被进一步放大，平台跑路、暴雷等现象随时产生。在这样的背景下，打造良好的金融生态环境就显得尤为重要，上海可以打造以金融科技为代表的新金融模式，一方面充分利用互联网金融平台在服务小微企业方面的优势，另一方面营造监管适当、创新激励的金融生态环境。

第三，新兴技术融合方面，以区块链为例分析。环顾全球市场，美国无疑是与区块链技术拥抱最紧密的，其金融中心——纽约的区块链技术发展也走在世界前列。2018年5月，纽约经济发展联盟宣布将推出多项举措，把纽约打造为区块链技术中心，并宣布了一项旨在将区块链技术融入市政服务的竞赛。反观上海，目前尚未把自身在金融领域的深厚积累转化成在区块链领域的领先优势，未来应借助自身的经济实力、人才优势，加快上海区块链发展，具体建议如下：（1）出台具体的区块链技术和应用的专项扶持政策，重点支持关键技术攻关、重大示范应用研发、试验验证环境建设等方向。（2）建议各行业主管部门开放应用场景、放宽市场准入限制，鼓励有条件的企业进行应用创新和模式创新，同时加强必要的监管机制，做好服务和支撑。（3）建立产业基金助力区块链孵化基地的建设，形成创业投资基金和天使投资人群集聚活跃、科技金融支撑有力、企业投入动力得到充分激发的发展模式。

4. 监管体系

（1）本土化监管机制

依据上海自身特点，建立本土化监管机制。一方面上海需要借鉴国外监管体系的经验，如美国实行的相对宽松的监管模式，英国的监管沙盒，但更重要的是上海要找寻适合自己的监管模式。经分析，本文认为上海应当依托自身的本土情况，在严格管制和完全开放中找到一条适度有效监管的道路，平衡鼓励创新和防范风险的矛盾。为此，上海可以发挥自贸区的先行先试优势，探索上海金融科技的监管之道，以避免监管不足与监管过度的问题。同时，上海可以试点沙盒计划，对效果进行评估，结合自身特色进行改进，鼓励创新的金融科技监管制度。

（2）发展监管科技（RegTech）

在金融科技发展的巨大浪潮中催生了许多负面现象，例如金融科技的野蛮生长、网络信息风险的挑战、道德风险的挑战等，监管科技成为金融科技发展的必然产物。未来，上海在发展金融科技中心的过程中，可以充分利用监管科技技术方案解决合规和监管问题，服务监管需求，提高监管效率。

放眼全球，可以发现在过去5年中，监管科技投融热度不断上升。截至2017年，涉及监管科技的投融案例已达到近150笔，金额达到13亿美元。2013年至2017年第三季度，美国的监管科技公司达成的投融资交易数量占全球监管科技投融资交易总数的74%，稳居第一；英国居第二，占10%；加拿大和印度并列第三。数据研究公司FinTech Global 2017年发布《全球监管科技评论与监管科技100》（The Global RegTech Review & The RegTech 100），评选出100家优质监管科技公司，其中英国的监管科技公司所占数量最多，有26家；美国次之，有21家。

可见，目前在监管科技领域，美国和英国具有明显优势，美国在监管科技投融资交易量方面遥遥领先，英国则是全球范围内优质监管科技公司数量最多的国家。相比英国、美国，中国监管科技虽然起步较晚，但发展空间巨大。特别是在上海建立金融科技中心与全球金融中心的过程中，上海应当积极构建监管科技发展规划,打造管理政策体系及相关技术标准体系,提高监管效率,为金融科技发展保驾护航。

参考文献

[1] 张仁开,刘效红. 上海建设国际科技金融中心的战略思考 [J]. 江南论坛,2012 (12):17 – 19.

[2] 张明喜,赵秀梅. 科技金融中心的内涵、功能及上海实践 [J]. 科学管理研究,2016,34 (4):101 – 105.

[3] 杨晔,吴丽娜. 发展金融科技 助力上海国际金融中心建设 [J]. 河南财政税务高等专科学校学报,2018,32 (1):1 – 7.

[4] 德勤. 连接全球金融科技:2017 年全球金融科技中心报告 [EB/OL]. https://www.useit.com.cn/thread – 15695 – 1 – 1,html. 2017 – 04.

[5] Innovate Finance:2017 年金融科技风险投资概况 [EB/OL]. http://www.199it.com/archives/700536.html.

[6] 猎聘网. 2018 年杭州中高端人才及杭漂大数据报告 [EB/OL]. http://hangzhou.zjol.com.cn/qwfb/201804/t20180413_ 7017464.shtml,2018 – 04 – 13.

[7] 浙大 AIF. 2018 全球金融科技指数报告 [EB/OL]. https://mp.weixin.qq.com/s/_ tRcpwp96UcEewYreuYXyw,2018 – 06 – 06.

[8] 硅谷天堂. 天堂硅谷成功举办"资本助力金融科技"峰会 [EB/OL]. https://mp.weixin.qq.com/s/Zkhq4 – 7zRqHR – BNPSAl_ 1A,2018 – 11 – 06.

[9] 方略研究院. P – tech 模式 [EB/OL]. https://mp.weixin.qq.com/s/Oa5jlWuJZpebqixTN – U _ 8Q,2018 – 09 – 08.

[10] 杨文斌. 国外 FinTech 发展经验对我国的借鉴 [J]. 金融科技时代,2018 (6):21 – 24 +28.

[11] 英国智库 Z/Yen 集团,中国(深圳)综合开发研究院. The Global Financial Centres Index23 [EB/OL]. http://en.cdi.org.cn/component/k2/item/416 – the – global – financial – centres – index – 23 – gfci – 23,2017 – 03 – 26.

[12] 上海信息中心. 全球科技创新中心评估报告 [EB/OL]. https://www.useit.com.cn/thread – 18355 – 1 – 1.html,2017 – 12.

[13] 数字经济论坛,阿里研究院,毕马威. 2018 全球数字经济发展指数 [EB/OL]. https://mp.weixin.qq.com/s/ZDMZ6B6VZK – HtaJUT19nVQ,2018 – 09 – 18.

[14] H2 Ventures、KPMG. 全球金融科技公司百强（2018）[EB/OL]. https：//mp. weixin. qq. com/s/IMYijaYAzR1RPTSJOBxqYA, 2018 - 10 - 23.

[15] 安永.2017 年金融科技采纳率指数 [EB/OL]. http：//www. 199it. com/archives/626155. html, 2017. 08.

[16] 投中研究院.《2018 年区块链投融资报告》[EB/OL]. http：//www. 100ec. cn/detail - 6457743. html.

[17] CB Insight. The State of RegTech [EB/OL] . http：//www. 199it. com/archives/644954. html, 2017 - 10 - 20.

[18] FinTech Global. The Global RegTech Review & The RegTech 100 [EB/OL]. https：//mp. weixin. qq. com/s/lNT31EGaoBVx - HDMYuoALQ, 2018 - 03 - 09.

[19] Judith Messina. Starting Later：Realizing The Promise of Older Entrepreneurs in New York City [EB/OL]. https：//nycfuture. org/research/starting - later, 2018 - 09.

金融科技在金融市场基础设施领域的应用研究

张生举 刘俊山 吴昊 王然①

一、引言

金融基础设施将整个金融体系紧密联系起来，由此支撑金融体系功能的正常发挥，维护金融安全稳定。高效、透明、规范、完整的金融基础设施对经济发展至关重要。我国历来重视金融基础设施建设。十八届三中全会在《中共中央关于全面深化改革若干重大问题的决定》中将金融基础设施建设列为全面深化金融业改革的重要组成部分，明确要求加强金融基础设施建设，保障金融市场安全高效运行和整体稳定。"十三五"规划纲要也指出要建立安全高效的金融基础设施。

定义上，金融基础设施存在广义和狭义之分。广义的金融基础设施是指保障金融活动安全、高效运行的基础运营机构设置、技术系统及相关制度安排。狭义的金融基础设施主要是指金融市场基础设施（以下简称基础设施），包括场内市场以及场外市场中的金融基础设施。

近年来，国内外掀起了一波金融科技发展浪潮，对金融市场、金融机构以及金融服务供给等产生重大影响，也给金融市场基础设施带来一定的挑战。理论上，科技进步大多会对金融结构产生影响。例如米什金（1999）认为，交易成本和信息不对称是驱动金融结构演变的根本驱动力，技术进步极大地改善了信息不对称，使金融中介能够从更多不知情的投资人那里获得更多融资，提升金融市场的流动性；技术进步大幅降低了交易成本，使新的金融服务不断涌现，并不断扩展市场容量。因此，金融科技作为一种技术进步，可提高金融市场基础设施的运营效率，降低成本。然而，金融科技在提升金融市场基础设施效率的同时，也会带来一定的风险，如法律风险、市场风险、技术风险、系统性风险等，因此目前金融科技的运用，大多处于概念验证阶段，许多问题仍悬而未决。

---

① 作者单位：中国外汇交易中心。

近年来，我国金融市场基础设施运营机构纷纷加大了技术投入，持续推动系统升级。面对金融科技发展浪潮，金融市场基础设施在优化系统建设、改进服务模式及降低成本等方面既面临难得的发展机遇又存在一定的挑战。本文拟对我国金融市场基础设施现状、金融科技的内涵及金融科技在基础设施领域的应用现状进行全面梳理，讨论金融科技在基础设施领域的应用前景与挑战，最后提出发展与政策建议。

二、我国银行间市场中的金融市场基础设施

（一）金融市场基础设施的定义

在支付与市场基础设施委员会（CPMI）和国际证监会组织（IOSCO）联合发表的《金融市场基础设施原则（PFMI）》第1.8节中，金融市场基础设施被定义为参与机构（包括系统运营机构）之间用于清算、结算或记录支付、证券、衍生品或其他金融交易的多边系统。CPMI—IOSCO将金融市场基础设施分为五类，分别是支付系统、中央证券托管系统（CSD）、证券结算系统（SSS）、中央对手方（CCP）和交易报告库（TR）。尽管PFMI正文中给出的金融市场基础设施定义未囊括交易所、交易执行设施、多边交易压缩系统等市场基础设施，但CPMI—IOSCO建议有关监管部门可自行决定将PFMI中的全部或部分原则应用于报告未涵盖的基础设施。鉴于交易场所在各国金融市场中的重要地位，本文讨论的金融市场基础设施包括重要交易场所。

（二）我国银行间市场中的金融市场基础设施

我国银行间市场是机构投资者主导的市场，在我国金融体系中居主导地位，其中的基础设施主要包括交易平台（或称交易设施、交易系统）、中央证券托管系统（包括证券结算系统）、支付系统、中央对手方及交易报告库。

1. 交易平台

目前，中国外汇交易中心暨全国银行间同业拆借中心（以下简称交易中心）是银行间市场的主交易平台，为银行间货币市场、债券市场、外汇市场及衍生品市场提供电子化交易服务。交易中心的电子化交易系统分为本币交易系统和外汇交易系统。本币交易系统支持询价、做市报价、请求

报价、双边授信撮合、匿名拍卖等多种交易方式。外汇交易系统提供集中竞价①、双边询价②和撮合③等多种交易功能。

随着银行间市场的不断发展，业务创新层出不穷，交易中心为适应新形势，于 2017 年推出了新一代外汇交易系统。该系统可为市场主体提供更安全、更高效、更便捷的交易平台服务，提供丰富、灵活的交易中、后台辅助与扩展功能。交易中心的本币交易系统也在不断地发展和完善。在银行间市场对外开放进程持续推进的新形势下，交易中心致力于构建面向全球的金融 IT 服务体系，提供覆盖交易全生命周期的国际一流服务平台，致力于建成全球人民币相关产品交易主平台和定价中心④。

2. 中央证券托管结算系统（CSD）

目前，我国银行间市场有两家 CSD，分别是中央国债登记结算有限公司（以下简称中债登）和上海清算所，前者主要提供国债、金融债、企业债、资产支持证券等的登记、托管、结算、代理还本付息等服务，后者主要提供同业存单、中期票据、短期融资券、定向融资工具、资产支持票据等的托管结算服务。

中债登的中债综合业务平台基于面向服务的体系架构（SOA），可实现对发行、登记、托管、结算和信息产品等业务的全覆盖，通过桌面、网上和直联客户端将各类服务送达结算成员，达到了业务服务多元化与客户需求差异化的有效衔接。上海清算所的综合业务系统提供债券簿记、结算管理、资金管理、抵押品管理等功能，是集多种功能于一身的综合性业务处理系统。

目前，中债登和上海清算所均在积极开展新一代系统建设，致力于打造满足业务快速发展、融合全面风险管理、更加便捷高效的 IT 系统。

---

① 即做市机构通过做市接口向交易中心系统持续发送匿名带量可成交报价，参与机构可通过点击成交、提交订单或匿名询价的方式与最优报价做市机构达成交易，交易完成后以上海清算所为中央对手方集中清算。

② 以双边授信为基础，做市机构报价驱动的交易模式。机构可以基于做市机构的公开报价，通过请求报价（RFQ）和点击成交（ESP）两种方式完成交易，交易完成后可进行双边清算，符合条件的机构也可采用集中净额清算。

③ 以订单报价驱动，会员基于双边授信，按照价格优先、时间优先的原则，以订单匹配或点击成交方式达成交易。

④ "上海扩大开放 100 条"明确提出，推动中国外汇交易中心发展成为全球人民币产品交易主平台和定价中心，希望双方共同携手，在有效防控风险的基础上，提高金融市场开放水平，推动上海金融业健康发展，形成更多具有国际影响力的"上海价格"。

3. 支付系统

中国人民银行清算总中心负责我国支付系统的开发、建设与运营，于2002年推出了大额支付系统，于2013年推出了第二代支付系统，于2015年推出了人民币跨境支付系统（CIPS）。作为一类重要的基础设施，我国支付系统建设重视引入先进的支付清算管理理念和技术，以功能更完善、架构更合理、技术更先进、管理更便捷为系统建设目标，取得了显著成就。

4. 中央对手方

2008年国际金融危机爆发后，在场外市场引入中央对手方清算逐渐成为国际共识。2014年，我国推出人民币利率互换中央对手方清算业务，上海清算所充当中央对手方。此后，上海清算所又推出了外汇及大宗商品衍生品的中央对手方清算以及债券净额清算业务。2017年，上海清算所全年清算业务总量达265万亿元。

5. 交易报告库

根据金融稳定委员会（FSB）所做的定义，交易报告库是指集中收集、储存以及发布场外衍生品交易信息的电子数据库。通过数据的集中收集、储存和发布，交易报告库能有效提高市场透明度、防范金融风险、促进金融稳定。目前，全球已建成交易报告库22家，准交易报告库12家，交易中心被认定为中国的准交易报告库。目前，交易中心主要负责收集利率和外汇衍生品交易数据，并依托本外币交易系统实现了银行间市场衍生品交易数据的完整获取。未来，交易中心将加强对交易生命周期数据的收集与统计，加强银行间市场标准化建设，着力提高数据质量，打造具有一流水准的交易报告库。

（三）我国银行间市场基础设施建设的基本特点及存在的问题

受信息技术快速发展、软硬件不断升级、产品创新、新业务模式发展以及市场竞争日趋激烈等多重因素驱动，我国银行间市场中的基础设施运营方也在不断地推动系统更新换代，尽可能地适应市场新的发展形势。

总体来看，我国银行间市场基础设施建设大体按照功能更完善、架构更合理、系统更流畅、技术更先进、管理更便捷、用户体验更优秀等多个维度开展。通过提高系统的可靠性、效率性、可管理性、可扩展性、开放性以及安全性等，金融市场基础设施运营方意在打造具有市场竞争力、业内领先的系统，以便应对现实及潜在的市场竞争。

不过，我国金融市场基础设施系统建设存在IT组织体系不完善、信息系统种类繁多等问题，而且还存在一定的低水平重复建设。此外，不同系统间技术异构，难以协同。面对业务日新月异的发展变化，IT系统往往难以迅速响应。随着大数据、云计算、人工智能、区块链等金融科技的快速发展和应用，我国金融市场基础设施系统建设既存在机遇又面临挑战。一方面，金融市场基础设施系统运营方存在运用金融科技来推进系统转型升级的需求，以进一步提升系统运营效率、有效降低成本、提高市场竞争力。另一方面，金融市场基础设施运营方在运用金融科技对系统升级改造时可能面临法律风险、技术研发失败等风险。

下面，本文讨论金融科技的内涵，梳理金融科技在金融市场基础设施领域中的应用现状。

三、金融科技的内涵

当今，以人工智能（AI）、区块链（Blockchain）、云计算（Cloud）和大数据（Big Data），即"ABCD"等为技术基础的金融科技（FinTech）在全球范围内蓬勃发展，日益成为全球创业者、金融从业人员、国际组织以及各国监管部门关注的焦点。金融科技实现了信息科技与金融业的深度融合，不仅突破了原有的金融服务框架，拓宽了金融服务的覆盖面，还深刻影响着人类的生产生活方式。

尽管金融科技发展得如火如荼，但目前尚缺少统一的定义。国际层面，金融稳定委员会（FSB）（2016）将金融科技定义为发生在金融服务业中的技术驱动型金融创新，它能创造新业务模式、新应用、新流程以及新产品，从而对金融市场、金融机构或金融服务供应方产生重大影响。美联储（2016）将金融科技视为一个行业，该行业中的企业通过技术运用来提高金融系统及服务的效率。世界经济论坛（2016）将金融科技视为一种应用，即技术及创新业务模式在金融服务业中的应用。美国证券托管结算公司（DTCC）（2017）将金融科技宽泛地定义为可影响金融服务的技术创新，此类创新可实质性提高、改变甚至破坏金融业现有的业务模式、技术应用、监督管理、业务流程以及金融产品研发。国际证监会组织（IOSCO）（2017）将金融科技定义为那些有潜力为金融服务业带来变革的创新型业务模式及新兴技术。美国经济委员会（2017）在题为"金融科技框架"白皮书中将金融科技定义为对支付、投资管理、资本筹集、存款、贷款、保险、监管合规及其他金融活动产生影响的各种技术创新，包括移动支付、虚拟货币、大数据、人工智能、算法应用等。

国内方面，中国—中东欧基金董事长姜建清[①]指出，金融科技是指将新

---

① 转载姜建清在2018年网易经济学家年会上所做的讲话。

的科技成果应用于金融领域，是金融与科技融合、创新发展的过程，从而对金融产生重大影响。当今，金融科技以云计算、大数据、移动互联、区块链和人工智能等为代表，本质上是一场与金融信息的传送、接收、分析、处理等有关的技术革命。中国人民银行科技司司长李伟[1]认为，金融科技归根到底的本质是金融，其核心是运用信息技术为金融提质增效。京东金融首席执行官陈生强[2]提出，金融科技是遵循金融本质，以数据为基础，以技术为手段，为金融行业服务，帮助金融行业提升效率、降低成本。央行货币政策司司长孙国峰提出金融科技新生态的概念，指出金融科技公司的优势在于技术，而金融机构在各金融业务领域积累了丰富的经验。一种比较好的模式是，金融科技公司为金融机构提供技术服务，利用现代信息技术对传统金融业务进行流程改造、模式创新、服务升级，并且在传统金融无法覆盖的领域开辟新的业务，而不是站在传统金融机构的对立面，金融科技的发展应回归到金融服务业的本质。

总体来看，金融科技概念存在广义和狭义之分。广义上的金融科技泛指技术创新在金融服务领域的应用。狭义的金融科技是基于大数据、人工智能、区块链、云计算、移动互联等一系列技术创新，对传统金融产品、服务与机构组织等产生深刻影响，甚至重塑的创新金融活动。内涵上，金融科技会显著冲击传统金融服务业，但未必完全取代传统金融业，更多的是倚靠现代信息技术对传统金融业提质增效。本文将采用狭义的金融科技定义，与传统的科技手段相区别。

四、金融科技在金融市场基础设施中的应用

在金融市场基础设施领域，业内对金融科技给予了持续的关注。相比较而言，区块链技术若推广应用开来，可能带来颠覆性影响，因此最受金融市场基础设施业内人士的关注。2016 年，世界交易所联合会（WFE）曾就区块链的应用与前景开展调查，认为区块链技术在清算结算支付、低流动性金融产品（如固定收益证券、OTC 衍生品）的交易匹配和确认、交易登记、监管报告等领域具有一定的应用前景。下面本文介绍国际上金融科技在金融市场基础设施中的若干应用实例。

（一）金融科技在交易设施中的应用实例

目前，区块链与智能合约技术在交易设施中已有应用案例。2015 年 8

---

[1] 转载中国人民银行科技司司长李伟 2017 年 12 月 3 日在第六届凤凰网财经峰会上的讲话。
[2] 转载京东金融 CEO 陈生强 2017 年 3 月 23 日在博鳌亚洲论坛上的演讲。

月，区块链技术公司 Symbiont 成功对外发行智能债券，这是智能合约技术首次正式应用于债券发行。2015 年 10 月，Nasdaq 推出了基于区块链技术的 Linq 系统，用来支持私营企业管理其在 IPO 前发行的股份，即利用分布式账本技术以电子化形式记录股份发行与转让情况。2016 年 10 月，IBM 和日本证券公司 SBI Holdings 合作发起了一个新的区块链项目，旨在基于 IBM 的超级账本（Hyperledger Fabric）技术开发新一代债券交易系统。此外，区块链初创公司 BlockEx、AlphaPoint 等推出或计划推出数字资产交易平台，特拉维夫证券交易所开发了区块链证券借贷平台。

相较于区块链技术，人工智能、大数据等其他金融科技更多地用来提升现有交易设施功能，而不是颠覆。目前，人工智能技术在交易设施建设与功能完善方面已获得了一定的应用，例如智能交易推荐、程序化交易实现等。作为传统的交易平台，路透推出了基于人工智能的知识图谱，通过全方位搜集、标记和深度学习存在于新闻、交易平台和研究报告中的数据，可以对任意两家机构之间的关联度打分，并推算事件发生的概率，为交易员的投资决策提供支持。专注于企业债市场的 MarketAxess 平台借助人工智能技术，推出了企业债专有算法定价引擎，支持一系列交易功能的自动化，包括交易前价格发现、流动性提供、交易成本分析、自动化执行与交叉执行等。

（二）金融科技在清算结算与支付系统中的应用实例

金融科技，特别是区块链技术受到交易后基础设施运营商的广泛关注，DTCC、SWIFT、Euroclear 等国际知名交易后基础设施以及澳大利亚证交所、新加坡证交所等均投入了一定的人力物力开发基于区块链技术的系统。

2017 年 1 月，DTCC 宣布与 IBM、区块链创业公司 Axoni 和企业区块链联盟 R3 成员合作，以改进衍生品交易后处理流程。2017 年 10 月，DTCC 宣布此项合作的基础设施建设基本完成，将转入测试阶段，并且准备以一种兼容的方式对 TIW 数据进行迁移。

SWIFT 于 2016 年着手开展区块链项目建设。2017 年，SWIFT 联合 34 家金融机构进行区块链实验，成为迄今为止世界上规模最大的区块链 POC 项目。该项目主要是在国际往来账户上使用区块链，目的是实现银行跨境交易处理的实时性、点对点化，提高交易效率、降低交易成本。2018 年 3 月，SWIFT 发布报告阐述实验结果，声称这次实验非常成功，并解释项目是如何达到目标的，但同时宣布放弃区块链计划。

2016 年 6 月，Euroclear 宣布合作研发一套可以显著降低风险、减少资本占用及实现 DvP 结算的黄金结算系统。2017 年 4 月，Euroclear 宣布基于区块链技术的黄金结算系统在测试中取得重大进展，完成了第二阶段的平台测试。然而在 2017 年 7 月，Euroclear 与 Paxos 宣布，双方共同为伦敦黄金市场开发区块链服务的合作关系已经结束，原因未明。

澳大利亚证交所（ASX）于 2016 年初开始重点布局区块链技术在证券清算结算方面的应用。2017 年 12 月，ASX 宣布将取代现有的结算系统（CHESS），使用区块链技术处理其股票交易的清算和结算，ASX 也因此成为全球第一家将区块链技术融合到证券交易后流程的证券交易所。然而 2018 年 9 月 4 日，ASX 宣布新区块链结算系统发布时间延迟至 2021 年第二季度。

此外，新加坡证交所于 2018 年 8 月宣布与新加坡金融管理局（MAS）合作，通过利用区块链技术来提高证券的券款兑付（DvP）水平，即利用区块链技术有效连接资金转账及证券转账，通过基于区块链的智能合约实现交易自动化，消除交易双方在 DvP 过程中可能面临的风险。

（三）金融科技在我国金融市场基础设施建设中的应用情况

交易设施方面。2018 年 1 月 25 日，上海票据交易所的数字票据交易平台实验性生产系统上线试运行，工行、中行、浦发、杭州银行等在该系统上顺利完成了基于区块链技术的数字票据签发、承兑、贴现和转贴现业务。该平台使用数金链（Smart Draft Chain，SDC）区块链技术，借助同态加密、零知识证明等密码学算法进行隐私保护，通过实用拜占庭容错协议（PBFT）达成共识，采用看穿机制提供数据监测①。

深圳证券交易所也在积极开展金融科技创新实践。2016 年，深交所成立了研究工作小组，加入了金链盟，探索在私募股权市场、跨境金融服务、绿色债券发行等方面应用区块链技术。此外，深交所也在着力打造新一代监察系统，研发大数据检查系统，利用大数据技术提升对重点业务和领域的风险监测能力②。

结算托管设施方面。2018 年 9 月 26 日，中债登通过交通银行自主研发的业内首个投行全流程区块链资产证券化平台"聚财链"，成功支持交盈 2018 年第一期个人住房抵押贷款资产支持证券簿记建档发行，实现了资产证券化项目信息与资产信息的双上链。2016 年 10 月，另一家托管结算机构——中证登宣布与俄罗斯中央证券存管机构合作进行交易后区块链应用研究。

---

① 宋汉光. 区块链在数字票据中的应用［J］. 中国金融，2018（10）.
② 何基报. 金融科技对传统市场结构造成挑战［EB/OL］. 新浪财经，2017-11-17.

支付设施方面。人民银行清算总中心计划在"十三五"期间,结合云计算和大数据等技术发展趋势,采用绿色数据中心相关技术,实施新数据中心IT基础设施资源建设,形成多地多中心各业务系统可动态调度的一体化运行格局,大幅度提高业务连续性。人民银行清算总中心还将采用基于分布式架构的大数据处理技术,从数据采集、数据计算、数据服务三个层面,逐步对目前分散的数据监控分析应用进行整合,建设支付大数据平台,实现对支付信息系统的整体重构,以提高数据监控分析服务能力,方便业务人员进一步挖掘数据的价值。

总体来看,在金融市场基础设施领域,国际上金融科技的应用已经展开,国内也有较多探索,但大多处于起步阶段,尚未大规模推广开来。

五、金融科技在金融市场基础设施领域的应用前景及建议

党的十九大报告提出,创新是引领发展的第一动力,是建设现代化经济体系的重要支撑。历史经验表明,科技革命深刻改变世界发展格局。面对大数据、云计算、区块链、人工智能等现代信息技术的蓬勃发展,我国金融市场基础设施应加紧研究应用金融科技,促进系统及业务转型升级,不断提高自身的核心竞争力,以应对国内外激烈的市场竞争。

(一) 金融科技在金融市场基础设施领域的应用前景探析

根据麦肯锡与WFE(2018)所做的调查,金融科技在金融市场价值链中的应用主要集中在以下五个方面:资本获得,交易执行,交易后服务,数据分析及其他信息服务、运行和技术。具体而言,资本获得方面的应用包括众筹平台、初创交易平台、初创企业和中小企业债券发行平台、中小企业私募平台、首次公开发行平台;交易执行方面包括去中心化交易场所、基于在线拍卖的交易场所、数字货币交易所;交易后服务方面包括基于分布式记账技术的清算和结算、监测和分析软件、自动化交易重建、监管合规解决方案 [如反洗钱、了解你的客户(KYC)等];数据、分析和其他信息服务方面包括算法交易、基于人工智能的金融预测、实时市场数据平台、非常规数据加总及分析平台;运行和技术方面包括数字资产发行的开源技术、端到端交易技术、自动化端到端场外交易确认、机器人和自然语言处理、云计算等。

1. 人工智能在金融市场基础设施领域中的应用前景

2017年7月,国务院在《新一代人工智能发展规划》中提出了智能金融的重点应用方向,鼓励创新智能金融产品和服务,发展金融新业态,鼓励金融行业应用智能客服、智能监控等技术和装备,建立金融风险智能预

警与防控系统等。人工智能使机器能够在很大程度上模拟人的功能,实现批量人性化和个性化的服务客户,将成为决定银行沟通客户、发现客户金融需求的重要因素,并在金融产品、服务渠道、服务方式、风险管理、授信融资、投资决策等领域引发新一轮的变革。

在交易前端,人工智能技术可以服务客户,提供智能交易策略。智能交易策略主要有两种直观形式,交易择时和投资配置的最优化。交易择时是根据资产价格在不同时间的波动进行低买高卖,从而获利。投资配置,即选出所有投资配置组合中最优的一个组合进行配置。两种形式的结合可以构成极高数量级的量化策略,通过人工智能的相关方法,可以在有限的时间内从这些量化策略中找到适合交易员需求的一个策略子集。人工智能能够利用深层强化学习方法,从过去几十亿条实盘和模拟盘的历史交易中进行学习总结,归纳经验和教训,以解决更加复杂的问题,与人工相比,经手交易规模更大、更有效率。除了执行交易指令,人工智能还能够自动进行对冲操作或者做市。

在交易中台,人工智能技术能够支持授信、各类金融交易和金融分析中的决策,在交易后台用于风险防控和监督。例如在风险管理方面,人工智能的应用将大幅降低人力成本并提升金融风控及业务处理能力。

总体来看,人工智能技术在金融市场基础设施领域拥有广阔的应用前景,可用来实现辅助交易、做市、授信、风控、智能客服、智能监控等多个应用场景。

2. 区块链技术在金融市场基础设施中的应用前景

业界普遍认为,区块链技术能够改进支付、清算与结算流程,对资金转移以及证券、商品和衍生品交易的清算、结算方式产生重要影响。

在支付与清算方面,区块链技术在国际贸易清算与支付领域中应用潜力巨大。目前国际贸易的清算与支付环节必须依赖银行,银行传统的支付与结算流程中要包括开户行、交易对手行、中央银行、境外银行等机构。为了完成一笔交易,所有参与机构都必须建立独自的账务系统,机构与机构之间必须建立委托关系并提供授信额度;交易首先不仅要在商户和银行之间处理,银行还要和其他金融机构进行清算,一笔交易需要经过多个流程的反复验证,大大延长了交易时间和业务成本。世界银行的一份报告显示,全世界跨境支付规模随着国际贸易的增长而飞速增长,2016年已突破6000亿美元,年均增长率接近5%,与此同时,跨境支付的成本并没有体现出规模效应,银行所收取的境外汇款手续费以及SWIFT电报费依然居高不下,在一笔交易中汇款方的平均交易成本可达7.68%。

若引入区块链技术,一方面能够有效提高银行效率和降低银行的交易成本,即买卖双方资金的划拨,不再经过清算机构或者央行就能够完成,降低了支付系统的基础设施成本。另一方面,也能有效防范支付系统失灵。随着金融系统越发复杂,系统所面临的风险也越多。区块链技术引入后,网络中的区块由整体网络中全部承担维护功能的节点一同维护,这类节点都会自动备份所有交易数据,相当于N点N中心,即使网络中一个点或者多个节点中断或者瘫痪,也不会影响系统正常的运行,极大保障了交易数据的一致性和完整性。

在交易报告库建设方面。由于区块链技术是点对点网络、分布式数据存储、加密技术等多种技术要素的组合,具备存储、记录和转移数字资产的能力,在交易报告库方面有广泛的应用前景。一方面,区块链技术可以通过去中心化的结构来降低风险。与中心化的IT系统相比,区块链技术可以将系统的运行风险降到最低,提高运行效率与安全性,降低交易报告库的服务成本。另一方面,有了共享分类账簿后,衍生品交易信息几乎可以实现实时数据存储共享,提高了报告的透明度和速度。基于区块链技术的业务处理框架能够帮助交易报告库提供方及其客户减少割裂冗余的处理环节以及随之而来的对账成本,从而进一步理顺衍生品处理流程、提升自动化程度、降低成本,提高报告信息效率。

交易平台建设方面。区块链作为一种分布式账本,比较适用于证券登记、发行、零星交易,不太适用于高频率交易。虽然,理论上区块链技术支持去中心化交易,但受技术本身制约,在未来一段时间都不太可能取代传统的中心化证券交易所或交易平台。

3. 大数据在金融市场基础设施领域的应用前景

大数据是计算机和网络通信技术广泛应用的必然结果,具有数据容量大、数据类型多、数据存取速度快、数据应用价值高等特征。金融市场基础设施作为重要的金融市场中介机构,每天会产生海量的数据。大数据技术可用来完善市场监测体系建设,识别异常交易,对客户行为进行分析等。结合机器学习,大数据技术可用于人民币汇率、利率产品定价发现与形成,有助于完善市场基准指标体系,创新个性化、智能化交易模式。

(二) 金融科技给金融市场基础设施带来的挑战

如前文所述,目前金融科技在基础设施领域的应用还不成熟,落地项目较少,具有较大的不确定性,但同时又拥有较大的发展潜力和广阔的应用前景。其中,区块链技术是最具颠覆性的一项技术,对目前以中心化架构为主的基础设施发展最具挑战性。金融科技给基础设施带来的挑战主要体现在以下三个方面：

一是金融科技可能重塑金融市场基础设施行业的竞争格局。随着现代信息技术与金融业的深度融合，金融科技正以前所未有的速度冲击传统的金融业，金融市场基础设施也不能幸免。具体而言，金融科技带来的金融服务创新可能从商业模式、技术应用、业务流程、产品创新、成本、效率等多个维度冲击现有的金融市场基础设施。以区块链为例，该技术具有分布式、防篡改、高透明和可追溯等特性，与传统的基于中心化、层级化的交易处理和记账方式截然不同，具有明显的去中心化特征，可实现点对点交易，省却金融市场中介环节，简化业务流程，缩短交易周期，提升效率，降低成本，因此被认为是最具颠覆性的金融科技手段。虽然目前区块链技术还不成熟，但其发展潜力及可能影响不容低估，这也是全球众多金融机构纷纷布局区块链的重要原因所在。又如，当今世界掀起了第三次人工智能发展浪潮，不仅深刻改变着人类的生产生活方式，也对金融业产生了重大影响。金融市场基础设施具有牵涉面广、高度信息化、海量大数据、安全级别要求高、系统重要性及监管严格等特性，引入人工智能技术不仅可降低成本、提升效率，也有助于实现系统的快速迭代与升级。面对金融科技发展浪潮，那些对金融科技加以持续研究并提前布局的金融市场基础设施，将有可能在未来的市场竞争中占得先机。

二是金融市场基础设施可能面临金融科技研发失败风险。人工智能、区块链等金融科技虽为金融业未来发展带来无限可能，但由于技术本身尚不成熟，因此金融市场基础设施若布局金融科技则可能面临研发失败的风险。例如，区块链技术在技术层面还不成熟，存在诸多风险隐患。尽管区块链集分布式存储、密码学、共识机制等多项技术于一身，但并不意味着该项技术本身没有漏洞，存在私钥和终端安全、共识机制是否真正安全可信、网络硬分叉①等问题。除了区块链本身存在的技术漏洞以外，网络参与主体责任划分、账本数据的最终归属、系统部署及维护成本偏高、交易区块具有选择性等问题的存在，也会导致区块链技术落地应用时面临较大的

---

① 硬分叉是指比特币区块格式或交易格式发生改变时，未升级的节点拒绝验证已经升级的节点生产出的区块，不过已经升级的节点可以验证未升级节点生产出的区块，然后大家各自延续自己认为正确的链，所以分成两条链。

风险①。区块链的"不可能三角"也限制了该项技术潜能的发挥②。实践中，SWIFT、Euroclear、澳大利亚证交所等金融市场基础设施已宣布放弃或推迟部署区块链研发项目，加拿大银行则明确拒绝使用区块链技术，这些实例表明目前的区块链技术还不成熟。同样，人工智能具有多学科综合、高度复杂等特征，其应用刚刚开始，实践经验明显不足。此外，人工智能还存在拒绝服务、信息泄露、系统劫持等诸多安全风险，可能会导致系统崩溃。总体来看，金融市场基础设施在利用金融科技改造或替代现有系统和服务时，如对基础技术层面及逻辑了解不够充分而盲目上马，则可能面临研发失败风险。

三是金融科技会给金融市场基础设施带来法律风险等多种风险。金融科技就其本质而言仍属于技术驱动的金融创新，不但没有改变金融风险的隐蔽性、突发性、传染性以及负外部性，反而会增加风险的复杂性。此外，作为一项新的科技手段，各国监管部门大多未针对金融科技制定相应的法律法规。在此背景下，金融市场基础设施运用金融科技推动系统建设将面临较大的法律风险，特别是在效率与金融稳定、透明度与隐私方面存在较大的不确定性。根据 CPMI 的《金融市场基础设施原则》中的第 1 条原则，在其司法辖区内，金融市场基础设施应具有稳健的、清晰的、透明的并且可执行的法律基础。由于金融科技相关法律基本缺失，金融市场基础设施运用金融科技开展系统建设，可能会违背《金融市场基础设施原则》。

（三）有关建议

虽然金融市场基础设施部署金融科技会面临诸多挑战，但还是要以积极的心态、前瞻性的视野看待金融科技可能带来的影响甚至冲击，密切跟踪，加强研究，建议相关机构和部门做好以下几方面工作。

1. 加强理论与应用研究，有效利用金融科技，为我国金融市场基础设施赋能，助力提升我国基础设施的国际竞争力

作为金融的管道，金融市场基础设施在一国金融体系中居重要地位，已被多国监管部门认定为系统重要性金融机构。近年来，我国金融市场基础设施建设取得显著成就，信息化、自动化水平显著提高。但与美欧发达市场相比，我国基础设施的国际发展经验明显不足，与 SWIFT、DTCC、路

---

① 工业和信息化部信息中心. 2018 年中国区块链产业白皮书 [R]. 北京：2018 年中国区块链产业高峰论坛，2019 - 05 - 20.

② 区块链的"不可能三角"，也称为"三元悖论"，是指区块链网络无论采用哪种共识机制来决定新区块的生产方式，皆无法同时兼顾扩展性、安全性和去中心化这三项要求，至多只能三者取其二。其中，可扩展性涉及区块链解决交易的吞吐量和速度问题。

透、彭博等巨头存在较大差距。随着我国金融业全方位对外开放的不断推进，我国基础设施面临较大的外部竞争压力，仅仅依靠传统信息技术已很难取得竞争优势。大数据、人工智能、区块链等金融科技的崛起，不仅为国外领先基础设施所重视，也为我国金融市场基础设施进一步发展提供了机遇。下一步，我国金融市场基础设施应密切跟踪金融科技发展趋势，加强基础性研究和应用研究，推动科研成果尽早落地。同时，应准确认识金融科技与现有设施之间的关系。从全球实践情况看，目前金融科技应用的主要目的不是颠覆现有的金融市场基础设施体系，而是为现有设施赋能，即用来促进现有基础设施运营效率提高、成本下降、服务质量提升，进而提高基础设施的内外竞争力。因此，我国应用金融科技推动基础设施建设，应以为现有设施赋能为主要出发点，而非盲目引入新的竞争对手，避免引发恶性竞争。

2. 遵循金融服务实体经济原则推动金融科技在我国金融市场基础设施领域的应用

金融科技以技术创新为抓手，通过技术手段转变金融服务方式，提升金融体系效率。归根结底，金融科技应用的最终目的是促进金融服务实体经济能力。同样，金融市场基础设施运营金融科技也是为了提高效率、降低成本，进而促进实体经济发展。例如，将区块链技术应用于债券发行平台，旨在改进债券发行流程，大幅缩短结算周期，为债券投融资主体提供更大的便利。又如，在跨境支付平台中引入区块链技术，可显著提高交易速度，有效降低交易成本，为客户身份识别提供全新思路，进而促进全球经济增长。再如，交易平台应用大数据与人工智能技术，可实现智能监测、做市与交易机会捕捉，可显著提高二级市场流动性，有效遏制市场不法行为，进而推动一级融资市场健康稳定发展。交易报告库应用人工智能与大数据技术，可实现信息深度挖掘，为监管部门制定宏观经济金融政策提供决策支持。

3. 加强基础设施和金融科技的监管立法，有效管控金融科技风险

金融科技作为迅速向前推进的新生事物，在创新潜力巨大的同时也蕴含了不容忽视的金融风险。例如，金融科技可能通过分流现有基础设施业务等方式，影响传统金融基础设施的盈利能力；可能因为新技术外包，增加数据泄露等信息技术操作风险；可能因低门槛引入高风险客户以及未经周期性检验等问题，提高市场风险；可能因为全天候的金融服务，增加突发事件爆发的频率和概率；可能加深金融业、技术行业与金融市场基础设施之间的关联性，增加金融系统复杂性、提高系统性风险；可能强化"羊

群效应"和市场共振,增强风险波动和顺周期性;等等。金融科技所蕴含的各种风险使现有监管体系在专业能力、监管有效性、风险监测与管控、监管套利与监管空白等方面均面临诸多挑战。

目前我国尚未出台与金融市场基础设施相关的法律法规,未来在推动基础设施监管立法时,应对标 CPMI 的《金融市场基础设施原则》中的 24 条原则,充分考虑金融科技可能带来的风险,特别重视金融稳定、消费者保护、监管套利、反洗钱、反恐融等问题,重视国际间的监管协调问题。金融科技作为一项创新技术手段,其本身是中性的。原则上,我国监管部门应鼓励金融中介开展金融科技的开发应用。但考虑到金融科技的不确定性和风险,我国相关监管部门可借鉴国外经验,建立适合中国的监管沙盒制度。实行监管沙盒制度安排,一方面允许金融市场基础设施在有限的范围内测试创新金融产品、服务、商业模式、交易机制以及清算结算支付机制,促进金融科技的推广应用,另一方面也可有效控制风险。

参考文献

[1] 李文红,蒋则沈. 金融科技(FinTech)发展与监管:一个监管者的视角 [J]. 金融监管研究,2017(2).

[2] 拉加德. 金融科技的监管方法 [R]. 亚太未来金融研究院,2018.

[3] 赵杰,牟宗杰,桑亮光. 国际"监管沙盒"模式研究及对我国的启示 [J]. 金融发展研究,2016(12).

[4] 亚太未来金融研究院. 金融科技公司如何在美国申请牌照 [R]. 2018.

[5] 孙国峰. 共建金融科技新生态 [J]. 中国金融,2017(3).

[6] 第八届上海新金融年会暨第五届金融科技外滩峰会,2018.

[7] 毛志刚. 地方政府参与互联网金融监管的法律问题研究 [J]. 西南金融,2018(9).

[8] 安子靖. 我国互联网金融监管面临的法律问题与对策 [J]. 时代金融,2018(3).

[9] 陈宝贵. 对互联网金融风险与监管的研究 [J]. 金融经济,2018(2).

[10] BSBC. Sound Practices: The Implications of FinTech Developments for Banks and Bank Supervisors [R]. 2018.

[11] FSB. Financial Stability Implications from FinTech [R]. 2017.

[12] OMFIF. FinTech Analysis [EB/OL]. 国际货币金融机构官方论坛

官网.

[13] IAIS. FinTech Developments in the Insurance Industry [R]. 2017.

[14] IOSCO. Research Report on Financial Technologies (FinTech) [R]. 2017.

[15] CPMI. Distributed Ledger Technology in Payment, Clearing and Settlement [R]. 2017.

[16] Fed. Lael Brainard. The Opportunities and Challenges of Fintech [R]. 2016.

[17] European Commission. FinTech Action plan: For a more competitive and innovative European financial sector [R]. 2018.

[18] EBA. FinTech Roadmap [R]. EBA 官网, 2018.

[19] U.S. Department of the Treasury. A Financial System That Creates Economic Opportunities——Nonbank Financials, FinTech, and Innovation [R]. 2018.

[20] EBA. FinTech Roadmap [R]. 2018.

[21] ESAs. Joint Committee Final Report on Big Data [R]. 2018.

金融科技对上海国际金融中心建设的影响及监管研究[①]

朱永行　刘　凌　王德发[②]

一、引言

近年来，以大数据、云计算、人工智能和区块链等为核心的新兴技术发展迅速，并呈现科技与金融的加速融合，诞生了金融科技这一新概念。金融科技的发展以及在金融领域的广泛应用，在催生金融新业态、带来相比传统金融更便捷和更大信任度等优势的同时，也可能蕴含着新的金融风险。对于上海国际金融中心建设来说，如何更好地拥抱金融科技，在推动金融科技更好地应用于金融领域、服务上海国际金融中心建设的同时，防范金融科技所蕴含和可能产生的金融风险，对于加快推进上海国际金融中心建设、加强监管防范风险、更好地服务实体经济等具有重要的理论和现实意义。

从国际来看，金融科技近年来在全球范围内迅速崛起并具有普遍发展趋势，已经是世界经济重要国家竞争未来国际金融、科技、经济及政治地位和利益的战略中心与博弈焦点。金融科技的影响也已经从支付、身份管理、征信、信息安全等金融设施领域开始，并深入风险管理、金融资源配置等核心业务环节。与金融科技有关的运营风险、技术风险以及模型和算法风险等将在金融监管中越来越受到重视。从国内来看，近年来我国金融科技也取得了较快发展。除国家层面的政策支持外，上海、北京等地也纷纷就本地区的金融科技发展出台相关政策，如2018年5月上海自贸试验区管委会陆家嘴管理局发布在陆家嘴打造全球最优金融科技生态圈计划，并

[①] 本文仅代表作者个人观点，不代表其所在单位意见。
[②] 作者单位：朱永行，中国人民银行上海总部；刘凌，上海对外经贸大学；王德发，常熟农商银行。

提出发展金融科技中心的九项措施。① 2018 年 11 月北京出台了《北京市促进金融科技发展规划（2018—2022 年）》。

就上海而言，加强金融科技方面的发展，是推进上海国际金融中心建设的重要和必经路径，有助于更好地服务实体经济，以及更好地推动上海国际金融中心和科创中心建设。一方面，金融科技是上海国际金融中心建设的一项重要营商环境。国家开发银行研究院发布的《2017 上海国际金融中心发展报告》指出，上海国际金融中心建设存在重硬轻软、国际化程度不高等短板。② 另一方面，金融科技发展能为上海国际金融中心建设注入新的活力，带来新的机遇。根据 GFGF 与德勤联合编制的全球金融科技中心指数，上海在 2016 年全球 20 个金融科技中心中仅排第 11 名，2017 年更是在 44 个金融科技中心排名中骤降至第 25 名，甚至逊于欧洲非传统金融中心城市，与上海建设国际金融中心、科技创新中心的定位严重不符。因此，发展金融科技，有助于更好地推动上海国际金融中心和科创中心建设。

本文结构安排如下：除第一部分引言外，第二部分介绍金融科技的发展及其在金融领域的应用情况，第三部分论述金融科技对上海国际金融中心建设的影响，第四部分分析金融科技可能蕴含的风险及监管，第五部分是结论与建议。

二、金融科技的发展及其在金融领域的应用

（一）金融科技的概念、特征与类型

根据金融稳定理事会（FSB，2016）的定义，金融科技（Financial Technology，FinTech）是指通过技术手段推动金融创新，形成对金融市场、机构及金融服务产生重大影响的业务模式、技术应用以及流程的产品。金融科技发展的一大动因是出于提供更好服务的初衷。作为金融和科技融合的产物，金融科技具有基于数据分析、注重信息安全、推动智能化发展、提升用户体验等业务特征。

---

① 被称为 2.0 版金融科技"陆九条"，分别对接金融科技企业在应用场景、孵化投资、专业服务、技术研发、风险防范、展示交流、人才服务、财政扶持、国际推广等方面的具体诉求，通过政府引导和示范，发挥市场主体的主观能动性，联合业界共同扶持和推动金融科技行业健康发展，以进一步提升上海金融服务的辐射力和影响力，更好地服务"一带一路"建设，服务实体经济发展，形成"上海服务"的品牌效应。之前在 2014 年自贸区陆家嘴管理局发布了 1.0 版金融科技"陆九条"，着手打造中国首个金融科技垂直领域的孵化器和加速器，培育和聚集了一批金融科技领域的优秀企业。

② 近两年网上流传一种说法，在金融科技方面，上海成了杭州的"环"。尽管不具有说服力，但却折射出上海在金融科技方面"轻软"的短板。

金融科技的主要应用领域包括互联网和移动支付、网络融资、智能投顾和区块链等。其中，区块链技术是金融科技中最具革命性的技术之一，以区块链为代表的分布式账户被认为是最有发展潜力的金融科技技术，同时也是对未来监管挑战最大的领域。

区块链是分布式数据存储、点对点传输、共识机制、加密算法等信息技术在互联网时代的集成创新。关于区块链的定义，可以从狭义和广义两个视角来理解。从狭义来看，区块链是一种按照时间顺序将数据区块以顺序相连的方式组合成的一种链式数据结构，并以密码学方式保证的不可篡改和不可伪造的分布式账本。从广义来看，区块链技术是利用块链式数据结构来验证与存储数据、利用分布式节点共识算法来生成和更新数据、利用密码学的方式保证数据传输和访问的安全、利用由自动化脚本代码组成的智能合约来编程和操作数据的一种全新的分布式基础架构与计算范式。

理解区块链的视角包括管理、技术和应用，区块链的核心技术是分布式账本、加密算法和共识机制，典型特征包括去中心化（或泛中心化）、开放性、自治性、信息不可篡改等，通用的区块链结构模型分为数据层、网络层、共识层、激励层和应用层五个层次。区块链的应用从数字货币开始，逐步发展到网络支付、股权众筹和网络征信等多种应用，再延伸到物联网、智能制造、供应链金融、数字资产交易等多个领域，每种应用的特点和方式都不尽相同。根据应用场景和涉及体系的不同，区块链系统一般分为公有链、联盟链和专有链。区块链技术的发展有望引发新一轮的技术创新和产业变革。

（二）新兴技术在金融领域的应用场景

金融场景的具体应用是金融科技的核心价值。金融科技在金融领域的应用业态主要包括移动支付、网络借贷、证券投资领域、征信领域、反洗钱领域、保险领域、金融监管等方面。① 其中，在大数据、云计算、人工智能和区块链等新兴技术中，区块链被认为是最具颠覆性的技术。

从区块链技术的应用情况来看，金融行业是区块链技术目前最受关注的应用领域，其中区块链技术在支付系统和证券市场的应用最具颠覆效果。

---

① 有学者将金融科技在金融领域的应用分为五大类：在支付清算领域，包括网络和移动支付、数字货币、分布式账本技术应用等；在融资领域，包括股权众筹、P2P 网络借贷、分布式账本技术应用等；在市场基础设施领域，包括智能合约、大数据、云计算、数字身份识别等；在投资管理领域，包括电子交易、机器人投资顾问等；在保险领域，包括保险分解、联合保险等。

例如以太坊（Ethereum）区块链平台、Linq 区块链私有股权交易平台。① 通常认为，区块链 1.0 是指数字货币，区块链 2.0 是指区块链技术在其他金融领域的应用，区块链 3.0 是指区块链技术在金融行业之外的健康、物流和文化等其他领域的应用。② 从应用场景来看，区块链技术与金融市场应用有很高的契合度。区块链可以在去中心化系统中自发地产生信用，能够建立无中心机构信用背书的金融市场，从而在很大程度上实现金融脱媒。同时利用区块链自动化智能合约和可编程的特点，能够极大地降低金融交易的成本和提高金融市场交易的效率。

三、金融科技能够助力上海国际金融中心建设

党的十八大以来，上海国际金融中心建设进入蹄疾步稳、全面发力的新阶段并取得了重大进展。其中包括金融领域制度创新加速突破；进一步巩固了以金融市场体系为核心的国际金融中心地位，初步形成了全球性人民币产品创新、交易、定价和清算中心。与此同时，从成为全球领先国际金融中心的定位来看，上海与纽约和伦敦这两个全球领先国际金融中心相比还存在一定差距。主要表现在：一是国际化程度还不够，国际影响力有待提高。如在 GFCI 指数的评价中，上海只有少数几次被归类为全球性金融中心。③ 二是金融市场发育还存在差距。无论从市场规模还是市场结构来看，上海在各类金融市场的评价中仍然相对落后。三是服务水平及其配套环境相对落后。目前上海对于优质资本、优秀金融人才的吸引力以及流通渠道等还需要进一步完善，与开放、多元、自由的国际金融中心相比还存在较大的差距。同时，上海在商业环境透明度、法治水平、监管制度等方面尚未体现明显的特点和优势。④ 按照国家部署，到 2020 年上海要基本建成

---

① 以太坊创建于 2014 年 9 月，自身更像是一个孵化器，通过与 R3 和微软 Azure 等合作，提供良好的编程环境和硬件集成的智能资产，供开发者编写各类 APP，APP 的应用涉及广泛，包括 P2P 保险、虚拟货币、去中心化投票、智能合约等。Linq 则由纳斯达克与区块链初创企业 Chain.com 合作创建，通过纳斯达克 Linq 私募的股票发行者享有数字化所有权，同时 Linq 能够大地缩减结算时间，Linq 区块链私有股权交易平台为使用的公司提供管理估值的仪表盘、权益变化时间轴图、投资者个人股权证明等功能，让发行公司和投资者能更好地跟踪和管理证券信息。区块链技术替代原来经常采用的纸币和电子表格的记录方式，大大提高了交易和管理效率。
② 即可编程货币、可编程金融和可编程社会。
③ GFCI 指数和 IFCD 指数是当前评价国际金融中心的主流指数。
④ 营商环境、服务水平、声誉等是一个城市的综合软实力，目前上海在相应指标中评价得分较低。如 IFCD 指数反映出服务水平和国家环境两个指标方面差距较大，GFCI 指数的评价指标中显示上海在营商环境和声誉的若干指标中排名落后。

与我国经济实力以及人民币国际地位相适应的国际金融中心。上海国际金融中心建设的最终目标应是立足中国、覆盖亚洲、辐射全球，成为和纽约、伦敦三足鼎立的全球金融中心。而实现这一目标的关键是结构性制度创新——以现代金融科学为基础，以"六大中心"建设为抓手，① 突破现有体制的约束，借助新兴的金融科技，实现跨越式发展。

(一) 金融科技有助于推进上海国际金融中心建设

金融业是一个高度依赖技术的行业。一方面，金融交易具有易数据化的特征，本质上可以被数学语言描述。另一方面，金融业本身具备一定的IT基础，对发展技术的依赖性很高。所以科技发展程度会对金融业发展起到很大作用。近年来，金融科技正逐步成为全球金融业创新发展的一大主旋律。② 金融科技企业正加紧布局云计算、大数据、人工智能、区块链、生物识别等新兴技术，并谋求跨行业、跨地区、跨国家的合作机遇。上海作为国内金融中心，并力争要建设成为国际金融中心和全球科创中心，势必要进行行业的升级和转型，这就为金融科技提供了大量的应用场景，尤其是区块链和人工智能在其中能发挥非常大的作用和价值。金融科技对上海国际金融中心建设的促进作用，从业务上表现在以下方面：

首先，金融科技能提升和拓展已有金融服务方面的功能。一是改善普惠金融。通过加强基础设施、新产品创新、降低成本等使过去被传统金融体系排除在外的客户能获得服务，并使他们能够与其他客户享受相同的服务标准。二是加强客户体验。依托新技术，能够分析客户数据来源，提供个性化的服务，并通过多种渠道提供更多互动性的交流，大大提高了客户的参与、体验和效用。三是增加透明度。金融科技能够汇聚产品、服务和数据，提供产品和服务的选项、覆盖和定价。四是促进安全和合规。同时使用数据分析和其他技术，提供了更安全可行的解决方案，减轻风险，使合规流程简单化。五是提供支持和指导。类似人工智能和数据分析的技术，能以更低成本为客户提供量身定制的支持和指导。

其次，金融科技能够推动科技创新。一是提供了应用场景。二是它对高新技术反应特别敏感，需求特别紧迫。三是它对技术的要求是大规模，

---

① 上海可以以建设人民币定价中心、金融科技中心、支付清算中心、全球金融产品交易中心、丝路金融中心和绿色金融中心六大中心为抓手。

② 如随着金融业监管的不断放松，美国对金融科技发展的鼓励措施陆续出台，金融科技公司获得与银行同等的地位；英国、澳大利亚、新加坡等国家和地区纷纷加快金融科技中心的建设。与此同时，在"一带一路"倡议布局下，我国不断加快金融科技创新发展与对外开放的步伐，一批科技金融巨头已经崛起。

而且是持续的。四是它有很强的定价能力与支付能力。五是它的价值链的长度与它影响的集群范围都是相当可观的。六是它对高端复合型人才的吸引力和保留率是很强的,这可以产生巨大的知识外溢和人才交流效应。七是它会积蓄和引发新的科技革命。

最后,金融科技的发展,能够推动金融科技公司、科研机构以及人才等的集聚和引进,从而带动金融业的机构集聚和人才集聚。

(二) 上海科创中心建设和国际金融中心建设能够形成联动

金融业和现代科技均具有"磁石效应"和"溢出效用"。二者之间可以形成良性互动、相互推进,"向科技要未来,向金融谋发展"。

建设具有全球影响力的科创中心和国际金融中心,是党中央赋予上海的两项重大战略任务。实践证明,科技创新与金融创新的紧密结合是社会生产方式、生活方式变革的重要引擎,没有金融支持的科创是"贫血"的科创,没有科创支持的金融是没有后劲的金融。国际金融中心建设给科创中心建设带来了更多的金融资源和服务手段,科创中心建设的加快推进也丰富了国际金融中心建设的内涵与特色。促进科创中心和金融中心联动发展是上海科创中心与金融中心建设的一条必由之路。上海的目标是到2020年基本建成国际金融中心,到2030年建成全球科创中心的基本框架。在这两个中心的联动建设中,可以加强政策联动、机构联动、人才联动和信息联动等,发挥协同效应。

从国际看,当前全球经济重要的国家都把金融科技作为国家战略。在国际金融中心建设排名前十或前五位的国家和地区,都在推进国际金融中心建设的同时提出要独立建立金融科技中心。从这一趋势和特征来看,国际上普遍重视金融科技并把它作为战略目标,途径是金融科技创新中心的路径。我国要成为金融强国、经济强国也需把金融科技作为国家战略,上海要勇立潮头、领风气之先,保持金融科技与创新金融的领先地位。

从我国的情况看,上海具有成为全球影响力的金融科技中心的条件和必要性。上海的独特优势、地理位置等,决定了具有发展金融科技的潜力和战略优势。特别是,上海是多项国家战略的汇聚平台。上海要建设现代意义上的"五个中心"和"四个品牌",一个很重要的前提就是要有国际领先的金融科技中心。与此同时,上海建设金融科技中心也存在一些不足,包括金融科技的发展定位不够清晰,战略定力不足;金融科技发展不足,金融科技人才缺乏;金融科技的资本环境总量有限、集中度高、利用率低;金融科技的基础设施建设亟待加强;金融监管环境比较严格,创新不足。为此,上海可充分借鉴英国、美国、新加坡等金融科技发展较好的国家的做法和经验,① 加快推动建设具有全球影响力的金融科技中心。

四、金融科技带来的挑战与监管

金融科技作为新形势下金融与科技深度融合的产物,正在给金融功能的实现形式、金融市场的组织模式、金融服务的供给方式带来潜移默化的影响,为现代金融体系注入了新活力,为解决金融发展不平衡、不充分问题提供了新手段。但同时也要看到,金融科技尚处在不断发展成熟的过程中,其在供给主体、客户群体、金融风险、创新实践等方面呈现一些新的特征,带来了一些新的挑战,需要有效加以应对。

(一) 金融科技可能蕴含的风险与挑战

1. 金融科技的风险特征

金融科技的发展并未改变金融的本质属性,因此金融科技的风险特征包括与传统金融风险相比的共性和个性特征。金融科技的风险主要源于两个方面:一是源于传统金融业务的风险,二是由新技术和金融结合产生的特有风险。

金融科技涉及的传统金融业务风险主要包括信用风险、流动性风险和操作风险。信用风险方面,如企业经营不合规、内部缺乏完善的风险处置机制;部分金融科技企业成立目的不纯;信息不对称、信息决策地位不对等导致的风险。金融科技特有的风险包括数据安全问题、网络安全问题等引致的技术漏洞风险,以及适用性与兼容性风险。此外,金融科技所具备的开放性、互联互通等特征可能使金融风险变得更加隐蔽,导致潜在的系统性问题更加突出。金融科技的风险特征主要表现为供给主体的多样性、客户群体的长尾性、多重风险的交叉性以及跨界融合的复杂性。

2. 金融科技对金融市场和金融稳定带来的影响及风险

(1) 金融科技对传统金融理论和金融市场运行带来的冲击和挑战

首先是对传统金融理论的挑战。包括金融中介、有效市场理论和主权

---

① 其中,英国的经验尤其值得借鉴。英国推动金融科技发展的做法包括:第一,有高远而且实际的政策目标和战略愿景,并坚持始终用它统率各项工作。第二,政府积极主动在金融科技行业发展和监管上发挥重要作用,包括营造金融科技企业进入、成长、与在位者公平竞争与合作的环境;营造宽严相济、平衡鼓励金融科技创新和防范金融科技风险的监管环境。第三,强化政府、监管者和业界的合作和互动。第四,实施生态战略,大力培育、凝聚和保留关键生态要素。涵盖新技术、人才、市场需求、监管、资金、基础设施及政府。第五,有管用的创新举措。用创新和"监管沙盒"帮助金融科技企业低成本的合作和创新发展;靠全社会的力量解决人才短缺问题;注重行业基础设施建设,大力发展共享平台;成立金融科技交付小组;加强国际双边和多边扩展与投资;推进区域发展,惠及全国全民;发掘和管控新技术的收益和风险。

货币理论。

其次是金融科技发展所推动的新业态对现实经济运行的冲击。一是金融脱媒。二是对金融市场运行的挑战。这又包括：在交易层面，会挑战现有金融保障机制的充分性。在市场层面，数据集中催生事实上的金融业跨行业、跨市场经营，在提高交易效率的同时也容易形成系统性风险。在清算层面，一致性预期很容易造成金融市场高频波动，高频波动的极端情况是单边预期导致的交易崩溃，这就会导致流动性的瞬间耗尽。在跨境层面，金融科技也对监管的有效性构成挑战。与此同时，数字货币洗钱也是潜在威胁。①

(2) 金融科技发展对金融稳定的影响

金融科技对金融稳定存在正负两方面的潜在影响。

从正向影响看，通过多元化的金融主体有效竞争，将有助于形成稳定的商业模式，增强金融系统的稳健性。金融科技能够提高金融服务的可获得性，将更多的小微经济主体纳入经济金融活动中，有效降低风险的集中度，大数据、人工智能等应用可以降低信息不对称，提高风险定价和风险管理能力。

从负向影响看，金融科技提供跨市场、跨机构、跨地域的金融服务时，会使金融风险的传染性更强，波及面更广，或者说传播的速度更快。金融科技推动了金融服务和基础设施的线上化、开放化，使技术依赖和网络安全风险进一步集聚，金融科技服务的众多长尾客户，风险识别和承受能力弱，更容易产生"羊群效应"，一旦发生风险，"羊群效应"会更突出。

(3) 区块链技术面临的障碍和风险

目前，区块链技术在金融市场的应用主要面临着技术层面、业务层面以及法律和监管层面的多重障碍和风险。

首先，在技术层面。一是面临着数据处理能力的性能和效率问题。二是信息安全方面，面临着系统性能与安全性、稳定性的平衡。区块链存在的技术缺陷包括智能合约编程漏洞、交易系统漏洞和记账系统漏洞等。此外，区块链技术高度依赖的密码学算法仍然存在理论上被攻破的可能。三是分布式存储所带来的隐私问题。四是区块链技术的不可变更性带来的障碍。金融市场的复杂性决定了难以事前全面地约定和应对合约中规定的所有情形，同时一些人为操作失误、显失公平的合约等需要被撤销或变更，

---

① 用各种 token、虚拟币作为中介，先将汇款人所在地的法币转为代币，再在收款端将法币转为收款人所在地的法定货币，在事实上完成跨境支付。

这些都与区块链技术的不可变更性产生冲突。

其次，在业务层面。一是分布式账本与传统账本的竞合问题。二是业务推广和合作问题。三是目前尚缺乏区块链技术在金融行业的应用技术标准。各金融中介机构的区块链应用存在互联互通问题。制定标准和技术协议，以及进行实际应用场景推广，均需要全行业合作推进，并且需要与现有法律、监管和操作协议等相一致。

最后，在法律和监管层面。一是法律方面，区块链技术在金融市场的应用缺少上位法的支持，如交易的合法性、交收的终局性认定及市场参与机构的法定职责认定等。二是监管方面，区块链技术的应用可能带来相关监管问题。从国际上看，当前世界各国的法律和监管框架并不完全适用于区块链技术。一方面，当前的法律和监管旨在提供交易对手间的信任基础，但区块链技术并不需要这种信任的背书支持，区块链"代码即法律"的设计必将大大缩减监管层的监管空间。另一方面，区块链的应用和发展又很依赖国际和国家层面法律的认可。监管者如何在去中心化的区块链技术中履行监管职责，如何衔接好与现有立法和规则的关系，这一系列法律问题都给现有的监管理念和法律框架带来巨大挑战。

（二）对金融科技的监管

金融科技作为信息技术带来的创新，强调前沿信息技术对合规金融业务的辅助、支持和改进作用，其核心是帮助金融业务实现"三升两降"，即提升效率、体验、规模，同时降低成本和风险。不过，金融科技本质上并没有脱离金融业，其运用仍需遵循金融业务的内在规律和秩序、遵守现行法律和金融监管要求。现实中，也存在一些利用前沿技术手段规避金融监管，进行监管套利，扰乱金融稳定的破坏性创新行为，例如在没有相应金融业务牌照的情况下，开展基于大数据技术的现金贷、基于区块链技术的ICO和虚拟货币等业务，这并不具备发展的可持续性，也带来相应的风险。因此，监管机构也正在逐步引进监管科技技术，实现穿透式监管，提升合规效率，降低监管成本，提高监管规范性和风险监测识别的能力。展望国内外，监管科技在风险数据整合、风险建模、分析和预测、实时交易监控、汇报和拦截，以及法律法规跟踪等方面已有初步的探索与尝试。

1. 金融科技监管的国际经验

面对蓬勃发展的金融科技，各国一方面不断推出相关政策支持和促进金融科技行业的发展，另一方面也在持续加强对金融科技行业的深入研究，积极加强行业监管，追求金融科技创新与维持金融体系稳定之间的平衡。

综观世界上一些国家对金融科技的监管发展，目前主要有三种类型：

一是限制型监管，以美国为代表。针对金融科技行业的监管，美国牢牢抓住金融科技的金融本质，把金融科技所涉及的金融业务，按照其功能纳入现有金融监管体系。对于现有法律法规无法覆盖到的金融科技新领域，政府也能及时适当调整立法。总体来说，美国对金融科技的监管相对比较严格，监管以稳定为主。二是主动型监管，以英国和新加坡为代表。由于没有技术和市场优势，为了发展金融科技，政府就成为主要引导力量。如英国金融行为监管局于 2015 年 11 月开创性地对金融科技实施"监管沙箱"（Regulatory Sand Box）的计划，① 并于 2016 年 5 月正式推出。通过"监管沙箱"机制，监管一改以往被动、滞后的形象，主动积极参与金融科技的发展，为金融科技公司缩短创新周期，节省合规成本提供重要的帮助，同时也让监管机构从一开始就能监控和引导金融科技潜在风险，把可能产生的系统性风险扼杀在萌芽阶段。三是被动型监管，以中国为代表。相对来说，我国金融服务的供给不足，为互联网金融公司在相对包容的监管环境下的发展创造了条件。另外，相对英美法的案例法体系，属于大陆法系的我国对金融科技的监管主要依靠成文的法律法规，灵活性和时效性相对不足。这种监管的不成熟，反而给国内金融科技提供了发展的灰色地带。

从金融监管的国际经验来看，总体呈现以下特点：一是根据业务属性，基于现有金融监管框架实施归口监管。当前主要国家并没有因金融科技的出现而对现有金融监管架构做大的改变，而是根据各类金融业态的功能属性，采取归口监管策略，由相应的监管部门负责。二是行业自律先行，根据金融科技发展动态及时调整和完善监管。从各国监管实践来看，金融科技监管大多遵循了"行业自律先行，政府监管跟上"的演进路径。在发展初期，行业协会在规范行业行为、促进保障公平竞争等方面发挥了积极作用。三是在金融科技发展初期，积极探索"监管沙盒"等鼓励创新的监管模式。如英国金融行为监管局 2015 年 11 月推出的"监管沙盒"以及新加

---

① 又称"监管沙盒"。包括沙盒的评估标准；沙盒的退出机制；沙盒申请流程。"监管沙箱"提供一个缩小版的真实市场和宽松版的监管环境，在保障消费者权益的前提下，允许金融科技初创企业对创新的产品、服务、商业模式和交付机制进行大胆创新，一般时间为 3~6 个月。进入"监管沙箱"的金融科技企业需要具备特定的条件，包括具备创新的产品或服务，能够解决当前金融业的瓶颈或能够支持金融业务的发展；产品或服务显著异于传统的金融业务；能够为消费者和社会创造直接价值；金融科技企业具备明确的发展目标和发展规划；企业具备社会责任感，具有强烈的合规性和自律性。对于具备条件的金融科技企业，FCA 通过测试等流程决定是否接受其进入"监管沙盒"，并对处于"监管沙盒"内的企业提供多种帮助，包括对金融创新行为提供合规性评估和指导，行使一定的法律豁免权；对非持牌机构提供短暂授权，允许在沙盒期间测试持牌机构业务。

坡金管局2016年6月发布的《金融科技监管沙盒指南（征求意见稿）》。①四是强化信息披露，完善金融消费者权益保护机制。金融科技的服务对象很大一部分是传统金融体系没有覆盖到的小微企业、低收入人群等，这些客户的金融专业知识较少，风险承受能力较低，各国监管部门大都将信息披露和消费者权益保护放在了重要位置。包括加强金融信息披露，完善金融消费者投诉处理机制，加强金融消费者信息保护等。

2. 积极发展监管科技

监管科技（RegTech）作为科技与金融监管全方位结合的产物，已经开始在世界范围内引起关注。英国金融行为监管局（Financial Conduct Authority, FCA）最早提出监管科技的概念，并将监管科技描述为"运用新技术，促进达成监管要求"，即金融机构利用新技术更有效地解决监管合规问题，减少不断上升的合规费用。国际金融协会（IIF）认为，监管科技是更加有效和高效地解决监管与合规要求而使用的新技术。我国高度重视监管科技的应用，并从更宽广的视野和更高的站位定义了监管科技，将其和防控金融风险有机结合起来，认为监管科技是基于大数据、云计算、人工智能、区块链等技术为代表的新兴科技，主要用于维护金融体系的安全稳定、实现金融机构的稳健经营以及保护金融消费者权利。人民银行金融科技委员会提出，要强化监管科技，积极利用大数据、人工智能、云计算等技术丰富金融监管手段，提升跨行业、跨市场交叉性金融风险的甄别、防范和化解能力。

从应用主体来看，监管科技包含合规和监管两个方面。一方面，金融机构将监管科技作为降低合规成本、适应监管的重要手段和工具。另一方面，监管科技能帮助金融机构丰富监管手段、提升监管效率、降低监管压力，是维护金融体系的安全稳定、防范系统性金融风险以及保护金融消费者权益的重要途径。目前监管科技的应用领域主要包括监管合规、风险管理、预防欺诈及交易监控等方面。随着传统技术不断更新迭代，企业的合规业务与监管部门的监测查处工作将在博弈中相互促进，形成监管科技在两个层面的同步发展。

---

① "监管沙盒"需要处理好两个挑战：一是"监管沙盒"的授权不能完全脱离现有的监管框架，监管条件和限制范围要与创新业务发展程度相匹配。二是要确保创新业务风险不会从测试企业转移到金融消费者。

五、结论与政策建议

本文在介绍了金融科技的发展及其在金融领域的应用基础上，论述了金融科技对上海国际金融中心建设的影响，与此同时，分析了金融科技可能蕴含的风险及监管。我们认为，金融科技的快速发展，一方面有助于推动上海国际金融中心建设、上海科创中心建设，也能与国际金融中心建设形成良性联动；另一方面，金融科技所蕴含的风险及对监管的挑战，可能形成和放大上海国际金融中心建设中的风险，对此需加以认真对待和深入研究，防范相关风险。本文提出如下建议：

第一，推动上海科创中心建设与国际金融中心建设形成联动，让金融科技更好地服务于上海国际金融中心建设。

注重发展二者之间的"三大效应"。一是战略上的协同效应。二是体制机制上的联动效应。国际金融中心是金融机构和服务实现全球网络化布局的关键环节，汇聚着全球主要的金融机构和会计、审计等服务机构，能为科创中心建设提供各种专业的项目融资和风险管理等服务。三是发展中的融合效应。金融科技作为金融与科技的融合，要加以较好利用，同时作为新生事物，又要注重防控风险。

第二，促进金融科技发展，制定上海国际领先金融科技中心建设目标。

应从宏观政策上重视金融科技中心建设，制定相应措施，推动金融科技发展。包括注重顶层设计，优化金融科技战略发展蓝图和发展空间。完善金融科技法律政策的有效供给。设立政府主导的科创种子基金和引导基金，助推金融科技的股权投资。推进设立金融科技银行，或者建立商业银行的金融科技事业部，助推金融科技的债权融资。加强与科研研究机构以及高校之间的合作，打造适应上海区域科技企业发展的金融科技孵化器。

针对上海建设具有国际领先的金融科技中心，要制订切实可行、分阶段推进的目标。如到2020年和2025年，分别要把上海金融科技中心建设到什么程度？针对建设目标，要制订重要举措和具体实施方案。重要举措方面，包括对标国际标准，坚持以平台驱动和生态战略推进上海金融科创中心建设；用金融科技驱动上海科创中心和国际金融中心协同建设；在自贸试验区和自由港试点"监管沙盒"；充分发挥市场的基础性作用，全面激活各类金融科技市场主体的主动性和创造性；坚持最高开放定位，吸引、保留和配置好国际国内优质资源，确保上海国际金融科技领先中心地位。在具体实施方案方面，包括制定《建设上海国际领先金融科技中心指南》，明确金融科技内涵、监管边界，制定金融科技区域发展与协调战略；建设国际领先金融科技中心配套机构体系，包括组建领导小组和推进办公室，设立创新中心和专门服务机构等；加强政策引导和推进制度创新。建立健全初创企业孵化器机制，引入监管沙箱制度；加强审慎监管，构建自上而下的监管体系，推进国际监管合作，发展监管科技；构建全过程、多角度、分阶段的资金支持体系，以及构建立体化、多元化的智力支持体系。

第三，加强对金融科技的监管，推动金融科技服务上海国际金融中心建设的同时，防范金融风险。

在建设国际金融中心的同时，要有效防控金融风险。从国际经验看，国际金融中心既有有效配置资源、提高国际竞争力等诸多好处，也面临易受到国际经济金融波动冲击的风险。而金融本身有很强的顺周期性，如果缺乏有效的风险防控体系，也会给本国经济金融带来危害。当前我国正处在打好防控重大风险攻坚战的关键期，在上海建设国际金融中心过程中，必须注重对金融风险的有效防控。

基于此，在发展金融科技的同时，必须同时加强对其监管。其一，金融科技对金融体系的影响是"创造性促进"，监管需要在适应包容金融科技发展和识别缓释潜在风险之间做好平衡。在监管理念上，金融监管的强度要随着金融科技创新发展进行适应性调整，不断调整优化每个阶段的监管框架。其二，要持续开展金融科技风险的监测评估，动态调整优化监管政策。金融科技对金融体系的影响路径应该是演进式的而不是彻底革命式的。为此，应当在对金融科技发展情况实施持续的监管分析、风险评估基础上，对监管原则和监管政策适时动态调整。其三，积极利用信息科技创新，推动发展金融监管科技创新。新的科技创新不仅有助于改进金融服务，也为改善监管效率、提高监管有效性提供了机遇。一方面，监管机构应积极利用信息科技创新升级完善监管体系。另一方面，应强化监管人员的信息科技知识培训。其四，加强跨业和跨国监管协作，提高金融科技监管的协调性。金融科技的发展在很大程度上突破了金融服务的地域和行业限制，显著提高了金融体系的关联性和复杂性，跨业和跨国的监管协作日益重要。对于金融科技监管而言，未来需要借鉴现有金融监管的跨业、跨国合作机制，建立监管合作协调机制。

第四，培育金融科技健康成长的环境，更好地助推上海金融科技中心和国际金融中心建设。

建立完善的金融法规与各类基础设施服务标准，推动国际交流合作，构建"共享、共赢、健康、安全"的金融科技新生态，助力上海金融科技中心和国际金融中心建设稳健可持续发展。一是时刻把握金融科技发展的正确方向。服务实体经济是发展金融科技的真正意义所在，控制金融风险是稳定发展金融科技的重要前提。因此，要始终坚持金融科技服务实体经济的宗旨，通过金融科技创新，着力提升金融服务能力，有效防控金融风险。二是加快构筑金融科技法律法规与行业标准体系。金融科技的健康发展需要良好的法律环境作为保障，为此需要尽快建立与完善金融科技法律体系，对机构准入、消费者保护、信息安全等方面的法律法规加以明确，从而为监管机构提供根本依据，为金融科技合规发展提供法律基础。同时，要进一步发挥政府、企业、行业组织的协调作用，对标国际标准，加快金融科技行业统一标准的制定。三是不断促进监管科技与金融科技的结合。对监管机构而言，监管科技有助于快速、准确制定监管政策，提高监管机构水平和效率；对金融机构而言，监管科技可以促进监管规定，加强合规能力，降低合规成本；对第三方机构而言，监管科技可以将监管要求和监管合规需求整合，提供第三方解决方案。监管科技的提升有巨大的应用场景，包括反欺诈、反洗钱、智能内控等，未来发展前景广阔，将成为金融科技监管与合规发展的重要手段。四是继续提高金融科技对外开放水平。在"一带一路"倡议背景下，通过加强"走出去、引进来"的双向合作，提升我国金融科技的整体竞争力。一方面鼓励我国金融科技企业布局海外，将自身科技实力通过"一带一路"倡议对外输出；另一方面探索金融科技海外并购基金，对接海外金融科技项目，引进具有国际先进水平的国际金融科技项目企业。

参考文献

[1] 李文红，蒋则沈. 分布式账户、区块链和数字货币的发展与监管研究 [C]. 中国银行保险监督管理委员会工作论文，2018.

[2] 廖敏，等. 金融科技发展的国际经验和中国政策取向 [M]. 北京：中国金融出版社，2017.

[3] 孙国峰. 从 FinTech 到 RegTech [J]. 清华金融评论，2017（5）：93 - 96.

[4] 王达. 论全球金融科技创新的竞争格局与中国创新战略 [J]. 国际金融研究，2018（12）：10 - 20.

[5] 谢平，邹传伟. FinTech：解码金融与科技的融合 [M]. 北京：中国金融出版社，2017.

[6] 徐忠，孙国峰，姚前. 金融科技：发展趋势与监管 [M]. 北京：中国金融出版社，2017.

[7] 万国华,孙婷."区块链+证券"的理想、现实与监管对策研究[J]. 上海金融, 2017 (6): 58 - 64, 57.

[8] 杨东. 监管科技:金融科技的监管挑战与维度构建 [J]. 中国社会科学, 2018 (5): 69 - 91.

[9] 姚忠将,葛敬国. 关于区块链原理及应用的综述 [J]. 科研信息化技术与应用, 2017 (2): 3 - 17.

[10] 赵增奎,宋俊典,庞引明,张绍华. 区块链重塑新金融 [M]. 北京:清华大学出版社, 2017.

[11] Douglas W. Arner, Jànos Barberis and Ross Buckley. The evolution of Fintech: A new post – crisis paradigm [J]. Georgetown Journal of International Law, 2016, 47 (4): 1271 - 1319.

[12] Financial Stability Board. FinTech: describing the landscape and a framework for analysis [R]. Research Report, 2016.

[13] Lyria Bennett Moses. How to think about law, regulation and technology: Problems with "Technology" as a regulatory target [J]. Law, Innovation and Technology, 2013, 5 (1): 1 - 20.

金融风险防范

去杠杆背景下我国债券违约特征、影响与应对

闻岳春　夏　婷　程天笑①

一、引言

2018年以来，我国债券市场已发生多起债券违约事件。2018年全年新增43个违约主体，涉及债券117只，违约金额高达1105亿元，比2017年底增长了约2.5倍，违约金额超过过去4年的总和。与2015年的债券违约潮相比，本次债券违约的特征不仅表现在数量多、规模大，而且还涉及众多民企上市公司。

在供给侧结构性改革、去杠杆、去产能的大背景下，债市的局部信用风险加快释放，可能会引发债券违约风险再度提高。在经济下行周期、信贷紧缩时期，债券违约增多是市场出清的正常表现，也是国际市场普遍存在的现象。从债券违约现状和发展趋势来看，违约率随经济下行、信贷紧缩、监管趋严而攀升。我国债市也经历了从2014年刚性兑付到2015—2016年违约频发的演变。

2018年金融监管趋严，加之地方政府支出放缓、投资监管趋严等多项去杠杆政策，形成本轮债券违约的外部市场环境。与前期债券违约风险不同，在去杠杆背景下，外部信用收缩也被认为是本次债券违约增多、违约风险提高的主要原因。

二、债券违约特征

（一）违约债券常态化且以民营企业为主

从表1中的历年违约情况统计中，可以看出债券违约呈增长趋势。同时，债券违约率大幅上升：若不统计违约发行人的未到期债券，2018年末违约率（此处违约率指的是每年的累计违约率）为0.95%；若统计未到期

---

① 作者简介：闻岳春，同济大学经济与管理学院教授、博士生导师；夏婷，同济大学经济与管理学院博士；程天笑，博士后，国泰君安证券股份有限公司高级经理。

债券，违约率则已达到1.26%。与2017年相比，这两项数据分别提高了0.54%和0.73%。与此同时，债券违约率正在不断靠近银行不良贷款率，债券违约将变得更加正常化。

此外，违约主体多为民营企业。Wind数据显示，2017年民营企业（按非国企口径统计）债券违约数量和规模分别为22只、197亿元；而到2018年12月17日，则升至103只、1072亿元，规模增加逾4.4倍。相应地，民企债券的累计违约率（不统计未到期债券）从2017年的1.89%跳升至6.02%，已大幅高于债券市场整体违约率。

金融严监管下融资环境整体趋紧，融资难度加大且融资成本大幅提高。对众多民企来说，经营业绩一旦恶化，严峻的再融资压力会造成信用风险加速暴露，直接导致企业债券违约。例如中安科股份有限公司（原中安消股份有限公司），公司的债务周转严重依赖外部再融资。自2016年起，公司负面消息不断，接连发生高管离职、被证监会立案调查、被出具无法表示意见的审计报告、被实施退市风险警示等事件。由于混乱的公司内部控制，银行授信额度受限，发行的债券遭到投资者抛售。2016年之后也未能发行新债券以融资，公司再融资渠道被堵，最终导致现金流枯竭，触发债券违约。

表1　　　　　　　　　　债券市场历年违约情况

	2014年	2015年	2016年	2017年	2018年
新增违约主体（个）	5	21	27	11	33
民企违约主体（个）	5	17	16	9	24
国企违约主体（个）	0	4	7	0	5
其他违约主体（个）	0	0	4	2	4
违约债券（只）	9	34	94	49	120
金额（亿元）	15.09	112	321.59	251.37	1177
债券违约率（%）（不统计未到期债券）	0.01	0.09	0.29	0.41	0.95
债券违约率（%）（统计未到期债券）	0.01	0.15	0.43	0.53	1.26
银行不良贷款率（%）	1.64	1.67	1.74	1.74	1.87

资料来源：Wind数据库；2018年情况为2018年12月17日前的统计。

（二）公司治理问题是重要违约风险点

宏观经济因素、行业萎靡固然对企业造成不利影响，更为重要的原因还是来自公司本身，内部治理混乱往往是重要原因之一。

大额对外违规担保和资金拆借。例如富贵鸟股份有限公司，自 2014 年开始，公司就通过数次担保、抵押进行资金拆借。自 2017 年下半年以来，公司发生多起担保代偿事项，偿债能力严重恶化，截至 2018 年 10 月底，仍有超过 20 亿元的违规担保，并至少存在 42.29 亿元的资金拆借。

企业内部管理体系不完善，主要表现为公司实际控制人面临重大负面风险事件，并对企业经营造成负面影响，引起银行限贷，加剧短期流动性冲击。上海华信国际债券违约就是典型案例，2018 年 3 月，有媒体报道公司控股股东叶简明（中国华信董事局主席）被调查。5 月 11 日，机构披露兑付风险提示公告，叶简明不能正常履职。受此传闻影响，部分投资者持观望态度，同时应收账款发生大规模逾期，公司正常经营受到重大影响，也直接导致华信国际在 5 月 21 日的债券违约。

公司信息披露存在问题，财务信息质量不佳。财务报表是分析公司财务质量状况的重要资料，而审计事务所的非正常更换可能是企业财务质量不佳、信用状况恶化的信号。财务制度和信息披露的混乱，往往可以客观反映公司信用状况的恶化。仍以富贵鸟股份有限公司为例，2016 年，公司原审计师发现了前期未披露担保事项，与公司发生较大争议后，原审计师辞职。公司更换审计师后披露了相关债务情况，但随后大面积更正。其财务报表及信息披露质量均存在问题，评级机构随后下调了富贵鸟的信用评级。

（三）大股东高比例质押引发流动性风险

与以往不同，从 2016 年开始，众多上市公司大股东高比例股权质押。这也是此轮债券违约的表因之一。在融资渠道收窄的情况下，公司大幅质押公司股票进行融资。在股票市值下跌时，大股东将面临强制平仓风险，陷入流动性危机，甚至出现违约，引发公司控制权变更。以神雾环保为例，母公司神雾科技集团自 2015 年起，先后利用两家上市子公司股票进行质押融资。在此期间，神雾集团筹划重大重组，子公司股票多次停牌导致股价大幅下跌，且多次触及平仓线，补仓压力较大。此外，母公司担保的其他子公司融资租赁业务出现租金逾期，导致所持两家上市子公司股票被冻结，存在失去两家上市子公司控制权的风险。这一事件对神雾环保的经营发展带来较大负面影响，在双重夹击下，公司最终发生流动性危机，导致公司发行的多只债券违约。

在我国债市市场化进程不断推进的背景下，债券市场违约日趋常态化已成为市场共识，政府对于违约的态度也发生了根本性转变，打破刚性兑付是纠正信用风险定价扭曲、促进债市健康发展的必经之路。

三、债券违约原因

2018年以来，债券市场的违约频率加快，但总体上是可控的。在宏观经济下滑、去杠杆的大背景下，小范围的债券违约是金融防风险、去杠杆过程中的正常现象，这是经济换挡的合理代价。如果债券违约没有在短期内出现超调式增长，则债券的局部性信用风险就不会造成全局性的流动性风险和系统性风险。我们从外部环境、公司内因、其他三方面对2018年的债券违约情况进行了梳理（见表2）。本部分将从宏观层面、中观层面、微观层面三个角度对本轮债券违约的原因做一个整合性的框架分析。

表2　　　　　　　　　2018年债券违约概况

违约主因	具体违约情况	违约主体
外部环境	行业低迷导致公司经营不善	神雾环保、盛运环保
	信用紧缩，融资成本大幅提高	中安科
公司内因	治理不善、控制人负面消息引发	上海华信、华阳经贸、三鼎控股
	资金周转、融资能力问题	永泰能源、永泰集团、乐视网、中城六局、美兰机场、河南众品、新光集团、利源精制、众品食业、飞马投资、大连金玛、宁夏上陵、中弘股份
	违规担保、资金拆借过度等	富贵鸟、中融双创
	扩张激进，举债过度	阳光凯迪、凯迪生态、金立通信
	突发事件等造成的现金流少于预期	省房集团、金鸿控股、印纪传媒、雏鹰牧业、华业资本、网益实业
	高比例质押引发的流动性风险	神雾环保、刚泰集团
其他	技术性违约	兵团六师

资料来源：根据公开资料整理。

（一）宏观层面

债券违约风险在某种程度上是宏观经济环境中的一种系统性风险。经济上行时，信用风险小，违约的可能性低；在经济下行时，信用风险增大，很容易出现债券的集中违约现象。2015年货币政策比较宽松，轻松的融资条件也使大量民营企业发行债券，这些债券在2018年、2019年集中到期，还本付息潮集中到来。从2017年的广义货币增速M_2（平均值为8%）来看，多数金融机构实际上已经收紧信贷融资。市场流动性在需求增加和供给减少的情况下产生了一批违约企业。

1. 宏观经济基本面下行

宏观经济基本面乏力，企业成本抬升，盈利水平下滑。去杠杆、控风险下的宏观经济调控，高负债企业本身就资金流紧张，在银行等金融机构收缩资产负债表的情况下，很多企业已经无法通过"借新还旧"来维持资金流，导致违约。

即便在经济景气时期，也会出现部分企业因非系统性因素而导致点状式的违约，当违约由点到面蔓延时，就呈现系统性的特征。系统性的违约是宏观经济景气下行甚至衰退的一个反映。过去几年里，我国的经济增速一直处于下行通道，需求不振，投资缩减，PPI出现了长达4年多的负增长，企业债务融资实际利率一直高企，这也构成了企业债券信用状况的外部环境。

2016年供给侧结构性改革以来，过剩产能行业也出现分化，有一些企业作为"僵尸企业"，现金流出现问题、国家财政补贴减少，导致资金链断裂。以债券违约的盛运环保为例，2015年，公司全年净利润7.4亿元，2016年骤降至1.2亿元，2017年则出现了大幅亏损13.2亿元，经营水平的下降导致盛运环保的违约。另一家违约企业"中安消"也出现同样困境，2015年、2016年、2017年的净利润分别为14.2亿元、7.2亿元、-24.8亿元。企业盈利水平的大幅下降，与所处行业不无关系。从2018年的违约企业来看，去产能行业的债券违约比例明显高于其他行业。在去杠杆、去产能的大背景下，这些行业企业的利润未恢复，导致现金流断裂、资不抵债的情形，以后还有再产生的可能。

2. 金融政策趋紧，信贷收缩

金融市场环境也是影响债券违约的重要因素之一。就我国债券市场来说，经济周期、通货膨胀率、股票市场波动率、汇率、无风险利率、投资者信心指数等经济因素都是影响债券信用利差的重要因素，而信用利差是当前债券违约的决定因素之一。

一是去杠杆、强监管导致的货币、信用收缩，难以覆盖很多上市公司出现的存量债务利息。2018年以来，新增社会融资规模持续下降，截至2018年10月末，社会融资规模存量为197.89万亿元，同比增长10.2%。其中，债务融资有186.07万亿元。按照7.6%的社会融资平均成本①，存量

---

① 此数据来自清华大学经管学院中国金融研究中心于2018年2月1日发布的《中国社会融资成本指数》。

债务的利息约为14.1万亿元。按照2018年10月社会融资规模增速10.2%计算，10月新增融资规模为20.18万亿元。新增社会融资既要偿还债务本息，还要保障经济增长。2017年的名义GDP为82.7万亿元，名义GDP增速为10%左右，按照这个口径计算，需要8.27万亿元用于保证经济增长。余下的11.9万亿元可用于偿还债务利息，不足以覆盖14.1万亿元的存量债务利息。从这个方面来说，必然导致债务违约浪潮的出现。

二是商业银行、债市、股市等融资渠道全面收紧，企业尤其是民企的再融资难度加大。2018年以来，金融监管趋严，银信合作新规、资管新规等陆续实施。在新规实施之前，大量理财产品、资管产品和非标产品是低信用评级债券的重要投资主体，监管趋严后，此类群体的投资规模也迅速被压缩，2018年的前4个月，新增委托贷款一直为负，萎缩明显。再者，股市的再融资规模也大幅收紧，以往不少上市公司往往通过定增大量募资缓和资金压力。而自2018年融资环境、信用收紧以来，A股的定向增发规模大幅减少。2018年1月至2018年10月底，市场参与股权融资269家，融资金额6086.7亿元，远低于2017年同期水平。企业对债券融资需求再度提高，但是在信贷收紧的挤压下，市场融资成本大增，使部分发债主体无法如期还本付息，再融资渠道不畅成为债市违约潮的最后一根稻草。

（二）中观层面

企业景气度不佳、政策变动，导致发行企业经营基本状况恶化。2017年以来，产能过剩行业，如钢铁、煤炭、基建等内部出现较大分化，中下游民企成本激增。如果企业经营不善，就很容易因为成本突增而导致现金流恶化。从生命周期角度来说，成熟行业的破产率、债券违约率远高于成长性行业。从债券违约统计情况可以看出，2018年的债券违约主要集中在建筑与工程、工业与机械、钢铁这三个行业（见表3）。

表3　　　　　　　　　2018年债券违约最多的3个行业

	行业类型	违约债券数量	主要违约主体
1	建筑与工程	23	上海建设机电安装、中国城市建设控股、五洋建设
2	工业与机械	14	大连机床、东飞马佐里纺织、中国第二重型机械
3	钢铁	13	东北特钢、中国中钢

资料来源：根据Wind资讯等公开资料整理。

另外，行业需求状况和行业集中度，也会影响企业债券违约的分布状况。影响主要来自两方面：一方面，当经济前景低迷时，会有更多的企业陷入困境，而这会大大降低企业的市场价值；另一方面，当陷入行业困境时，违约企业的市场价值也取决于该企业在行业中的财务状况，当公司的回收价值不足以覆盖债务时，出现资不抵债，给后续的违约处置带来清偿困难。

(三) 微观层面

货币政策收紧和去杠杆背景下的信贷收缩使市场不断调整借贷结构比例完成"三去一降一补"任务。实体经济减速和结构转型导致一些民营企业尤其是在落后产能行业的企业经营状况不佳，盈利能力下降，现金流不稳定，无法如期兑付已发行的债券。

民企违约的主要原因首先是来自公司治理水平低下。实际控制人违规、被查等行为导致银行抽贷，引发公司的流动性风险。与此不同，国企的债券违约主要因为业务亏损、经营业绩不佳导致资不抵债。国企高杠杆融资更为便利，容易透支杠杆率，长期以来高负债运行使企业比较脆弱，因此流动性问题很容易导致债务违约。

其次，不少企业投资不慎，应收账款回收慢，资金周转困难，甚至资金无法回笼。比如，华业资本在2018年10月的债务违约，主要起因是子公司的应收账款未按期回款，导致发行的4只债券出现利息违约。更为主要的是，很多民企在最近财务年度里进行了较多的资本运作，如大股东大肆股权质押、资产重组并购。由于宏观经济上的产业调整，很多企业的主营业务频繁变动，资本支出较大，现金流也较为紧张。在监管趋严、信用收缩时，那些资本支出较大且经营业绩不佳的公司纷纷出现债务问题。可以说，本轮债务违约的一大主因是资本支出增多、利息费用增多以及资本运作下的净债务增多。

除此之外，因为股权质押比例过高而股价大跌，补仓压力巨大引致资金流断裂、大幅举债进行投资并购实现资产规模扩张、新增借款过多等新原因，也是此轮债务违约出现的重要原因。

由此可见，债券违约常态化且以民企为主、公司治理结构不合理导致盈利能力下降、公司高比例质押资产运作下的资本扩展等是此轮债券违约的重要原因。

四、债券违约影响

防范化解重大风险是三大攻坚战的首要任务，而防范化解重大金融风险又是防范化解重大风险的重中之重，这凸显了防范化解金融风险对当前金融、经济的重要性。如果债券违约持续恶化，势必对金融市场、实体经济带来负面影响。在堵债券违约的同时也要尽快疏解或有风险，以减少债券违约引起的不良后果。

（一）债券违约对市场的影响

1. 实体经济、债市投资受影响

大规模的债务违约叠加将会影响经济的高质量增长。正常的优胜劣汰无法避免，但是如果调整速度过快，难免冲击宏观经济。如果债券违约持续发酵，则将波及正常经营的企业，尤其是中小民企。

违约债券主要来自信用债（包括公司债和企业债）。据 Wind 数据显示，企业债的投资者 70% 来自券商资管、基金和银行理财等金融机构。信用债违约直接影响这些金融机构的流动性，进而扩散到理财产品、金融市场。据 2017 年的《中国银行业理财市场报告》显示，在银行业理财投资构成中，信用债占比 45% 左右，规模高达 10 万亿元。

2018 年初，资管新规颁布实施后，银行理财产品中预期收益型产品规模将会下降，理财规模将会收缩。叠加债市风险提高势必会削弱信用债的市场需求。违约潮导致债券市场风险偏好整体下降，低等级的信用债投资需求降低。2017 年以来，信用债市场收缩，高评级、低评级债券之间的信用利差明显增大。规模庞大的债市对负面消息的敏感度极高，一旦出现风险事件，投资收缩很迅速，负反馈效应很强，提升了市场恐慌情绪。

2. 金融市场承压，评级机构信任危机

我国的间接融资占比较高，银行贷款一直是中小企业融资的主要渠道。从规模上看，本轮的债券违约比 2014—2015 年的债券违约并没有高多少。从市场整体来看，债市违约后，造成信用利差扩大，低等级的债券投资者可能会转而进入股市，投资优质大盘蓝筹股，从而提高股市交易活跃程度。不过对债券发行主体来说，如果违约主体是上市公司，那么债券违约后，上市公司现金流断裂，融资渠道收窄，迫使大股东在股市减持以自救，这种自救式减持融资将会给股市造成一定的压力。当违约主体数量较多时，会对股市带来较大的影响。

债券市场违约给评级机构带来不少质疑的声音，在我国信用评级普遍的发行人付费的模式下，较难提高信用评级的客观性和独立性。债市投资者认为评级机构没有充分、及时地为市场提示信用风险，对投资者的决策失误负有一定责任。因为大公评级机构事件①，市场对评级机构的认同也跌到了低谷。

---

① 2018 年 8 月 17 日，大公评级机构被银行间市场交易商协会、证监会同时发布决定，给予其严重警告处分，责令限期整改，并暂停债务融资工具市场相关业务一年。

(二) 债券违约对银行的影响

作为债券市场的最主要参与者，商业银行一直是信用债市场的主要风险承担者，随着刚性兑付的打破，监管趋严等政策背景下，债券违约风险会影响银行的稳健经营。具体来说，债市违约对商业银行的影响主要体现在四个方面。

1. 银行信贷资产面临更大风险

多层次资本市场的发展使企业融资渠道更为丰富多样。从原来以银行为主的间接融资，逐步发展为银行信贷、发行股票和债券等多种多样的融资方式。债券市场的融资份额较大，违约事件的不断发酵会对资本市场造成较大的冲击，加剧市场恐慌情绪，降低金融市场的系统性风险偏好。随着未来债券到期压力的增大，市场自然会希望用更高的投资收益溢价来补偿更高的风险，这会带动信用利差扩大，使绝对收益率水平上升。债券发行人面临更高的融资成本，企业融资难度提高，企业的生产经营活动会受到不利影响。

企业的盈利能力和偿贷能力被削弱，反过来影响企业偿还银行资金。为保证资金回笼的安全性，银行会收缩贷款规模，市场流动性降低，企业的债务违约风险被动上升，这又会反过来对商业信贷的资金安全带来不利影响。债券违约事件加速了银行信贷收缩与市场违约风险提高的负反馈。

2. 将银行理财产品暴露在风险之中

银行是理财产品的主要代理机构，而债市一直是银行理财产品、资产证券化产品的主要投资领域。对于当前的银行理财产品不再保本保息的新规，债券违约将使理财产品的投资陷入更大的不确定性中。

在银行理财的资产配置中，债券作为一项标准化的固定收益资产，在资产池中占比非常大。高收益率债券，尤其是信用债一直是银行稳固资金、维持理财产品收益率的首选。根据《2017 年中国银行业理财市场报告》数据显示，截至 2017 年底，我国 562 家银行业金融机构的存续理财资金余额仍有 29.54 万亿元，仅 2017 年银行业发行的理财产品累计募资就有 173.6 万亿元。从资产配置来看，债券资产的配置比例高达 42.19%。

在刚性兑付被打破的背景下，如果市场违约广泛，理财产品踩雷较多，商业银行理财产品、资产证券化产品将面临收益率大幅下降、无法兑付的问题。如果遭遇投资者大量赎回，债券交易暂停，那么会使银行面临更高的流动性风险。

3. 银行债券承销业务承担压力

银行作为企业债的承销商之一，债券违约将会影响银行的中间业务收入。随着信贷市场化程度增加，存贷息差收窄。商业银行积极参与债券市场，债券承销业务近来已成为银行中间业务收入的重要来源，也推动了银行盈利的多元化（任仁，2015）。

债券违约事件的频繁发生，对市场带来一定的冲击，尤其是对投资者信心的打击，债券投资者的避险情绪也加剧，必然导致对债市的投资需求下降。另外，债券违约提高了债券市场的风险溢价，推高债券一级市场的利率水平，债券到期收益率上升，债券持有人的流动性更加无法及时回收。信用风险的上升带来的市场恐慌情绪对信用评级较低的高风险债券冲击更大，债券流动性大降，债券承销业务受限，银行中间业务骤减。

4. 对银行声誉造成风险隐患

商业银行一直是债券发行、承销、托管过程中的主要参与者。保证信息披露的完整、准确、及时、真实性是评级机构、承销商、托管机构的责任。目前我国信用债市场存在较多问题，不管是债券发行还是后续的持续督导，对投资者的违约信息披露预警作用不足，导致违约后处置不够及时，给投资者带来较多损失。以 2016 年发生的一起典型违约事件为例，广发银行和浦发银行承销的云峰集团债券，先后有 3 只债券违约。这次违约被投资者质疑银行的尽职调查、信息披露都不够及时，导致债券的交叉违约条款形同虚设，说明银行在尽职调查、信息披露等多过程中均存在疏漏。如果银行不积极参与债券市场的建设，不发挥作为发行、承销、托管机构的责任。当债券违约出现后，投资者遭受损失后的责任将由银行来承担，这无疑会给银行的声誉造成影响。

五、债券违约应对

债券违约的应对主要包括违约后的处置和违约风险管理。针对当前的债券违约我们将从不同角度探讨债券违约的风险管理，并从债券发行、债券投资、市场监管三个角度提出一些机制建设和操作层面的政策建议。

（一）债券违约后的处置方式

除了债券违约事件本身，投资者更关心违约后的处置方式以及偿付情况。违约发生后，双方将按照债务融资工具募集说明书中约定构成债券违约的情形、违约责任及其承担方式，及违约后可能发生的诉讼、仲裁或其他方式进行处置。根据是否有担保，处置方式可以分为两大类（见图1）。

无担保的债券违约目前的处置方式主要有自主协商、仲裁、司法诉讼三种。当违约企业的偿还意愿较强并且具有一定的偿债能力时，双方一般通过自主协商解决，比如延迟偿付、打折偿付、公司产品抵偿等。当违约企业基本丧失偿还能力时，无担保情况下就需要采取强制方式来收回部分投资，比如通过仲裁和司法诉讼。强制性的应对方式具有较高的执行成本和偿还期，但自由度较低。对有担保的债券违约，情况稍有不同。在不同担保类型下，违约应对方式也略有不同。根据我国的《担保法》，保证方需要承担一定的连带责任。当企业违约时，债权人可以要求担保方履行债务。如果是抵押担保，企业违约时，债权人有权申请对抵押物处理（拍卖、变卖等），所得款项优先偿付债权人。

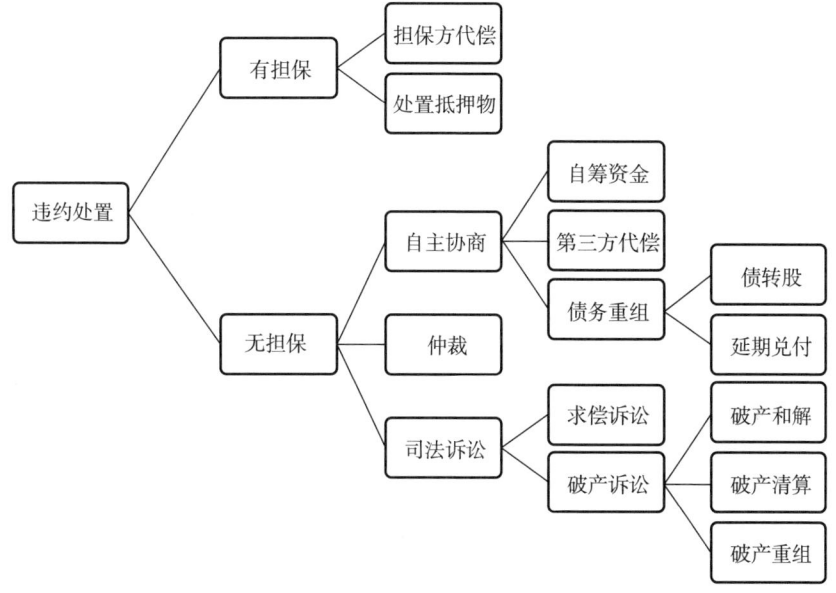

资料来源：根据刘艳、林青和杨津晶（2018）等资料整理。

图 1　债券违约后的处置方式

从已经发生的违约事件中可以看出，不同的处置方式在偿付率、回收率方面具有一些差异，具体表现：

一是债券违约后，实际的偿付率较低。不过民企的偿付率反而要远高于国企和外资企业。这是因为国企的违约处置过程更为复杂，这是由它的性质决定的，再者国企的违约处置一般多为破产重组，而这也是一个漫长的偿付过程。

二是民企债券的违约偿付意愿更高。民企违约后，为了避免控制权被转移，一般会通过其他融资渠道获得资金继续履约，目的是避免进入破产重组，避免司法诉讼求偿，避免失去企业的控制权。

三是自筹资金的处置方式偿付的概率较高,通过司法诉讼的偿付概率反而较低。根据现有情况统计,企业自筹资金基本都实现了履约,通过债务重组的偿付也较多,如果企业进入破产、司法诉讼程序,投资者获得偿付的概率则最低。

四是在处置时间上,自筹资金偿付所需时间最少,通过破产重组的偿付时间最长,一般都在1年以上。整体来说,有担保的债券在违约后,处置效率和偿付率都比较高,无担保债券违约后回收率都比较低,这也是高收益、高风险的体现。

(二) 债券违约风险管理

随着我国债券市场的逐步发展,债券违约将愈发常态化。在正视债券违约问题的基础上,寻求积极主观的方式使投资者的损失降到最低。适度的违约有助于提高债券市场的效率,但加强债券市场信用生态建设是当前债市迈向成熟的必经之路。从违约事件发展过程来看,债券违约的风险管理可从事前预防、事中应急、事后应对三阶段进行。事前预防重在市场通过相应的法律法规,引导形成有效健康的市场规范,保证行业良性发展。事中应急主要从投资主体出发,保证债券持有人的合法利益。事后应对重在通过一系列措施来减少投资人损失,主要是指前文分析的违约处置方式。

根据债券市场的参与主体,我们从债券发行、债券投资和市场监管三个角度来分析债券违约的风险管理,简洁概括可见图2。

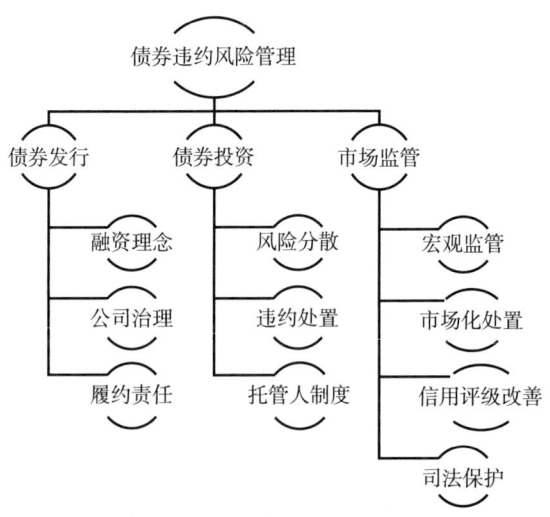

图2 债券违约风险管理概括

1. 债券发行方面

要减少债券违约，就需要对发行企业进行预防和适度管理。发行人的后续经营管理、盈利水平在很大程度上决定了债券违约是否会产生，以及违约后会采取何种处置方式。

第一，企业的融资理念应与企业资产规模相匹配。

从目前的债券违约情况来看，发行主体往往并未认真履行职责。债券发行完成融资后，对偿付利息和本金的重视程度不够。作为发债主体，需建立全局意识，采取多种渠道融资实现不同的资金需求。利用债务融资和股权融资来解决企业日常经营、投资发展资金需求，务必保持合理的融资规模，注重现金流管理，以维持企业信用。在合理规划、使用资金的同时，要降低资金成本、提高财务管理效率，这就需要加强发行人的信用管理与融资需求之间的均衡。

第二，提高公司治理水平，制定合理的财务战略。

企业的债务违约意味着经营现金流断裂，虽然现金流断裂具有一定的外部原因，但最根本的原因还在于企业的经营能力、现金管理水平的不足。持续稳定的经营需要企业具有良好的治理水平。通过制定合理的财务战略，掌控公司资产、现金的盈利能力。保证融资选择与企业自身经营所处的宏观、微观环境匹配，不至于出现重大财务决策的失误，造成违约影响公司信用。

企业管理层对经营战略的决策是否合理，关系到资金的回收能力和偿债能力，加强融资管理和资金运用对企业很重要。微观上，要求发行企业严格按照债券发行时的募集使用说明，规划科学、合理、操作性强的支出计划。从目前来看，我国对发行债券时的资金使用计划、规定无强制限制。这就需要发行主体和承销商必须从自身出发，完善募集资金的管理和使用，避免资金使用不当造成的损失。重要的是，发行企业应理性看待企业的经营能力和水平，不断调整资金使用，在资金安全和效率之间作出适合企业的安排。

第三，强化履约责任，加强信用维护。

虽然债券市场的信用风险将会提高，但是这并不意味着企业的信用可以不用维护。相反，随着金融市场的逐步完善，企业信用将会发挥越来越重要的作用。这就需要企业具有更强的债务履约责任。首先需要防范发行企业的道德风险，保证财务信息、会计披露的真实性。也有不少专家建议控股股东或实际控制人对企业违约承担连带责任，防范企业或管理人的造假行为，严厉打击企业及高管、控股股东的逃废债行为。

从违约后的处置情况来看，民企的偿付率远高于国企。国企的履约情况较差，说明有一部分国企将银行贷款、债市融资作为免费的公共品。从这方面来看，加强对国企的信用建设、预算软约束问题，强化国企的社会责任的同时需要加强国企的信用建设、履约责任建设。

在外部监督上，也需要合理的制度来确保管理者认真履行管理职责，注重制定公司的日常重大事项披露，避免主观上的财务不实、信息造假带来的恶劣影响。在选择企业的经营管理团队时，要确保管理人员的专业性，有足够的经验和能力处理企业的财务战略，并设置相互制衡的资金管理制度，规避个人失误，减少实际控制人的不利带来的影响。

2. 债券投资方面

投资者作为债券违约的直接受损群体，在选择债券投资标的、投资后管理时或许也可以采取一些措施对抗不利影响。

第一，多元化投资分散风险，建立投后风险跟踪机制。

债券违约风险事件打破了市场对债券的刚性兑付认知，这也是投资者的一次投资风险教育，市场的逐步完善要求参与者投资理念逐步成熟。对市场风险尤其是信用风险的清楚认识，可以帮助投资者更加关注投资过程中的风险变动，并基于自身的风险承受能力随时进行调整。

避免单一的投资模式，结合股票、基金、固定收益类产品作为投资补充。多元化投资可以在一定程度上分散风险。更重要的是，需要建立投资后的追踪机制，保持对宏观经济、行业周期性拐点、具体的公司重大事件关注，因为这些都涉及公司的信用风险。并且设立自己的安全阈值，及时止损，规避信用风险。

第二，采取恰当的违约处置手段。

在违约事件发生后，最需要正视债券违约问题，积极采取行动，针对违约事宜与发行主体自主协商，就债券偿付的比例、期限、形式等问题商议解决之道。

在我国现有的违约后处置方式中，企业自筹资金偿付是最有效的处置手段，破产重组、司法诉讼、求偿诉讼的偿付效率都较低，存在偿付比例低、期限长等问题。另外，为提高求偿效率，可以联合投资人成立违约求偿委员会，处理违约处置相关事宜。

第三，实施债券托管人制度。

公司债市场已经采取受托管理人制度，主承销商仅负责上市和发行，后续的管理由受托人负责。在出现违约的情况下，受托管理人可以代替投资者参与维权，能够减少投资者成本，提高债券的处置效率。

受托管理人代理投资者起诉，就是替债券持有人向违约主体提起清偿诉求，受托的管理人具有专业法律知识和丰富经验，可以帮助投资者提高清偿机会。也可以为单独起诉节省精力和时间，提高违约求偿效率。当然，委托管理人制度也具有一定的局限性，由于委托代理问题，委托管理人的积极性不够高，这就需要合理的监督激励机制来改善这个不足。

目前，我国银行间市场是主承销商负责制。随着债券市场化程度逐步提高，金融债也或将出现违约。鉴于此，有学者建议，银行间市场应借鉴其他市场的成熟经验，建立受托管理人制度，厘清受托管理人的职责，并建立相应的防火墙，减少利益冲突。对银行间债券市场来说，受托管理人制度势在必行。

3. 市场监管方面

随着债券市场的进一步发展壮大，以信用风险、流动性风险为主的各种市场风险也在累积。保证债市的有序运行和整体稳定，除了加强债券发行人、债券投资者的风险管理，还需要监管层面的机制设计和结构的改善。

第一，完善风险管理架构和市场机制建设。

首先，坚持稳健的货币金融政策。在货币政策宽松时，市场上往往大肆发债，行业债务急剧扩张。在信用收缩时，这些债务就面临违约风险。每一轮货币宽松都伴随着过度扩张的债务，随后是违约潮。在当前较大的经济增长压力下，尤其需要保持经济金融政策的稳健。稳健的外部金融环境有助于形成良好有序的融资、投资环境。

其次，建立统一的债券市场监管体制。债市经过多年的发展取得了较好的成绩，促进融资结构多元化的同时为实体经济注入了活力。但是，在市场监管层面，统一监管体系还未形成，形成了监管真空、灰色地带，带来较多问题，也给债市带来一些风险。债市规模越来越大，品种也越来越丰富，债券衍生品也趋于复杂，在这种情况下，一个统一、严密的监管机构更为必要。

最后，完善市场发行定价、估值体系。有效的债券市场机制有赖于约束机制和信息披露机制的逐步完善。比如通过发行人反馈跟进机制、发行承销商的跟进机制，不能出现债券承销商的一发了之，尤其是要对重大事项的披露尽职尽责。合理的发行定价才能反映市场真实的资金供求，符合债券买卖双方对价值的平衡点。

第二，建立风险共担机制和市场化的违约处置。

有必要强化风险分担制度，建立符合市场化的违约处置模式。债券市场的违约风险分散仍然主要依赖担保机制，途径选择较为单一。借鉴成熟市场的经验，可以适时启动缓释工具进行风险分散，以满足不同风险偏好投资者的需求。

债券违约的后续处置还需要更加市场化的解决方法，比如双方自主协商、投资者起诉发行主体等，有利于推动债券违约的妥善处置。而不能仅仅用政策兜底、政府埋单的形式来缓解债券违约的危害。当然，市场化的违约处置手段需要配套的金融、法律、中介体系来推动。这就需要完善对债务重组、资产支持的相关规定，优化破产清算程序，推进破产重整程序。同时，加强债券的交换、转让、回购方式，以增强债券违约后的系统性管理。

第三，改善信用评级机制。

首先，丰富信用评级中的信息层次。现有机制主要基于公司已经发生的财务状况，而对宏观环境、行业前景因素考虑较少。从前面分析可以看出，宏观环境、行业前景是导致债券违约的重要因素。因此，在改进信用评级方法的过程中，需要考虑将宏观环境、行业前景纳入评级体系，对宏观环境、行业前景、公司财务状况设置不同的权重，充分考虑外部环境、内部财务对债券违约的影响。

其次，改善评级体系，减少债券评级虚高现象。在刚性兑付的大环境下，债券违约情况较少，违约对评级机构产生的不良影响也无法在市场中表现出来。我国债券信用评级市场一直虚高，评级质量参差不齐，不能为投资者提供准确、真实的信息，更无法对市场作出有效的风险提示，这不利于债市的良性发展。如万科发行的债券在国内评级为 AAA，但在国际市场只能评为 BBB+（游丽，2017）。明显可以看出，国内外评级存在较大的差异，我国债券信用评级虚高可见一斑。

最后，改变信用评级付费模式。当前债券市场评级普遍为发行人付费方式[①]。在发行人付费模式下，评级机构需要主动满足迎合债券发行方（企业）的需求，容易与企业合谋，导致发行债券的信用等级偏高，影响评级的真实性、权威性、有效性。已有不少学者建议逐步扩大投资者付费的信用评级模式，这有助于遏制我国债券市场评级虚高的现象，减少评级机构与发行人之间的利益关联，这样可以最大程度减少发行方与发行中介、评级机构之间的合谋行为，为投资者提供更为公正客观的信用评级

---

① 我国已经存在投资人付费业务方式的信用评级。2010 年 8 月 9 日，中国银行间市场交易商协会出资成立中债资信评估有限责任公司。这是我国第一家推出投资人付费业务的信用评级公司。

服务。

第四，加强对投资者的司法保护。

早期债券违约稀少，很少谈及债市投资者保护，但是随着市场化运行，债券违约可能越来越多，债市投资者的法律地位应该加强。强化债市投资者保护，完善投资者保护的司法救济。

从实际结果来看，司法诉讼偿付率较低，且需要经历漫长的回收时间，真正实施破产方式的比较少。这可能与我国的破产制度有关，现行的《破产法》规定，企业进入破产程序必须同时满足两个条件①。这就降低了破产对于债务人的威慑作用。另外，企业一般都会发行多期债务，如果发行不同到期的债务交叉违约是否还能适用《破产法》，目前还没有明确规定。

在债券发行中引入一些违约条款，让债券投资者可以采取相应的合同救济措施，比如可以要求发行人追加担保、宣布债券加速到期等。完善诉讼主体资格制度，明确受托管理人的民事诉讼地位。规定债券保护条款设计中要有清晰的偿债保障，或是以抵押品作为清偿保障，或是设立偿债基金。鼓励发行人适当地建立违约后的处置方案，引导承销商在违约处置时提供操作指引。引导投资者根据风险类别、违约严重程度、违约原因，及早进行风险管理，并积极参与违约后的偿债工作安排，尽可能地减少违约对投资者的影响，也减少信用风险对发行方的冲击和影响。

六、结语

从前文分析中可以看出，2018年出现的债券违约具有典型的时代背景特征。在我国债券市场化进程不断推进的背景下，债券市场违约日趋常态化已成为市场共识，政府对于违约的态度也发生了根本性转变，打破刚性兑付是纠正信用风险定价扭曲、促进债市健康发展的必经之路。本文从多个维度评估了债券违约现状，探讨了债券违约对金融市场的影响，并从违约处置、违约风险管理角度提出一些政策建议，这对于债券参与主体和市场监管具有一定指导意义和应用价值。

参考文献

[1] 曹玉瑾，李世刚．正确看待近期债券违约事件的内在本质和信号意义［J］．中国经贸导刊，2018（24）：67－70．

[2] 刘艳，林青，杨津晶．债券违约：处置方式、回收率及影响因素

---

① 第一个是到期债务没有履约，第二个是不能履约，而且资不抵债。

[J]. 金融市场研究, 2018 (2): 40-49.

[3] 任仁. 金融脱媒与商业银行债券承销业务的发展与研究 [J]. 中国市场, 2015 (42): 68-70, 80.

[4] 游丽. 债券违约风险对我国商业银行影响分析 [J]. 贵州商学院学报, 2017 (2): 32-36.

新时期商业银行不当行为风险防化的有效性研究

中国工商银行上海市分行课题组

一、引 言

近年来,全球银行业监管机构针对银行虚假宣传金融产品、操纵金融市场、伪造账户、违规收费、不当处置客户资金等不当行为给予巨额处罚,不当行为见诸媒体给银行业机构造成不可挽回的声誉损失。不当行为风险[①]的提出源于美国次贷危机及后续的国际金融危机,金融机构及其内部员工不负责任的经营行为,在房地产泡沫和次级抵押贷款市场中扮演了重要角色。为此,金融稳定委员会(Financial Stability Board,FSB)将商业行为独立成为一个新的风险种类,呼吁各国需要以前瞻性、预防性措施积极应对。本文借鉴国际监管经验,结合我国现实国情,将"不当行为风险"定义为:金融机构及其内部员工因故意或疏忽行为,给消费者、金融行业、经济体系带来不良影响的风险。

研究不当行为风险管理对我国银行业具有重要意义。一方面,我国金融监管正积极探索"从机构导向向功能导向""从审慎监管向行为监管"的迁移和统一。行为监管着眼于金融消费者和实体经济的利益,有助于解决金融服务供给不平衡、不充分、不公平的问题,推进金融服务脱虚向实,回归服务于实体经济的本源。另一方面,党的十九大报告提出"健全金融监管体系,守住不发生系统性金融风险的底线",不当行为风险是上一轮全球系统性金融风险的重要病灶,通过借鉴国际金融危机的教训和经验总结,加强不当行为风险管控,有助于防范化解我国系统性金融风险。

本文从我国商业银行视角,聚焦当前银行业市场环境、监管环境的深刻变化,研究行为风险的特征、表现形式、成因和成本,揭示加强行为风

[①] 本文所述的"行为风险"与"不当行为风险"为同一概念的不同表述,金融稳定委员会和欧洲系统性风险委员会等国际监管组织在其报告中倾向于使用"不当行为风险"(Misconduct Risk),英国金融服务局及三菱东京联合银行、巴克莱银行、劳埃德银行等国际银行业机构则倾向于使用"行为风险"(Conduct Risk)。

险管理的重要意义，探索形成防范、控制、缓释行为风险的有效措施。

二、商业银行不当行为风险的特征和表现

(一) 不当行为风险的监管沿革

在上一轮国际金融危机中，许多金融机构提供了资产证券化和结构化金融工具，这些复杂产品的透明度不高，广大消费者因无法准确了解资产内在价值和风险暴露而受到欺诈。各国监管者从中意识到，金融机构的不当行为通常具有主观故意性和隐蔽性，在攫取大额收益的同时，对其自身并不直接产生负面影响，但往往危及消费者、银行业乃至经济体系利益，传统的以提高银行资本质量和数量的审慎监管存在局限，行为监管和消费者保护不足成为产生金融危机和系统性风险的重大隐患。

2010年，英国大规模修改《金融服务法案》，撤销了金融服务管理局（FSA），设立审慎监管局（PRA）和金融行为监管局（FCA），率先建立"双峰监管"的模式，并于2011年提出"行为风险"（Conduct Risk）的概念。2012年，美国消费者金融保护局以"消费者风险"（Consumer Risk）沿袭了这个概念。2015年6月，欧洲系统性风险委员会（ESRB）发布《银行业不当行为风险报告》，从宏观审慎的角度对银行不当行为风险问题进行分析。2015年11月，金融稳定委员会（FSB）[①] 发布首份《降低不当行为风险的措施进度报告》；2016年9月，FSB发布《降低不当行为风险的措施第二次进度报告》，两份报告对国际银行业的薪酬结构、治理框架和风险文化、批发市场行为等方面具有持续且深远的影响。目前，巴克莱银行、劳埃德银行等全球系统重要性银行已经将"行为风险"纳入银行（集团）年报。中国作为二十国集团（G20）成员国，正积极参与和促进全球金融监管标准的制定与执行，如何有效地防范和化解不当行为风险将成为我国银行业未来发展的一项重要课题。

(二) 不当行为风险的界定和特征

欧洲系统性风险委员会（ESRB）将"不当行为风险"（Misconduct

[①] 金融稳定理事会（FSB）是国际金融监管改革的实体机构，致力于促进全球金融监管标准的制定与执行，通过协调各国金融监管当局和国际标准制定机构的工作，促进国际金融监管规则在成员国的落实，并直接向二十国集团（G20）报告工作。目前，FSB成员包括中国在内的二十国集团（G20）所有成员国和西班牙、欧盟委员会（EC）、国际清算银行（BIS）、欧洲中央银行（ECB）、欧洲委员会、国际货币基金组织（IMF）、经济合作与发展组织OECD、世界银行（WB）、巴塞尔银行监管委员会（BCBS）、国际会计准则理事会（IASB）、国际保险监督官协会（IAIS）、国际证监会组织（IOSCO）、国际支付结算体系委员会（CPSS）、全球金融系统委员会（CGFS）和联合论坛（SSB）等。

Risk）定义为与公司及其员工的行为方式相关的风险，包括如何对待客户和投资者、金融产品的不当销售、违反规则和操作市场等（ESRB，2015）。该定义体现了不当行为风险的负外部性特征，即风险不直接对银行自身产生负面影响，而是更直接地影响客户、投资者等市场的其他参与主体的权益。基于引言中的定义，对不当行为风险的界定应侧重四个特征：一是负外部性，即风险的产生将使消费者、金融行业或经济体系的利益受损，风险的直接承担者并非金融机构自身；二是违背职业道德，即产生不当行为风险的金融机构或从业者可能并不违法，但至少在主观或客观上违背了职业道德操守；三是可衍利益性，即风险的产生伴随金融机构及其员工自身利益诉求的达成，该利益既包含风险的对价收益，也包含规避风险所需投入的适当成本；四是隐蔽性，即风险的产生通常难以在第一时间被金融消费者等市场参与主体所察觉，即便被察觉，通常也难以被有效举证。

巴塞尔银行监管委员会（BCBS）依据银行业特征及诱发风险的原因，把风险分为：信用风险、市场风险、流动性风险、国别风险、声誉风险、法律风险和战略风险。不当行为风险与信用风险、市场风险、流动性风险、国别风险并无重叠，与战略风险、法律合规风险、操作风险存在诸多交集。传统的审慎监管（微观审慎监管）主要从银行自身利益出发，侧重资本监管，关注信用风险、市场风险、流动性风险相关指标，以确保银行的稳健经营；行为监管则主要从消费者和实体经济利益出发，侧重不当行为约束，关注战略风险、法律合规风险、操作风险和声誉风险，督促银行切实服务于实体经济。

（三）不当行为风险的主要表现形式

银行业市场竞争日趋激烈，产品和服务的同质化程度较高，且快速迭代，金融法治和金融监管存在阶段性滞后的问题，给金融主体的不当行为觅得空间。2017年以来，中国银监会全面开展"三套利""三违反""四不当"和"市场乱象"综合整治，其中"四不当"特指的"不当创新""不当交易""不当激励""不当收费"均是银行业机构不当行为的突出表现。根据监管当局和媒体披露的处罚信息及案件信息，我国商业银行不当行为大致可分为三类：

1. 攫取利益的故意行为。一是业务推介和产品销售中，银行或内部员工利用金融产品或服务的复杂性维持市场的不透明，从缺少经验的零售消费者身上获得利益，主要表现为：不当宣传、捆绑销售、误导销售，必要提示不规范，产品信息披露不及时、不准确，违规准入或"飞单"私售未经授权产品，违背客户意愿处置客户资金或信息等。二是通过设置霸王条款减轻自身义务,加重消费者成本,如在服务收费和利息收付中,超额收费、前置收费、捆绑收费;故意隐藏收费项目、实际计息日、信用卡罚息、理财资金到账日等计算规则,攫取长尾利益;同一产品、服务收费不统一或显失公允等。三是不当行使信用中介、做市商功能,通过形成利益联盟操纵市场,瓜分我国利率、汇率市场化改革的红利。上述行为主要侵害了金融消费者的公平交易权、知情权、自主选择权、安全权和求偿权。

2. 纵容犯罪的重大过失。银行业机构在提供金融服务的过程中严重不审慎,使非法金融活动觅得便利,导致金融消费者、金融行业乃至经济体系的利益受损。例如,在客户信息安全管理中,因履职不到位导致客户信息泄露、灭失;因合作机构准入把关不严,导致客户信息被服务外包商、保险/信托/证券等合作金融机构、第三方支付类企业等截留、外泄等;再如,因未能在业务中嵌入和实施有效的客户识别策略,从而违反反洗钱条约和法规,或间接协助客户逃税,导致受到指控;又如,在开展贷前调查和贷后管理中不尽职,导致银行被骗贷、信贷资金被用于高利转贷或挪作他用;为避免不良资产攀升,采取或借助不当催收手段,直接和变相抽贷、违反贷款合同断贷,加剧社会矛盾,招致舆论诟病等。

3. 博弈监管的套利行为。随着商业银行功能的演化,博弈货币政策和监管政策的手段与方法增多,博弈行为削弱了金融政策的有效性,间接影响了稳定的金融秩序。一是对流动性约束的博弈。当央行运用货币政策工具收紧银行流动性后,银行能够在金融市场融资或出售高流动性资产,及时补充流动性,博弈央行调控,缓和流动性收紧对信贷规模的冲击。二是对信贷政策的博弈。在货币政策从紧的环境下,银行借助交叉性金融产品,与同业之间展开业务合作,将信贷资产"表外化",腾挪空间变相放贷、操控存贷比等监管指标;在流动性宽裕时,再以机构投资者身份购买他行发行的理财产品,规避监管部门对银行资金运作方式、数量和对象上的限制。这些行为使国家信贷管控政策失效或低效,加剧了金融泡沫的膨胀。三是对监管政策的博弈。银行通过创设"利益结算期"和"转让投资收益权"等抽象概念,突破产品期限的约束;借助资产证券化、信托受益权转让、同业合作等方式放大贷款规模、突破资本充足率约束;借助不良资产证券化、打包转让方式,实现不良资产出表,降低不良贷款率约束。此类套利行为通常形成一种"次优"的业务条件组合,从长远来看,增加了银行业机构乃至整个金融行业的运作成本。

三、商业银行不当行为风险的成本和成因

(一) 对不当行为的金融监管处罚

2015年6月,欧洲系统性风险委员会(ESRB)发布的《银行业不当行为风险报告》总结了欧盟国家的银行不当行为可能带来的系统性影响:一是提高了社会成本,损害了公众对金融系统的信心;二是针对不当行为的监管处罚(包括罚款和业务禁止)具有一定威慑作用,但也会带来系统性风险,同时对银行的声誉、市场估值及偿付能力带来损害。

波士顿咨询集团(BCG)发布的《2018年全球风险报:打造面向未来的银行风险管理职能》显示,2009—2017年,全球大型银行支付的罚金总额高达3450亿美元,在2016年末的基础上增加了220亿美元,该金额超出了大多数欧盟国家的GDP;其中,2017年大部分罚单由美国监管机构开出。2008—2017年,被美国主要金融监管组织①处罚或和解1亿美元及以上的公开案例达31起,涉及9个国家和地区的22家金融机构(含19家银行),罚金总额高达622.8亿美元。

在美国,大部分罚款与次贷危机前后抵押信贷市场发生的事件相关,如2011—2016年,美国银行、德意志银行、苏格兰皇家银行、高盛、瑞士银行、瑞穗银行、摩根大通银行等多家金融机构被控在次贷危机前违规出售住房抵押贷款支持证券(MBS),公开的处罚案例中,单笔罚金过1亿美元的处罚合计金额突破400亿美元。此外,有相当数量的处罚涉及反洗钱、反恐怖融资和反逃税漏税等领域,如巴黎银行、汇丰银行、德国商业银行被控违反美国制裁禁令和反洗钱法律法规,累计处罚金额均超过10亿美元。在欧盟,罚款主要源于金融产品的不当销售和对金融基准利率的市场操纵。追溯上述巨额罚款的缘由,均与金融机构及其员工的主观故意或严重不审慎行为存在重要关联。"风控投入不足,巨额处罚代偿"已逐步成为国际金融监管的惯例和共识。

作为拥有全球最高资产值的中国银行业②,市场乱象的频发正引起社会

---

① 本文所述的美国主要金融监管组织包括:美国财政部(Dept. of The Treasury)及其下属美国国税局(IRS)、美国货币监理署(OCC)、美国存款监理署(OTS)、海外资产控制办公室(OFAC)、美国金融稳定监管委员会(FSOC)、美国证券交易监督委员会(SEC)、金融业监管局(FINRA)、美国商品期货交易委员会(CFTC)、美国联邦储备系统(FRS)、美国国家信用社管理局(NCUA)、美国消费者金融保护局(CFPB)、全美保险监管协会(NAIC)等。

② 中金在线. 中国银行业资产总额达31万亿美元跃居世界首位 [EB/OL]. [2017-03-07]. http://sc.stock.cnfol.com/guojishichang/20170307/24391081.shtml.

各界的高度关注。2017年,中央经济工作会议提出"打好防范化解重大风险攻坚战,重点是防控金融风险",同年成为"史上最严"监管年。据媒体统计,2017年全年,各级银监部门共披露罚单2451张,合计罚款26.98亿元,单笔罚没款突破亿元的情况首次出现,且数量较多,其中涉及问题机构及其员工无一例外地存在主观故意的不当行为,机构和员工被"双罚"的情况屡见不鲜。

表1　　　　　　　　近期银行业监管巨额处罚

案件、违规事件名称	发布时间	涉及金额（亿元）	监管罚没（万元）	处罚责任人（人）	披露部门
农行北京分行票据案	2017.11	39.15	1950	9	银监局
民生银行虚假理财案	2017.11	16.5	2750	13	银监局
广发银行违规担保案	2017.12	120	72215.16	11	银监会
浦发银行成都分行贷款造假案	2018.01	775	46200	5	银监会
邮政储蓄银行甘肃武威分行文昌路支行票据案	2018.01	79	29500	45	银监会
陕西、河南两地多家银行业金融机构非标黄金质押贷款案	2018.02	190	5250	104	银监会

2018年上半年,银保监会机关、银监局以及银监分局针对商业银行及金融机构违规行为披露罚单1662张,同比增长28.9%,过亿元罚单频现,延续了"强监管、严问责"的高压态势。

(二) 不当行为风险的成本和计量

发达国家的社会信用体系相对完善,对金融机构行为成本的计量统计起步较早,行为成本的公布打破了信息不对称,使金融消费者更好地区分"好"银行和"坏"银行。行为成本项目研究基金会（Conduct Costs Project Research Foundation, CCP）认为,行为风险成本包括但不限于:具体的监管程序、监管机构对银行或其雇用人员实施的处罚、违反行为准则而导致的应付款项、违反监管规定的行为所产生的损失、与不当行为有关的诉讼费用等。据CCP自2008年以来对美国银行、摩根大通集团等20家国际银行[1]行为风险成本的统计数据显示，20家银行的行为成本总额从2008—2012年的1977.6亿英镑增加到2012—2016年的2640亿英镑。

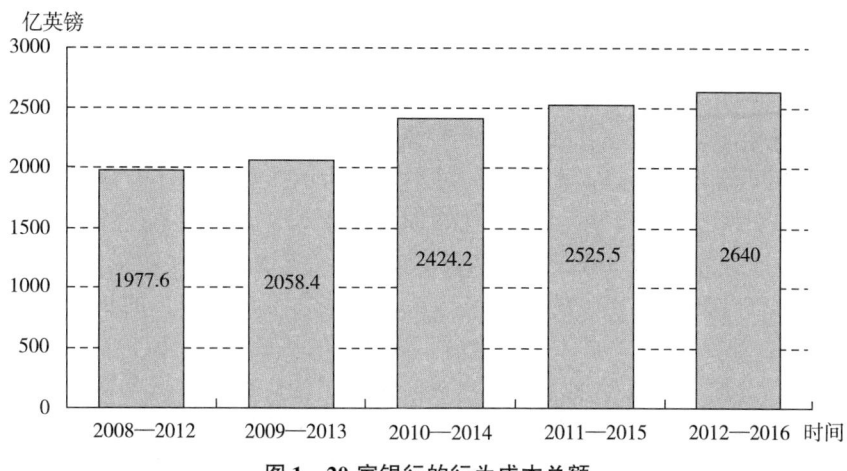

图1　20家银行的行为成本总额

目前，我国商业银行尚未对不当行为成本建立完备的计量和统计机制，业内尚未形成公允的统计标准，主要基于中国银监会印发的《商业银行操作风险指引》和《商业银行资本管理办法（试行）》计量操作风险资本，尚不能完整、客观地反映行为风险暴露情况。从我国银行业机构不当行为成本数据的可得性看，监管处罚信息已日渐公开，客户诉讼（含法务成本）、客户投诉所引发的资金损失应当计入操作风险资本，监管者可明确必要的信息披露标准和程序，使不当行为成本随银行业机构经营业绩公之于众。

（三）不当行为风险的成因分析

英国金融行为监管局（FCA）发布的《行为风险展望》中指出，内在原因、行为原因、环境原因组成行为风险的成因。其中，内在原因主要包括金融市场主体间的信息不对称和金融机构在客户服务能力方面的缺失，行为原因主要包括金融机构的管理漏洞和企业文化的缺失，环境原因主要包括金融政策和监管技术的不足。相关归因理论同样适用于我国银行业的现状。

1. 内在原因。首先，金融产品生产商与消费者地位并不平等，容易诱

---

[1] 20家国际银行分别为：美国银行、摩根大通集团、摩根士丹利、劳埃德银行、花旗集团、巴克莱银行、苏格兰皇家银行、德意志银行、汇丰银行、法国巴黎银行、富国银行、高盛集团、瑞士信贷银行、西班牙国际银行、瑞士联合银行、澳大利亚国民银行、德国商业银行、法国兴业银行、渣打银行、荷兰国际集团。

发信息优势方隐瞒不利信息、提供虚假信息等不当行为。这种在信息上的不对称使消费者在作出判断时很大程度受银行影响，银行明显的强势地位也导致了消费者某种程度上主权意识的缺失。其次，我国金融消费者整体金融素养偏低，获取金融产品和服务相关信息的渠道还比较狭窄，与金融市场日益复杂、金融创新层出不穷的客观现实形成反差，在社会信用体系尚不健全的情况下，金融服务中晦涩难懂的专业术语、格式条款、免责条款等，让金融消费者无法准确判断金融产品风险，导致消费者无所适从，从而作出不恰当的选择。此外，针对不当行为的维权效果不尽理想。司法诉讼方式的调查取证难度较大，且处理周期较长、处理成本较高，因而通常被排在金融消费纠纷解决机制的最高层次。有限的纠纷解决渠道和经验，使消费者更多地依据损失的多少来选择是否采取维权措施，助长了金融机构的不当侵害行为，不利于良好金融市场秩序的形成和构建诚信社会文化。

2. 行为原因。从近年来我国金融监管处罚的实例看，行为管理薄弱的金融机构普遍存在以下四个问题：一是合规文化植根不深，未能自上而下建立有效的合规管理体系，员工缺乏必要的合规教育，导致自律意识和诚信意识淡薄，无法对不当行为进行有效监督，风险信息得不到有效共享。二是经营战略过度激进，风险偏好与经营环境不相适应，激励机制运用不当，员工发展观、业绩观、风险观发生偏离，在急功近利之下催生了不当行为。三是内部监督疏于管理，中台、后台无法对前台形成制衡，监督检查流于形式，内部问责显失震慑力。四是管理者缺乏社会责任感，在实施战略规划中忽视行业和社会整体利益，往往导致金融服务脱实向虚，与金融政策和监管政策背道而驰。

3. 环境原因。我国银行业监管工作呈现机构监管为主、功能监管不足，整体偏微观审慎，轻宏观审慎和行为监管等倾向。目前，银行业行为监管工作在标准、规则和经验等方面尚滞后于其他金融行业，与审慎监管缺乏有机平衡，与银行不当行为风险日益凸显的负外部性、涉众性、复杂性和隐蔽性形成矛盾。对此，2015年11月，国务院办公厅发布的《关于加强金融消费者权益保护工作的指导意见》指出，"坚持审慎监管与行为监管相结合，规范金融机构行为，培育公平竞争和诚信的市场环境"；2017年1月，全国银行业监管管理工作会议强调，"强化监管，将行为监管的内容融入日常经营管理和监督工作中"；2017年7月，第五次全国金融工作会议强调，"加强宏观审慎管理制度建设，加强功能监管，更加重视行为监管"；2018年3月，国务院机构改革方案披露，组建中国银行保险监督管理委员会，同年8月，中国银保监会"三定"方案进入内部发布流程，标志着我国金融监管从

"机构监管"向"功能监管"的重大迁移。随着金融监管改革框架的逐渐明朗，行为监管正成为我国银行业监管实践与研究的重点方向与前沿领域。

四、商业银行加强行为风险管理的重要意义

（一）确保银行长期稳健经营

1. 顺应审慎经营的生存法则。商业银行作为经营货币的特殊企业，具有高负债性和高外部性的特征，容易受到经济周期波动、国内外经济环境变化、监管政策导向等多方面因素的冲击，而不当行为风险放大了冲击的影响程度，加剧了银行业的脆弱性。历史经验表明，银行忽视产品和服务质量、漠视消费者权益、重眼前轻长远，必然以日趋高昂的监管处罚、客户赔偿和难以限量的声誉损失作为代偿。如 2016 年，富国银行因贪图短期业绩和利益，曝出虚假账户丑闻，受到监管处罚 1.85 亿美元，股价大幅下跌致其全球第一大行席位被摩根大通取代。2018 年，澳新银行因向未提供的服务收费等不当行为，导致客户额外支出或未能获得商定的房屋贷款折扣，经澳洲皇家调查委员会听证，将向近 200 万个客户支付赔偿金 3.74 亿澳元。更有甚者如英国巴林银行、法国兴业银行，过度追求收益，员工业绩观、价值观扭曲，终因"魔鬼交易员"违规操作致其（濒临）破产。可见，缺乏行为风险管控有可能使银行陷入万劫不复的深渊，加强行为管理有助于银行纠正不当风险偏好，扫清生存和发展中潜伏的祸根。

2. 服务"全球化"战略的稳健实施。近年来，欧美发达国家监管机构对其本土与外国金融机构的惩治力度逐步加大，处罚金额屡创新高。中资银行加快"走出去"步伐，积极布局"一带一路"和海外市场，但对于不当行为风险的认识和理解，与国际金融监管组织和主要发达国家行为监管机构存在显著差异，缺乏有效方法和经验来加强不当行为风险治理，容易遭致监管调查甚至处罚①。有必要从巴克莱银行、摩根大通、德意志银行、富国银行等全球化银行的不当行为处罚案例中吸取经验教训，及时了解和遵守东道国监管规则，严控不当行为风险。

3. 迎合监管从严的总基调。2017 年以来，中国银监会大力整治银行业市场乱象，将绩效考评指标设置不合理、不当销售、不当收费、妨害客户

---

① 2015 年 7 月，美国纽约联储宣布在中国建设银行纽约分行发现反洗钱漏洞，责令其执行《纠正过失计划书》；2016 年 2 月，中国工商银行马德里分行因被控涉嫌洗钱，多名高管被带走协助调查；11 月，中国农业银行因违反反洗钱合规要求被纽约监管部门处以 2.15 亿美元罚款；2017 年 2 月，中国银行米兰分行因涉嫌洗钱与意大利当局达成 60 万欧元庭外和解。

信息安全、违反信贷政策、行业政策等问题作为整治内容，重点打击侵害金融消费者、金融行业及经济体系利益的不当行为，单笔罚金屡次冲破亿元关口，突破历史纪录，给银行业机构高度震慑。频现的不当行为风险还将引起监管当局对银行合规经营管理的质疑，陷入多查多罚、重查重罚的被动循环。此外，内部案件作为不当行为风险的集中表现形式，在银行内部绩效考核中造成"一票否决"的重大影响，成为关乎案发机构全员命运的"难以承受之重"。借此，加强行为风险管理是现代商业银行稳健经营的立命之本。

（二）提振金融消费者信心

银行通过持有牌照，利用广大存款人或投资者的资金谋利，是社会赋予的一种特权。根据权责对等的原则，银行应当恪守较高的品行规范，以持守"有道经营"为本，提供良好的金融产品和服务，始终将客户作为业务活动的核心。消费者信心是金融市场的基石，我国社会主体的金融素养相对薄弱，金融消费者缺乏风险识别、防范、自担意识，投资行为表现出显著的"羊群效应"，比较容易被引导、煽动和利用。在社会信用体系尚不健全、公益维权资源相对匮乏的客观现实下，金融消费者自主维权的意识越发强烈，对银行服务的容错限度普遍较低。不当行为风险危及消费者权益，更易受到大众传媒的聚焦和诟病，形成舆论监督。虽然我国金融监管的处罚成本还不能与美、欧发达国家相提并论，但银行不当行为造成的舆论影响难以限量。例如，2017 年 4 月曝出的某股份制银行虚假理财案，涉案客户资金高达数十亿元，严重损害该行的社会声誉，重创投资者信心，致使其股价在一段时间内受挫。银行服务的本质是信用创造，不当行为风险损耗银行信用和商誉，同时对行业形象和消费者信心产生负面影响，消费者信心受创又将对银行机构和行业造成二次冲击，导致恶性循环。由此可见，加强行为风险管理是提振金融消费者信心的迫切之举。

（三）防化系统性金融风险

金融机构多样化发展使商业银行被动负债空间被严重压缩，银行贷款业务被直接融资挤出，利差收窄成为大势所趋。为缓释金融脱媒的不利影响，商业银行通过整合券商、基金、信托、保险、租赁、PE/VC、其他银行等同业资源，为客户提供跨市场、跨专业的综合性金融服务，或通过注册成立全资子公司或控股公司，以自担风险、自负盈亏的模式开展金融市场业务，绕开监管限制。随着金融市场功能的发展，商业银行得以通过卖出回购、信贷资产转让、信托受益权转让、资产证券化等方式，将尚未到期的信贷资产转让给其他金融机构或社会公众，从而应对流动性约束和监管政策约束。上述现象将有可能助长银行向降低门槛、放大杠杆、期限错配的投机主义倾向，各类风险交叉传染可能引发系统性金融风险，并带来一系列社会经济成本。

当前，我国金融风险易发高发，货币总量超常规充裕，虽然系统性金融风险总体可控，但不良资产风险、流动性风险、债券违约风险、影子银行和交叉金融产品风险、外部冲击风险、房地产泡沫风险、政府债务风险、互联网金融风险正不断积聚，银行业机构公司治理不健全、违反宏观调控政策、通过不当关联交易输送利益、违法违规展业、侵害金融消费者合法权益等金融乱象丛生，其中隐含大量不当行为风险。在经济下行期，不当行为风险得以通过系统性风险的溢出效应转嫁，迫使经济体系内的非金融主体共同承担风险带来的损失，加速系统性金融风险的暴露。综上所述，加强行为风险管理是防化系统性金融风险的必由之路。

五、银行业防化不当行为风险的实践措施

（一）加强经营理念和文化建设

全球化经营的商业银行要切实形成客户利益至上的理念，遵循国际、国内行为风险监管要求，将行为风险纳入全面风险管理框架，制定行为风险管理目标和策略。在思想上，要牢固树立银行利益与客户利益并重的经营理念，秉承金融服务就是要服务实体经济的经营逻辑，切实承担起银行作为最重要的金融市场主体，在经济金融活动中托底压舱的关键作用。在行动上，要始终将"合规为本"和"风险为本"相结合，以符合监管规定为底线，以合乎发展规律为准绳，保持创新发展和风险可控双轮驱动，推动业务决策模式满足客户权益保护要求，把维护市场诚信和客户权益置于业务发展的核心位置，融入产品设计、业务运行、市场营销、一线客户服务的全经营流程。在文化上，营造做"正确的事"的价值观，倡导"合规为本，全员有责，风险可控，稳健高效"的合规文化核心理念，培育员工恪守诚信、称职担当的品质，鼓励员工敢于对不当行为、不正之风积极制止和批判，不断树立和增强正确的发展观、业绩观、风险观，从根源上杜绝不当行为风险事件的发生。

（二）主动迎合国际金融监管政策

对于在境外开展国际业务或创设分支机构的中资银行而言，遵守东道国监管规则是境外机构良好运行的基础和重要前提。要密切关注国际行为监管政策变化和制裁政策的变化，健全完善治理机制、管理体系和文化体系，自觉执行境外行为监管和金融消费者保护规则，与金融监管部门保持良好的沟通和协作。要重点防范违反"双反"与制裁、违反本土纳税法条、

涉嫌垄断市场交易、违反银行业监管规定、采取不正当营销举措、使用不正当竞争策略、违反环境保护有关规定、存在财务造假、涉嫌种族歧视等容易引发监管处罚的问题，及时采取风险应对措施。要结合境外业务特点，配套风险管理控制，配置专业化人员，重视和引进相关领域的管理人才，适应当前"走出去"背景下的银行集团化经营管理需要。

(三) 发挥员工激励和监督作用

不当行为风险往往源自不当激励，激进的薪酬制度可能促使销售人员通过误导和欺骗客户、违背客户意愿处置客户资产、降低客户准入门槛等方式获得更多的销售返佣，而不顾客户的风险承受能力和实际需要。根据FSB薪酬监控联络小组的研究成果，薪酬工具不仅可以提供有助于宣传良好行为的事前激励和绩效考核机制，还可以通过递延薪酬、年内调整、薪酬追回等方式，在不当行为发生时为追究当事人责任提供事后调整机制。此外，针对严重的不当行为，还可采用不予晋升、降级、内部调任等其他人员管理工具予以纠正。银行要健全和完善员工行为监督机制，做到业务管理与人员管理相结合，主体责任与监督责任相统一。要关注银行业机构改革不断深化，新立机构、新开业务、新设岗位与日俱增的新常态，关心新入职、新转岗、新提聘人员的专业胜任和行为有度。重点关注权力集中、资源集中、风险集中的关键机构、部门、业务环节和拥有较大话语权、分配权、裁量权的"关键少数"，动态评估岗位设置的科学性、审慎性，及时健全完善分级授权、岗位分离等权力制约措施，做好日常教育和人员监督，对不当行为进行有效惩戒和警示。

(四) 优化产品服务的管理流程

金融产品和服务是商业银行联系客户和输出价值观的重要载体，银行应当将行为风险管理的理念和措施融入产品和服务的全生命周期。在设计和研发环节，要把客户信息和财产的安全放在首位，努力确保产品和服务能够满足客户金融需求、迎合客户价值取向、符合客户风险偏好，守住监管底线，谨防过度创新，服从行业内公平竞争的原则，服务于实体经济的良性发展。在推广和销售环节，要谨防客户资源多头管理下不经统筹、低效使用或滥用客户资源的情况。确保销售人员获得相应的专业资质和素质，严格监督、指导业务推广和销售流程，严肃惩处违规私售、误导销售等不当行为。加强金融消费者教育，巩固塑造诚信担当的银行品牌形象。在售后服务环节，要敏感对待客户有关产品和服务问题的集中诉求、有关推广和销售行为瑕疵的逐条意见，关注监管处罚、被诉损失、投诉赔付等行为成本背后隐藏的深层次问题，及时查明问题根源，完善风险控制流程，把客户满意度作为检验产品市场价值的核心标准，把客户监督作为对银行内部监督与检查的重要补充。

(五) 健全和完善信息披露体系

商业银行与客户的信息不对称性是产生不当行为的重要诱因。银行应主动健全和完善基于本机构产品、服务以及与金融消费选择密切关联的重要指标和重大事项的信息披露机制，改善消费者以产品单价或收益为主导的单一评价渠道和体系，辅助消费者选择"好的银行"与"好的产品"。在产品信息披露方面，中国人民银行于 2018 年 9 月颁布的《商业银行理财业务监督管理办法》（以下简称《办法》）具有重要的指导意义。《办法》要求商业银行加强投资者适当性管理，向投资者充分披露信息和揭示风险，全面、真实、客观、准确、清晰地反映产品的重要特性，充分披露产品类型、投资组合、估值方法、托管安排、风险和收费等重要信息，引导消费者通过产品价格以外的评价维度选择产品。商业银行还应进一步考虑信息的可得性，向客户提供更便利的信息渠道和获得方式。在银行相关信息披露方面，除上市银行及系统重要性银行以外，我国金融监管部门尚未给出标准化的要求和指引。监管者可借鉴金融稳定委员会（FSB）、行为成本项目研究基金会（CCP）等国际组织的成功经验，按照《巴塞尔资本协议》的核心思想，针对商业银行不当行为风险成本制定标准化的计量要求，形成不当行为风险相关重要指标体系，计提不当行为预期损失准备金，将相关信息的披露流程制度化，并对信息的时效性、准确性、完整性进行监督，从而为消费者和投资者辨别"好的银行"提供新的渠道，敦促银行业金融机构及其从业人员形成做"正确的事"的内生文化。

(六) 积极承担社会责任和义务

商业银行要在经营管理中融入社会责任理念，主动改变以往经营绩效与履行社会责任相矛盾的不当认识，把承担社会责任与实现所有者权益最大化、打造品牌、提升竞争力等目标结合起来，积极贯彻落实国家宏观经济调控政策，切实服务实体经济，大力发展绿色信贷和普惠金融，推动和促进国民经济健康稳定发展。机制保障方面，可在《商业银行法》中提出并完善银行业机构的社会责任和义务，建立符合国情的，由银行股东、债权人、监管机构、金融消费者、雇员等利益相关者共同参与的社会责任评价体系，发挥银行业协会对银行社会责任的引领、推动和监督作用，敦促银行更主动、更有效地履行社会责任和义务，推升不当行为的舆论成本。在社会实践方面，商业银行可充分发挥金融科技优势作用，协助政府部门对非法金融活动实现智能化监测、预警和打击；充分利用在社会信用供给中的优势位置，驱动经营转型与创新，提升服务的普惠性、便利性、安全性，通过输出知识、理念和文化，引导微观主体树立正确的风险观，遵守契约精神，压缩不当行为的生存空间。

参考文献

[1] 廖岷. 银行业行为监管的国际经验、法理基础与现实挑战 [J]. 上海金融，2012 (3)：61 – 65.

[2] 巴曙松，朱元倩，金玲玲，等. 巴塞尔Ⅲ与金融监管大变革 [M]. 北京：中国金融出版社，2015.

[3] 惠平. 商业银行行为风险及其防控初探 [J]. 金融论坛，2015 (11)：18 – 26.

[4] 冯乾，高洋. 银行业不当行为风险、行为成本与金融稳定 [J]. 上海财经大学学报，2017 (4)：53 – 65.

[5] 冯乾，高洋. 不当行为风险治理新进展及其对国际银行业的影响——基于 FSB 进度报告的分析 [J]. 经济社会体制比较，2017 (3)：83 – 94.

[6] 冯乾，张博. 欧美天价罚单背后银行业的不当行为风险 [J]. 中国银行业，2017 (8)：73 – 75.

[7] 尹继志. 金融稳定理事会的职能地位与运行机制分析 [J]. 金融发展研究，2014 (1)：24 – 29.

[8] 张建平. 论商业银行在功能演化背景下传导货币政策的有效性 [D]. 南京大学，2017.

[9] 尚微，蔡宁伟. 美国巨额监管处罚的主体、对象、内容与趋势——基于 2007—2017 年处罚金额过亿美元的典型案例分析 [J]. 西南金融，2018 (5)：3 – 12.

[10] 丁灿. 国际银行业监管处罚：案例研究与经验借鉴 [J]. 金融监管研究，2015 (7)：78 – 91.

[11] 宋婷婷. 交叉性金融创新的监管套利路径与博弈策略 [J]. 上海金融，2012 (10)：57 – 61.

[12] 郭凤花. 我国金融消费者权益问题在银行领域的探究 [J]. 时代金融，2018 (1)：81 – 82.

[13] CCP Research Foundation, 2016. Conduct Costs Results [EB/OL]. http：//conductcosts. ccpresearchfoundation. com/conduct – costs – results.

信用违约互换的信用事件触发和处置机制研究

蔡 悦 杜 一 侯 哲 毛文逸[①]

一、引言

(一) 研究背景

2018年上半年的债券市场可大致总结为冰火两重天。高等级信用利差收窄、低等级信用利差走扩。2018年上半年债券市场违约已达238.8亿元,相较于2017年同比情况,违约态势有增无减且日趋常态化(见图1),金融监管的主基调仍是防风险。

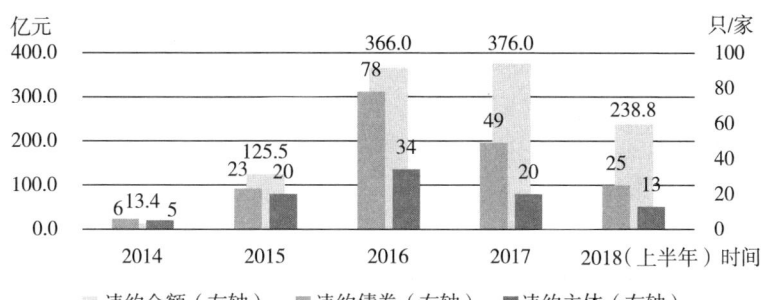

资料来源:Wind资讯。

图1 历史债券违约情况

债券市场信用风险的逐渐升级和常态化趋势,促使金融市场参与者和实体经济相关方重点关注债券发行人信用风险,二级市场参与者寻求主动管理信用风险的需求日益迫切。前期交易商协会推出信用违约互换(CDS)和信用联结票据(CLN)两项创新信用风险缓释工具,为市场提供了基于发债主体[②]的管理信用风险的有效工具。近两年,我国CDS在基础设施、市场参与度、产品需求和优化拓展研究等方面均取得阶段性发展,但某些核心功能或机制尚未完善,抑制了CDS产品转移和分散信用风险功能发挥。

---

① 作者单位:上海清算所。
② 在CDS和CLN产品中称为参考实体。

(二) 问题提出

现阶段银行间市场已达成的 CDS 交易均未发生信用事件。一方面，初期市场参与者交易开展相对谨慎，买卖参考实体评级相对偏高，信用事件发生可能性非常小；另一方面，市场参与者对信用事件触发与后续处理的具体实践相对模糊，交易商协会于 2016 年发布的《中国场外信用衍生产品交易基本术语与适用规则（2016 年版）》（以下简称《基本术语与适用规则》）为市场提供给了信用事件相关的理论性参照文本，但在实际操作层面，CDS 发生信用事件后步骤流程仍不明晰。

本文从国际经验和国内可行方案出发，探讨如何在中国市场构建合理、完善、公允且高效的信用事件触发和处置机制。不仅为未来 CDS 潜在需求释放和信用事件发生后处置开展做好准备，同时也立足现阶段我国债券市场，在信用事件频发的背景下为违约债券定价提供可行的方法借鉴。

二、国际市场情况梳理

(一) 信用事件定义

根据国际掉期与衍生工具协会 2014 年版信用衍生品定义文件，信用事件主要包括：破产、支付违约、债务加速到期、债务人不履行债务、延期支付、重组及政府干预等中的一项或多项。

(二) 信用事件处理

1. 政策背景

2009 年 3 月和 7 月，ISDA 分别出台了"大爆炸"和"小爆炸"协议。大爆炸协议中重要的改革之一是建立信用事件决定委员会。ISDA 在全球设立 5 个决定委员会。各区域的决定委员会均保持一致的组织架构。同时由 ISDA 担任不具投票权的决定委员会秘书处（以下简称 DC 秘书处）。

大爆炸协议还引入强制拍卖结算条款：以拍卖作为信用衍生产品交易双方首选的现金结算方式。拍卖结算机制有效解决了实物结算中信用衍生产品名义本金超过流通债券数量而可能导致的可供交付参考资产不足问题，同时也解决了现金结算中金额无法得到统一的问题。

此外，增设信用事件、承继事件和倒推日：只要信用事件或者承继事件发生在特定信用衍生产品倒推日之后，就可以触发信用保护条款（一般信用事件倒推 60 天，承继事件倒推 90 天）。通过增设倒推日覆盖对冲交易间的断档期，提升信用衍生产品之间的替代性，在标准化程度较高的情况下也为交易压缩奠定基础。

2. 国际市场信用事件处理主要流程

国际市场信用事件处理主要流程包括：决定委员会的召集、议题的确定、决议、外部复议（或有）以及后续拍卖流程。

（1）关于决定委员会的召集

ISDA 定义文件明确，依据决定委员会规则（以下简称 DC 规则）召集决定委员会。任一合格市场参与者①均可向 DC 秘书处提出召集信用事件决定委员会议申请。DC 秘书处将按照 DC 规则针对相应申请确定所适用的参考实体和交易类型，并据此召集决定委员会成员。

（2）关于决定委员会议题的确定

DC 秘书处应及时以书面或电话形式通知上述被召集委员单位的联系人。至少应有一名被召集的有表决权的委员同意就相关潜在问题进行商议。召集信用事件决定委员会需达到法定人数方可投票。

（3）关于决议

决定委员会有权对相关问题作出有普遍约束力的决议，主要包括：一是信用事件的确定（信用事件的类型和日期等）；二是承继事件的确定（主题确定、日期确定等）；三是拍卖相关要素的确定，包括拍卖结算条款的适用性、拍卖时间等；四是可交付债务的确定等。

（4）外部复议

部分信用事件处理还需经历外部复审。一是所涉及议题未达到决定委员会80%多数票。二是DC以多数票投票决定将某一问题提交外部评议。外部复审团由15个决定委员会机构选举成立一个复审小组，并由这个复审小组对这一议题进行最终裁决。

（5）关于拍卖流程

拍卖将决定违约债券的价值（决定回收率）。拍卖分两个阶段，均公开进行。第一阶段，拍卖参与人提交初始竞拍信息，拍卖管理人据此计算出中间价（初始回收率）和实物交割的未结清净头寸大小及方向；第二阶段，拍卖参与人提交与未结清头寸方向相反的单边限价指令，通过荷兰式拍卖确定拍卖最终价格。

（6）交叉违约条款

交叉违约是选择适用的条款，金融衍生品中的交叉违约条款通常包括：一是其他债务文件下的债务被宣告或可被宣告加速到期，且该等债务的累计本金数额超过交叉违约起点金额；二是其他债务文件下的债务虽不存在

---

① DC 规则中的合格市场参与者是指交易的一方或有未平仓头寸的中央对手方。

被宣告或可被宣告加速到期的情形，但出现付款违约，且该等累计金额超过交叉违约起点金额。值得一提的是，交叉违约条款中的其他债务文件中通常含有加速到期条款。我们认为交叉违约条款是 CDS 重要配套制度保障之一：一是完善了 CDS 的风险缓释功能，加速到期和起点金额本身就是信用事件的重要组成部分；二是大幅提高产品交易的透明度，有效降低参考实体选择性违约的风险和交易卖方的道德风险。

三、我国市场信用事件触发与处置流程

（一）信用事件后续处置的步骤

我国 CDS 的信用事件处置流程按时间顺序分为三个环节，分别是信用事件触发、信用事件相关通知有效送达，以及信用事件结算。

（二）信用事件触发与判定

信用事件指 CDS 交易双方在交易有效约定中就一笔 CDS 交易约定的触发结算赔付的事件，如破产、支付违约、债务重组等事件。信用事件应发生在交易的起始日（含）至到期日（含）之间。

1. 破产

CDS 信用事件中的"破产"定义要比法律框架下的破产含义更详细。《中华人民共和国破产法》规定企业破产的终结形式包括重整、和解以及破产清算。而交易商协会《基本术语与适用规则》中对"破产"定义涵盖更多内容，参考实体发生其中任一种即视为发生 CDS 信用事件"破产"。破产的判定依据参考为人民法院报或人民法院公告网等发布的破产清算公告，或参考实体书面发布的相关通知公告。

2. 支付违约

"支付违约"是指参考实体未按约定在一项或多项债务的支付日足额履行支付义务。参考实体只有在超过相关债务适用的宽限期后仍未支付该债务，且实际未支付款项的总金额超过适用的起点金额时，方构成一项支付违约。宽限期与起点金额避免了因参考实体内部管理疏忽或支付系统故障等原因导致未支付到期债务，构成支付违约。支付违约的判定依据参考为上海清算所网站发布的未足额收到付息兑付资金的公告。

3. 债务重组

"债务重组"是指因本金、利息、费用的下调或推迟或提前支付等原因对债务的重组而导致的信用损失事件。参考实体可以采用两种办法进行债务重组：一是由参考实体与相关债务的全部或部分持有人达成重组协议，且涉及重组的债务金额至少应达到约定的起点金额；二是由国家或地区作

为参考实体单方面宣布的适用于所有债权人的债务重组行为。

4. 债务加速到期

"债务加速到期"是指因参考实体在一项或多项债务项下的违约导致该债务在原到期日之前已被宣告提前到期应付的情形，且已被加速到期应付的债务总金额不小于起点金额。"债务潜在加速到期"是指因参考实体在一项或多项债务项下的违约导致该债务可被宣告提前到期应付的情形，且可被宣告提前到期应付的债务总金额超过起点金额。

（三）信用事件相关通知有效送达

信用事件相关通知包括两种：一种是信用事件通知，信用事件通知方需于信用事件通知送达期①内向另一方发送确认该信用事件已发生的书面通知；另一种是公开信息通知，信用事件通知方需向另一方发送与所描述信用事件相关的公开信息的书面通知。

在准确性方面，信用事件相关通知需对信用事件进行基本描述，写明参考实体发生信用事件的时间、信用事件种类，以及可合理证明所述信用事件已发生的公开信息。

在便利性方面，传统的书面通知包括但不限于人工送达、快递、信件等方式，时效性较低且"有效送达"概念存在模糊。另外的可行方式是通过上海清算所的CDS清算系统发送电子化的书面通知。

（四）信用事件结算机制

1. 信用事件结算方式

适合进行集中清算的合约，信用事件结算方式现阶段为现金结算；不适合进行集中清算的合约，由交易双方约定现金结算或实物结算。

从国际市场的实践过程看，两种结算方式均存在不足。一方面，现金结算下买卖双方对违约债务的估值较难获得统一标准，且市场报价的获取时间和个数对最终价格的影响较大；另一方面，CDS交易一旦脱离基础资产而开展，交易名义本金可能远超过流通在外的违约债券票面本金总额，实物结算下买方为了履约可能会在市场上高价收购"稀缺"的违约债务，从而导致违约债务价格与其公允价值相背离。

2. 信用事件结算要素确定

现金结算下，信用事件结算要素包括现金结算金额和现金结算日。现金结算金额由交易名义本金、参考比例和最终比例计算得出。当交易有效

---

① 信用事件通知送达期始于该交易的起始日（含），止于该交易到期日之后的第十四日（含）。

约定中未明确现金结算日时，现金结算日产生规则为双方已确认现金结算金额或已确认最终比例后的第三个营业日。

实物结算下，信用事件结算要素包括实物结算金额、交付债务的详细信息①和数量、交割日和资金结算日。实物结算金额由交易名义本金与参考比例的乘积确定②；交付债务由买方在可交付债务种类和可交付债务特征而确定的债券范围中选择确定；交割债券数量由交易名义本金按债券面值计算得出；交割日和资金结算日由双方约定产生（通常情况下为同一日）。

实际操作层面，不同类型合约的信用事件结算要素确定方式有所不同。适合进行集中清算的合约，由上海清算所给定的固定最终比例（25%）组织开展现金结算；不适合进行集中清算的合约，交易双方可自行确定信用事件结算要素。

3. 信用事件结算的开展

信用事件结算的实际操作将依据信用事件结算要素开展。适合进行集中清算的合约，由上海清算所基于当日信用事件结算金额净额，自动完成现金结算金额的划转。不适合进行集中清算的合约，交易双方可自行开展信用事件结算。针对不适合进行集中清算的合约，上海清算所提供双边逐笔清算服务，将依据交易双方提交确认的信用事件结算要素，基于逐笔全额的方式，自动完成资金划转与债务交收。

四、信用事件触发与处置机制的核心研究

（一）基础设施完善

1. 参考实体信息平台

CDS 交易中参考实体的公司行为、法律关系、信用事件、参考债务等信息的实时更新披露对市场参与者都具有重要的意义。国际上，Markit 公司的参考实体数据库（RED）作为 CDS 参考实体及参考债务的标准源，有规律地及时披露参考实体的公司事件、公司行为、CDS 继承事件和信用事件，保证 CDS 市场参与者能够在合约到期前的任何时间都能清楚界定所交易合约对应的参考实体和参考债务状态。

目前我国市场上缺乏统一规范的参考实体信息平台，市场成员对基于参考实体和信用事件的信息披露与更新维护、统一编码映射、信用事件维

---

① 包括交付债务的代码或名称等债券基本信息。
② 一般情况下参考比例为100%，因此实物结算金额等于交易名义本金。

护等具有较大需求。上海清算所作为信用债券登记托管机构，涵盖了债券发行、分销确权、登记托管、付息兑付等全流程环节，涉及参与主体各方，在信用债券违约信息发布的权威性和信用事件搜集的敏感性方面也具有先天的平台优势。未来可考虑为 CDS 市场提供基于发行人信息的规范化参考实体信息披露、公开统一的参考实体和债务编码映射、对公司事件的准确监测和及时维护、信用事件发生后参考实体和参考债务的及时更新等增值服务，对 CDS 市场发展具有重要现实意义。

2. 信用事件决定委员会

国际上信用事件决定委员会的成立对于信用事件处理、各类争议纠纷的解决等具有十分重要的意义。

结合我国实际情况，建议组织成立我国区域的信用衍生品决定委员会（以下简称我国区域决定委员会）。该委员会的组成可依托现行的交易商协会金融衍生品专业委员会框架，由交易商（含核心交易商和一般交易商）、非交易商和中央对手方共同组成，并由交易商协会担任不具投票权的委员会秘书处。市场参与者均可向委员会秘书处提出召集我国区域决定委员会委员会议申请。委员会秘书处及时通知相关我国区域决定委员会委员，且至少应有一名被召集的有表决权的委员同意就相关潜在问题进行商议。决定委员会的决议中如涉及需达到决定委员会 80% 多数票而未达到指定票数，则这一议题将被提交外部专家复审团进行定夺。建议设立由律所、会计师事务所等领域的外部专家组成的外部专家复议团，以保证信用事件决策的公允性及代表性。

我国区域决定委员会的设立将有助于相关事件认定的统一，对于防范逆向选择和道德风险、提高信用衍生品市场透明度有着重要作用，也是拍卖结算机制的重要前提和保障。

(二) 产品设计完善

1. 交叉违约或交叉加速还款

国际市场上债券普遍含有交叉违约条款。2016 年 9 月，交易商协会出台《投资人保护条款范例》（以下简称《范例》），提及四类投资者保护条款，包括交叉保护条款。一方面，发行人将交叉保护条款以契约形式在募集说明书中进行约定，可实现解决争议法制化。另一方面，我国《商业银行资本管理办法》对于合格信用衍生工具的认定中规定，用于确定信用事件的参照债项必须有依法可强制执行的交叉违约或交叉加速还款条款。

交叉违约或交叉加速还款条款在我国 CDS 实际开展方面具有三点关键作用。

第一，有助于风险识别和风险预判。当 CDS 的基础债项与参照债项错配时，交叉违约或交叉加速还款条款的引入，使基于同一参考实体的不同 CDS 交易在保护范围上具有覆盖性。CDS 业务参与者能够更加全面深入地监测参考实体的履约能力与信用水平，提升风险识别和风险预判的能力。

第二，有助于明确某些类型信用事件的触发情形和后续处理流程。当 CDS 覆盖保护的债务合同中包含交叉违约或交叉加速还款条款时，CDS 的信用事件类型通常会包含债务潜在加速到期、债务加速到期和支付违约进行配套。

第三，有助于发挥 CDS 的信用风险缓释功能。商业银行运用 CDS 等信用衍生工具进行信用风险资本缓释时，需满足 CDS 交易中一旦参考实体基础债务出现违约，参照债务可同时触发交叉违约或交叉加速还款条款，为确定违约概率与现金结算模式下回收率提供保障，确保 CDS 保护范围内任一债务持有人可完全对冲损失。

2. 倒推日

危机后 ISDA 规定，只要信用事件发生在倒推日之后，就可以触发信用衍生产品的条款。

我国《基本术语和适用规则》未明确"倒推日"的相关概念，信用事件保护于 CDS 合约起始日起生效，对出于风险管理对冲购入的 CDS 可能会存在信用保护出现"断档期"。

未来，建议增加"倒推日"相关概念，并对我国标准化 CDS 合约增设"倒推日"的设计，不仅有利于覆盖对冲交易间的断档期，也可提高 CDS 合约之间的替代性。

（三）违约债券回收率确定

1. 我国现行违约债券后续处置方式

根据我国《合同法》和《破产法》相关规定以及违约处置案，我国现有债券可以分成无担保债券和有担保债券。无担保债券违约处置主要通过自主协商、仲裁和司法诉讼。当发行人偿债能力和偿债意愿较高时，采取自主协商方式，回收程度较高；当发行人基本已丧失偿还能力，一般采用仲裁或司法诉讼的违约处置方式，回收程度较低；有担保债券则通过担保方求偿、处置抵（质）押物的方式进行违约处置，整体上违约回收情况较好。

金融风险防范

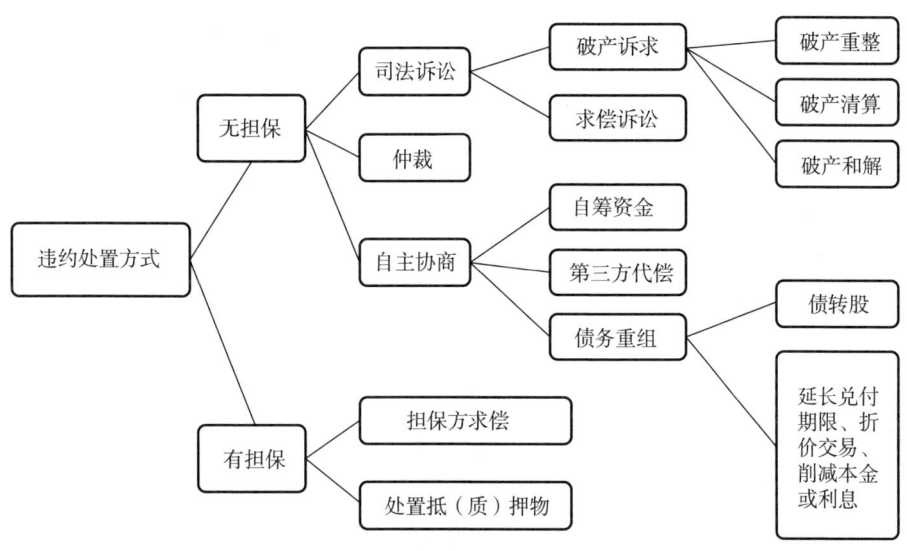

图 2 债券违约处置方式

表 1　　　　　　　　　　债券违约处置方式总结

回收方式		回收时间	回收程度	描述
有担保债券		处理抵（质）押物回收时间存在不确定性；保证担保回收时间较短	高	企业无自主性，强制性执行
无担保债券	自主协商	自筹资金和第三方代偿回收时间较短；债务重组回收时间不确定	较高	企业自主性较大，偿债来源较多
	仲裁	时效较快，费用较高	较低	企业基本丧失自主性，强制性执行
	司法诉讼	流程较多，回收时间较长	较低	企业基本丧失自主性，强制性执行

2. 影响违约债券回收率的因素

当一只债券已经确定违约，债券的价值主要体现在债券的回收率上。信用事件现金结算时，可通过估值方法或拍卖报价确定回收率，但报价双方并不能在违约债券完全处置之后再判断债券价值，因此较难确定市场公允回收率。另外，现阶段市场上未有定量的方法来判断未来的回收率。因此，我们通过对 2018 年 3 月 31 日前违约债券针对可能影响回收率的因素进行归类分析，尝试寻找影响违约债券回收率的关键因素。

通过公开数据整理①,截至 2018 年 3 月 31 日,122 只违约债券中 27 只已足额兑付,10 只违约债券部分兑付,从数量看兑付比例为 30.3%。

有无担保。债券在抵押物或者担保人的增信措施下拥有更多偿还债务的资金来源,因此有担保债券的回收率在大部分情况下是高于无担保债券的。结合《破产法》中的关于破产诉讼的破产变卖偿还的顺序,具有抵(质)押权的担保债权回收率理论上也应高于普通债权。122 只违约债券中 32 只有担保,9 只足额兑付,2 只部分兑付;无担保债券 90 只,19 只足额兑付,8 只部分兑付。

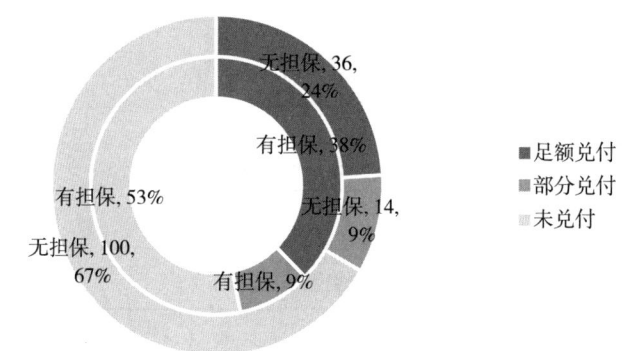

注:图中内圈为有担保债券兑付情况、外圈为无担保债券兑付情况。

图 3　违约债券兑付情况

企业性质。民营企业发行的债券在通常情况下的违约回收率高于国有企业。民营企业发行的债权大部分因突发因素造成短期内资金链断裂,恢复流动性的可能性很高。民营企业也更加需要维持企业声誉和保护市场地位,偿还违约债务的积极性更高,回收时间短且回收率高。而国有企业拥有政府和股东的支持,通过外部进行融资较为容易,一定程度上导致了债务风险逐渐积聚,国企债券违约需要花费较高的成本,且国企的剩余可变现资产也非常有限。除此以外,国企违约后往往采用破产重整、债转股等处置方式,这几种处置方式的回收率往往较低。从回收率来看,整体回收率为 42.17%,国企为 35.64%,民企为 45.63%。

---

① 光大证券研究所固定收益研究团队提供数据支持,为确保数据获取公允性,删除非上市公司私募债。

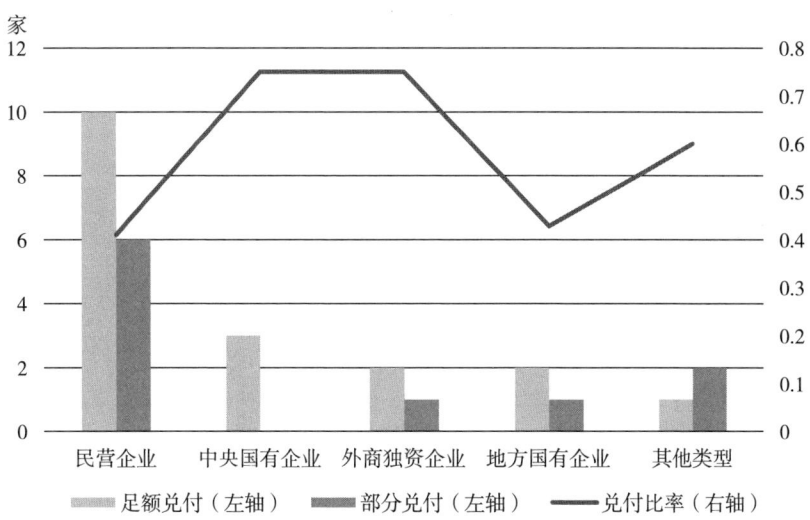

注：足额兑付为100%完成兑付，部分兑付为产生兑付但未完成100%的所有情况。

图4 按企业性质划分违约债券兑付情况

地区分布。我国违约债券回收呈现东南沿海地区回收率高，重工业、过剩产能行业集中地区回收率低的特点。

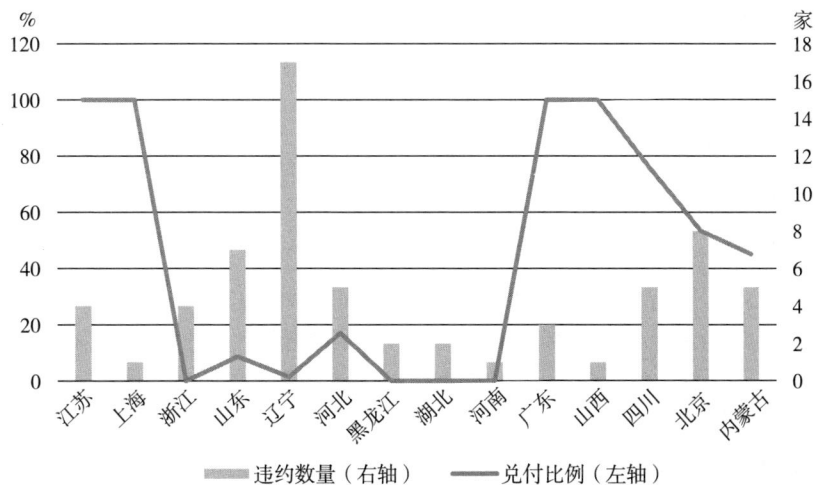

图5 公募市场按地区分布债券违约兑付情况

宏观环境。如宏观环境和企业所在行业情况影响企业违约后自主筹资的成本和难易程度，企业破产时将影响企业资产变现价格和重整估值。

行业特征。不同的行业受到行业周期的影响，在不同的时期，债券的回收率水平也不同。按行业分类的统计并没有明显的关系，需要结合其他因素共同考虑。

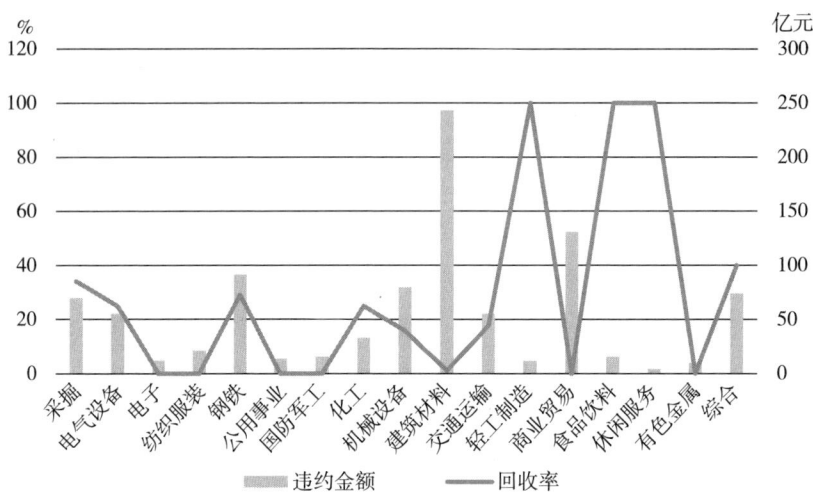

图6　各行业违约兑付情况

3. 违约债券回收率映射基准

在进行拍卖之前，一个快速、便捷、直观的方法确定大致的违约债券回收率可以帮助提高拍卖报价的活跃程度，使最终成交数据更加公允。结合回收率影响因素分析，从有无担保、企业性质、地区分布等维度设计了如表5所示的映射关系。其中设定：一是有抵押担保、东南沿海地区、民营企业的回收率最高；二是整体水平设置20%[①]左右；三是假设每个档位之间差距相同，均为5%；四是考虑到中国地区和行业有重合的情况，未考虑行业分布情况，仅选择地区分布。

表2　　　　　　　　参考回收比率映射关系　　　　　　　　单位：%

有无担保	地区分布	企业性质	参考回收率
无抵押担保	东南沿海地区	民营企业	25
		中央国有企业	20
		地方国有企业	15
		外商独资企业	20
		其他	10

---

① 从我国债券市场实际情况看，无抵押担保的普通债券回收率一般不超过30%，直接破产清算一般不超过15%，回收率为个位数的也不少见。

续表

有无担保	地区分布	企业性质	参考回收率
无抵押担保	辽宁、山东、河北、河南、黑龙江	民营企业	20
		中央国有企业	15
		地方国有企业	10
		外商独资企业	15
		其他	5
	其他	民营企业	25
		中央国有企业	20
		地方国有企业	15
		外商独资企业	20
		其他	10
有抵押担保	东南沿海地区	民营企业	30
		中央国有企业	25
		地方国有企业	20
		外商独资企业	25
		其他	15
	辽宁、山东、河北、河南、黑龙江	民营企业	25
		中央国有企业	20
		地方国有企业	15
		外商独资企业	20
		其他	10
	其他	民营企业	30
		中央国有企业	25
		地方国有企业	20
		外商独资企业	25
		其他	15

由于我国市场违约债券回收率样本相对较小，因此较难对影响违约债券回收率的因素进行定量回归分析，现阶段仅通过构建映射基准的方式进行定性分析。

五、总结与政策建议

金融服务的核心目标并非"风险零容忍"，要通过风险管理、风险识别、风险定价能力的提升,来提高金融市场的渗透率和覆盖面。CDS 的诞生对于金融市场的主动风险管理有着重要意义,而完备清晰的信用事件触发与配套机制是 CDS 市场健康发展的重要保障。

本文首先通过对国际市场的梳理研究,对于信用事件及国际较为成熟的信用事件处理流程进行了较为细致深入的梳理。接着,在解读交易商协会《基本术语与适用规则》《破产法》等相关文件后探讨我国信用事件触发与处理流程。最后,对我国信用事件触发处置的核心机制在基础设施、产品设计、违约率确定等方面进行探讨,并尝试构建违约债券回收率映射基准。

通过全文的梳理和分析,本文提出以下政策建议:

一是加快完善我国信用衍生品相关的基础设施,包括参考实体信息平台、信用事件决定委员会等。未来可由登记托管机构提供基于发行人信息的规范化参考实体信息披露、公开统一的参考实体和债务编码映射、对公司事件和债券兑付不确定性等进行监测、为信用事件发生后参考实体和参考债务信息更新维护等增值服务。为促进信用事件清晰认定,建议设立我国区域决定委员会等相关组织。

二是建议优化完善产品设计,在债券发行环节引入并完善交叉违约或交叉加速还款条款,尽快引入 CDS 倒推日,提升债券投资人和 CDS 参与者的风险识别与风险预判能力,为明晰信用事件触发情形与后续处理流程,助力 CDS 风险缓释功能发挥添砖加瓦。

三是建议完善债券违约后处置机制,结合 CDS 信用事件后续机制制定标准化规范化的违约债券处理流程,推进违约债券高效转让机制,完善企业破产清算或债务重组等法律制度与流程规范,与市场各参与方共同探索违约债券定价方法与实践经验。

参考文献

[1] https://www.isda.org/a/CHDDE/agm - 2012 - dc - anniversary - appendix - 043012. pdf.

[2] http://www.creditfixings.com/Credit Event Auctions/Auction By-Year. jsp? year = 2018.

[3] 韩迪铮. 信用违约互换产品信用事件拍卖结算机制研究 [J]. 中国货币市场, 2011 (9): 29 – 34.

[4] 李海涛. 国际信用衍生品市场发展以及启示 [J]. 北方经贸, 2015 (4): 153 – 155.

［5］刘全雷. 金融衍生产品主协议在我国商业银行的应用研究［D］. 中国社会科学院，2011.

［6］梅明华. 信用衍生产品有关法律问题探析［J］. 金融论坛，2005，10（3）：45-51.

［7］宁敏. 国际金融衍生交易法律问题研究［D］. 中国社会科学院，2002.

［8］王焕舟，黄帅，颜欢. 信用风险管理：解读CDS合约与探寻中国路径［J］. 金融市场研究，2016（9）：91-105.

［9］许光磊. 国际信用衍生产品法律问题研究［D］. 中国政法大学，2007.

［10］王松奇，高广春，史文胜. 结构金融产品系列讲座（摘登）［J］. 银行家，2005（10）：126-128.

［11］谢仍明，马亚西. 信用债市场实质违约离我们有多远？——2011年以来中国信用事件评析与2013年展望［J］. 银行家，2013（1）.

［12］杨星，胡国强. 交易对手信用违约事件与信用违约互换公允价值［J］. 系统工程理论与实践，2013，33（6）：1389-1394.

［13］曾梓梁，吴鸣. 国际信用衍生品市场的新动态与新进展［J］. 银行家，2008（4）：81-83.

［14］赵婷，安毅. 国际场外信用衍生品监管体制创新及启示［J］. 人文杂志，2015（6）：43-50.

［15］银行间市场交易商协会. 中国场外信用衍生产品交易基本术语与适用规则（2016年版）（试行版）［S］. 北京：中国银行间市场交易协会，2016.

偿二代下基于风险与价值的风险限额传导模型研究与运用[1]

中国太平洋人寿保险股份有限公司偿二代风险管理项目组[2]

一、引言

随着金融市场的深入发展，企业面临的风险也日趋增加。2016年，以风险为导向的偿付能力风险管理体系的正式实施为保险企业风险管理打开了新局面，引领国内风险管理步入新时代。在偿二代体系下，保险公司经营追求的目标之一是风险和价值的平衡，也就是说，要求保险公司在盯住风险容忍底线的同时，还应通过有效的资本管理，提升价值，确保可持续发展的目标。

一是要优化资源配置，降低潜在损失。风险偏好体系是"底线控制"的直接体现，促使公司承担的风险不超过容忍度底线，引导业务调整，促进风险资源在业务条线之间的优化配置，降低潜在损失。

二是整合管理资源，从而促进效率提升。风险偏好体系既包括顶层的偏好陈述与容忍度设置，还包括与各类风险与业务相关的限额传导与风险指标或风险限额的设置，能够支持自上而下、自下而上的风险管理实施与落地，并能推进资产负债管理、资本管理、风险考核等管理工具的整合与落实。

三是要提升资本节约效应。完善的风险偏好体系可为公司提升风险管理能力评分，降低资本要求。

但是，目前市场上普遍采用的风险限额传导模型一般仅考虑保险公司的偿付能力，将冗余资本围绕偿付能力充足率这一核心要求开展资本分解并按比例分配到保险、市场、信用风险的最低资本要求。如果公司实务有

---

[1] 本文为2018年中国保险学会课题研究成果之一。
[2] 项目组成员：王莺、周晓楠、陈秀娟、汪健兵、陈子扬、陈正光、吕青、忻存艳、黄欢，中国太平洋人寿保险股份有限公司；蒋华华、周瑾、邱嘉敏、程鹏翼、丁逸，普华永道咨询（深圳）有限公司。项目组联络人：汪健兵，中国太平洋人寿保险股份有限公司风险管理部总经理，中国精算师。

特殊要求，则可以增加或减少某一类风险的最低资本分配，再对剩余部分的资本按比例分配。

这种限额分配模型传导方法简单粗放，存在以下几个方面的问题：一是从偿付能力单一维度出发进行限额分解，缺少资本、价值和盈利这三个维度的互动，无法落地到可以实时监测的前端业务指标，因此该类风险限额指标简单体现为对业务开展的刹车制动，而对如何有效利用现有资源提升收益未能发挥相应作用；二是限额指标不完善，关注点较多地放在资产端的限额指标，对负债端的风险管控指标研究不足；三是如果公司以偿付能力为单一约束量，那么对于偿付能力充足的公司，限额分解存在很大的冗余，短期内不存在突破可能。在这种情况下，限额指标未能体现对业务发展的指导和制约，缺乏实际监测和管理意义；四是风险限额指标以最低资本、VAR值、久期值等事后指标为主，监测频率低，在业务发生前往往未能及时监测并纠偏，而在实际业务发生后发现突破限额再行整改又为时已晚。

所以，对于保险公司而言，建立一套兼顾风险与收益的风险偏好体系和限额传导机制，是企业可持续发展的必然要求，也是风险管理融入经营决策的出发点。

本文完整探讨了企业经营在面临风险、价值、利润的多重约束条件下，资产端风险限额分解的五大步骤，并以某家保险公司的经营数据为例，具体阐述限额传导的步骤。

二、寿险公司限额指标体系建设

（一）风险限额传导的目标和原理

公司风险限额传导的两个核心目标如下：一是守住底线。即基于公司的风险偏好、偿付能力和利润在一定置信水平的压力情景下满足既定容忍度要求；二是创造价值。即在满足既定容忍度的前提下，溢额资本更多地向能产生高利润、高价值的资源倾斜，提高资本使用效率，创造价值。两个核心目标互相制约，互相平衡，如图1所示。

为了实现以上两大核心目标，风险限额传导模型从资本、价值、盈利三大维度的容忍度出发，综合考虑三方面的约束：一是偿付能力充足率，要求未来一年内在既定压力下偿付能力充足率不低于一定比例；二是利润要求，要求未来一年在基准情形下的利润达到股东方要求，压力下利润不为负数；三是价值要求，要求限额分解后，新业务价值率不低于限额分解前。

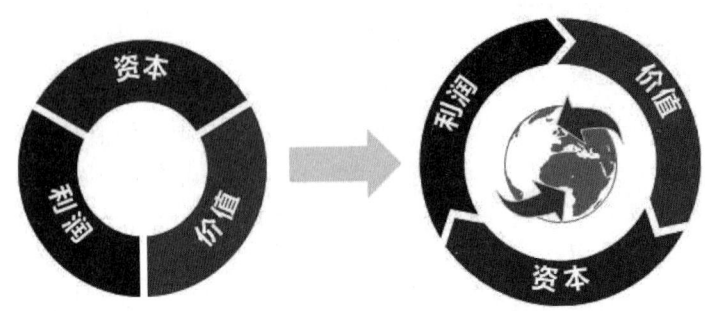

图 1 风险限额传导的核心目标

公司从风险容忍度出发进行限额分解，最终体现为业务部门可监测、可管控的资产配置比例、最低资本要求等指标。

（二）负债端的风险限额

目前在保险行业中，负债端的限额大部分是公司根据实务经验设定的，而不是通过风险容忍度自上而下分解的，且尚未落地到分支机构业务前端。主要原因包括两点：一是负债端的限额分解需要考虑的因素比较复杂；二是风险文化在国内企业中尚未完全育成，业务部门对在负债端设定限额的要求不强烈。负债端限额在实务中对业务的指导意义不直接。因此，本文对负债端风险限额分解未详细展开讨论。

（三）资产端的风险限额

本文主要讨论的内容是资产端风险限额分解方法，具体包括以下五大步骤。

1. 设定风险限额分解的起点：风险容忍度

公司以风险容忍度为出发点进行限额分解，限额分解结果必须确保符合容忍度要求。设定的约束条件如下：

一是偿付能力维度风险容忍度。对基本情形和压力情形下偿付能力充足率分别设定下限约束。

二是利润维度风险容忍度。对基本情形和压力情形下利润分别设定下限约束。

三是价值维度约束条件。对基本情形下新业务价值率设定下限约束。

2. 设定市场压力情形

公司对偿付能力和利润进行全方位的压力测试，所设置的压力情景需能够全面覆盖偿二代下的市场风险、信用风险和保险风险。模型系统性压力情景包含的项目与设置方法如表 1 所示。

表1　　　　　　　　模型中设置的压力情景及设置方法

风险类别	压力情景	设置方法
市场风险	无风险利率波动	历史数据
	股指价格波动	历史数据
	房地产价格波动	历史数据/向量自回归模型
	上市权益组合贝塔值波动	历史数据
信用风险	利差波动（AFS公司债、企业债）	监管参数对标
	HTM公司与企业债违约损失率	市场公开数据分析
	HTM另类固收资产违约损失率	市场公开数据分析
保险风险	费用超支	历史数据统计分析

通过历史模拟法等方式确定压力参数后，公司以此开展对各类资产配置下未来一年的偿付能力和利润的压力测试，考察结果是否处于风险容忍度范围内。

3. 设定测算资产配置比例范围

将公司各大类资产配置比例之和设置为固定比例 C。理论上，公司 N 类资产的配置比例 X_1，X_2，$\cdots$，X_N，可以为任意实数，只要确保 $X_1 + X_2 + \cdots + X_N = C$。即向量集合（$X_1$，$X_2$，$\cdots$，$X_N$）为无穷集合。

在实际操作中，公司无法对无限的配置比例进行容忍度检验，因此必须将无限集合转化为有限集合才能解决问题。在这种情形下，公司可以采用变通的方法，只对整数点位上的配置比例进行检测，测试是否符合容忍度要求。即以1%为步长，只检测离散配置点位上，是否符合风险容忍度要求，如相邻的两个点位都符合风险容忍度，则认为整段区间的配置符合容忍度。

这样，公司需要检测的配置比例组合，从无限种情形转化为几万种至几十万种情形。

4. 测算风险容忍度范围内的资产配置

公司对第三步中设定的符合要求的资产配置比例集合（X_1，X_2，$\cdots$，X_N）进行风险容忍度检验，即对每个配置组合，计算压力下和基本情况下的偿付能力充足率和利润，检测其是否在公司风险容忍度范围内。测算和分析结果表明：

第一，把所有符合条件的配置集合在一起，存在无限种符合条件的边界曲面，却无法找到唯一的最优解，即不能找到唯一的最大范围的各类资产配置比例，同时符合资本和价值的约束条件。

第二，如果以一组符合要求的资产配置比例为原始点，向外扩张找到符合容忍度要求的配置比例最大连续集合，仍然会发现一些配置比例无法被包含进去，虽然它们也符合容忍度要求。

第三，无法单独确切指出某一类资产的某一配置比例是否符合容忍度要求，因为其他资产的配置情况会共同影响偿付能力充足率和利润目标的达成。但是，可以观察到，在某类资产的某些配置点位上，组成符合容忍度要求配置的概率会略高或略低。

综上所述，通过求取最优边界的方式，寻求各大类资产的配置比例，在理论上找不到最优解，各类资产的配置比例约束难以用公式或方程表示。

但是，在实务操作中，公司通常以当前配置或业务需求为限额设定的起点，寻求通过容忍度检测的最大范围的资产配置空间。公司设定概率门槛值 P，用于对某配置点位通过风险容忍度检测的认定。是否满足风险容忍度要求具体需要考察资产配置的整体概率和条件概率。

第一，整体概率。对符合容忍度要求的资产配置占全体配置的概率进行观察，超过概率门槛值 $P_{整体概率}$ 的，说明各大类资产配置范围的选择比较恰当；反之，需要考虑调整某类或某几类资产配置的区间，提高符合容忍度要求的配置占比。

第二，条件概率。在各大类资产配置范围选择比较恰当的前提下，固定某类资产配置比例，其他资产类别的配置比例任意变动，对符合容忍度要求配置的条件概率进行观察。固定某类资产 A_i 配置比例为 x_i，计算符合容忍度要求配置的条件概率 $P(C \mid A_i = x_i)$，若条件概率高于公司设定的概率门槛值 $P_{条件概率}$，则认为该类资产配置比例通过风险容忍度检测。反之亦然。

5. 确定资产配置区间

限额分解的结果为符合容忍度要求的各大类资产配置比例的上限和下限。作为限额分解的结果，公司对各大类资产均会给出三个配置区间。

配置区间一：安全区间。安全区间是条件概率超过概率门槛值 P 通过容忍度测算的资产配置比例的集合，是公司给予投资部门的配置指导区间。在实际业务中，如果各类资产配置均落在安全区间中，则公司有较高的概率能够在达成利润目标的同时，偿付能力维度的风险容忍度不超限。

配置区间二：预警区间。如果某类或某几类资产落入预警区间，公司需要根据大类资产配置比例进行测算，确认是否突破容忍度。如果证实突破容忍度，则可以考虑调整配置指导区间，或在规定时间范围内调整配置比例。

配置区间三：超限区间。如果某类或某几类资产落入超限区间，则意味着风险容忍度被突破。

（四）结论

总结限额设定和容忍度检测的经验，我们认为：

第一，通过目前的模型，无法给出完美的配置方案，即无法给出唯一的、最大的、符合容忍度要求的配置区间。但是公司能够根据业务实际需要，给出一个有用的近似解决方案，即尽可能给予投资部门宽泛的配置空间，在这个空间中的配置，以较高概率符合容忍度要求。

第二，单独考察某一类资产，一般情况下，利润贡献较高的资产所消耗的偿付能力会比较多，而资本需求低的资产对利润的贡献比较少。如果公司偿付能力充足，则可选择高配高收益资产提高利润，而不用担心过多的资本消耗。反之亦然。

第三，在实务中，一般情况下，公司难以找到在高配某一类资产且达到高利润目标的同时，确保偿付能力不超限的途径。

三、寿险公司风险限额分解的案例与实践

下面以某家保险公司的经营数据为例，以风险容忍度为起点，阐述限额传导步骤。

（一）确定公司的风险容忍度

公司的风险容忍度是风险偏好的具体体现形式，一般每年制定，经高级管理层和董事会审议后实施。

某保险公司的风险容忍度如下：

一是基准情形下利润超过股东要求 $Profit_{基本} \geq Profit_{股东要求}$

二是压力情形下利润不为负 $Profit_{压力} \geq 0$

三是压力情形下偿付能力充足率 $Sol_{压力} \geq 150\%$

四是基准情形下新业务价值率超过股东要求 $NB_{基本} \geq NB_{股东要求}$

其中，根据年度全面预算，公司下一年度的利润目标为 $Profit_{股东要求}$，新业务价值率为 $NB_{股东要求}$。基准情形下，这家保险公司未来一年末的偿付能力充足率为 $Sol_{基本}$，利润为 $Profit_{基本}$，新业务价值率为 $NB_{基本}$；压力下未来一年末的偿付能力充足率为 $Sol_{压力}$，利润为 $Profit_{压力}$。

（二）测算确定限额可分解空间

保险公司通常在业务年度末制定年度业务规划和全面预算，确定年度利润目标和新业务价值率目标。该公司对下一年度的利润和偿付能力充足率进行测算，预测结果表明：

（a） $Profit_{基本} \geq Profit_{股东要求}$

(b) $Profit_{压力} \geq 0$

(c) $Sol_{压力} \geq 150\%$

(d) $NB_{基本} \geq NB_{股东要求}$

该公司偿付能力充足，利润维度也有可分解的空间。利润维度的可分解空间为 $Profit_{基本} - Profit_{股东要求}$，$Profit_{压力}$；偿付能力维度的可分解空间为 $Sol_{压力} - 150\%$

公司可以对资本和利润冗余部分进行分解，分解的底线为资本、价值和盈利维度的风险容忍度要求，如图 2 所示。

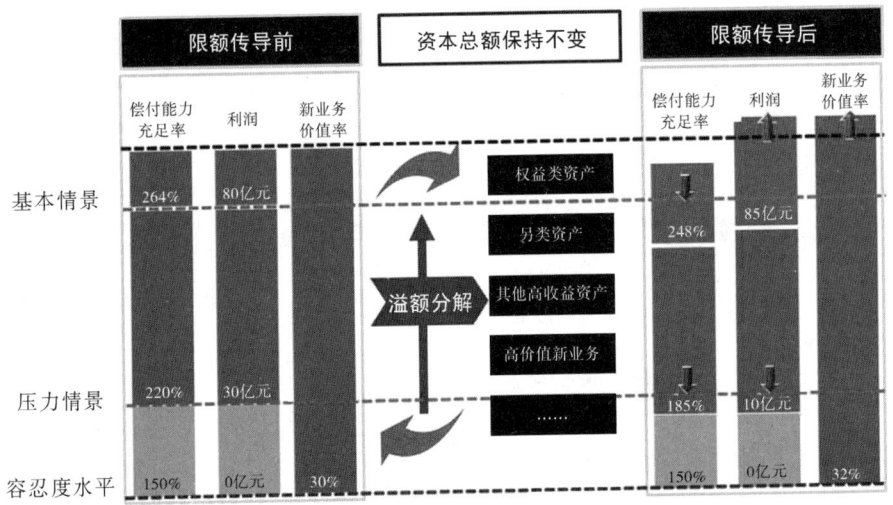

图 2　资本和利润冗余部分分解示意

（三）收集限额分解所需外部数据和压力情形

对公司偿付能力和利润产生影响的因素多样。在进行限额分解时，对外部环境因素进行数据分析和量化，设定 5 年一遇、20 年一遇情形下的外部经济情形，作为限额模型压力测试的情形。公司使用限额模型压力测试情形如表 2 所示。

表 2　限额模型压力测试情形示例

市场风险	无风险利率波动（即期）（BP）	100
	无风险利率波动（750 天移动平均）（BP）	25
	股指波动	40%
	房地产价格	11%

续表

信用风险	利差风险（AFS）（BP）	100
	企业债违约损失率	1.5%
	另类固定收益资产违约损失率	3.0%
保险风险	费用超支率	5.0%

（四）测算风险限额

假设公司可灵活调整的配置资产有 N 类，配置比例分别为 X_1, X_2, X_3, …, X_N, $X_1 + X_2 + X_3 + \cdots + X_N = C_{\text{固定比例}}$。要求这 N 类资产的单项资产配置比例可以任意变动，变动后的资产配置组合 X_{i1}, X_{i2}, X_{i3}, …, X_{in} 需符合：

（a） $X_{i1} \geq 0$, $X_{i2} \geq 0$, $X_{i3} \geq 0$, …, $X_{in} \geq 0$

（b） $X_{i1} + X_{i2} + X_{i3} + \cdots + X_{in} = C_{\text{固定比例}}$

结合公司业务实际，公司对资产配置比例 X_1, X_2, X_3, …, X_N 设定合理的配置范围，在实务中减少测算工作量。设定如下：

（a） $X_1 \in [X_{1,DOWN}\%, X_{1,UP}\%]$; $X_2 \in [X_{2,DOWN}\%, X_{2,UP}\%]$; …; $X_{N-1} \in [X_{N-1,DOWN}\%, X_{N-1,UP}\%]$

（b） $X_N = C_{\text{固定比例}} - X_1 - X_2 - \cdots - X_{N-1}$

（c） $X_{1,DOWN}, X_{1,UP}, X_{2,DOWN}, X_{2,UP} \cdots X_{N-1,DOWN}, X_{N-1,UP} \in Z_+$

1. 根据整体概率初步划定配置范围

上述的有效分解组合，公司需要寻找资产配置和业务规划的边界线，确定资产端与负债端的风险限额。

如图 3 所示，每一个资产配置、业务规划对应图中的一个点，对应一种资产配置组合 $(X_{i1}, X_{i2}, X_{i3}, \cdots, X_{in})$，均满足 $X_{i1} + X_{i2} + X_{i3} + \cdots + X_{in} = C_{\text{固定比例}}$。在偿付能力充足率底线下的情形突破了偿付能力充足率容忍度要求，在利润容忍度底线左边的情形突破了利润容忍度要求，只有右上角的情形在公司容忍度范围内，属于有效组合范围。

统计符合风险容忍度要求的配置组合 $(X_{i1}, X_{i2}, X_{i3}, \cdots, X_{in})$ 的个数，如果符合风险容忍度要求的配置组合占全体配置的比例超过 $P_{\text{整体概率}}$，说明各大类资产配置范围的选择无重大偏差；反之，需要考虑调整某类或某几类资产配置的区间，直到符合容忍度要求的配置高于 $P_{\text{整体概率}}$。

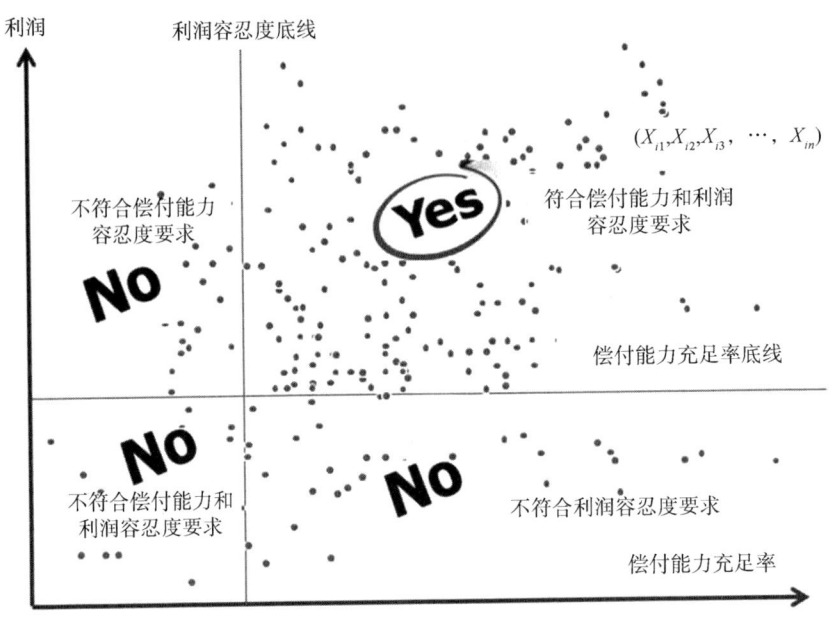

图 3　满足利润和偿付能力充足率的有效分解组合

2. 通过条件概率确定资产配置限额范围

在整体概率和风险容忍度约束下,初步划定配置范围后,公司需要在此配置范围内,进一步确定各大类资产配置比例的限额。

具体地,对各个配置组合进行分析,保持一个组合中的某项资产配置比例不变,其他资产配置比例任意变动,可以得到某类资产在一系列配置比例下,资本、价值、盈利三个维度容忍度达标的配置组合概率。如表 3 所示。

表 3　权益类、高等级信用产品条件概率

权益类

情景参数值	满足偿付能力要求	满足利润要求	同时满足偿付能力和利润要求
3.0%	99.8%	73.5%	71.3%
4.0%	99.6%	76.7%	75.0%
5.0%	99.3%	80.0%	78.4%
6.0%	99.0%	83.0%	81.6%
7.0%	98.4%	85.9%	84.1%

续表

情景参数值	满足偿付能力要求	满足利润要求	同时满足偿付能力和利润要求
8.0%	97.7%	88.7%	86.4%
9.0%	96.5%	91.3%	87.9%
10.0%	94.7%	93.5%	88.2%
11.0%	92.1%	95.7%	87.8%
12.0%	88.6%	97.4%	86.0%
13.0%	84.0%	98.6%	82.6%

高等级信用产品

情景参数值	满足偿付能力要求	满足利润要求	同时满足偿付能力和利润要求
5.0%	94.5%	88.0%	81.8%
6.0%	97.6%	85.7%	82.5%
7.0%	99.7%	83.3%	82.3%
8.0%	100.0%	80.8%	79.9%
9.0%	100.0%	78.3%	77.3%
10.0%	100.0%	75.7%	74.6%
11.0%	100.0%	73.2%	72.0%
12.0%	100.0%	70.7%	69.1%
13.0%	100.0%	68.1%	66.2%

公司要求在确定某类资产配置比例且其他资产配置比例可任意变动的条件下,同时满足偿付能力充足率和利润目标要求的概率 k 不低于固定概率要求 $P_{条件概率}$。对概率 k 进行考察:

(a) 如果 $k \geqslant$ 固定概率要求 $P_{条件概率}$,则该类资产配置以较高的概率符合风险容忍度的要求,在风险限额的绿灯区域内,处于安全区域。

(b) 如果 $k=0$,则该类资产配置突破风险容忍度要求,在风险限额的红灯区域内。

(c) 如果 $k<$ 固定概率要求 $P_{条件概率}$,且 $k \neq 0$,则该类资产配置比例在风险限额的黄灯区域内,需加强监测与关注。

通过对所有资产配置比例的遍历和穷举,我们可以寻找到每类资产的合理配置区间。在这个区间中的配置,以较高的概率符合风险容忍度的要求。同样，我们对每类资产，可以找到一个配置上限，一旦突破这个上限，无论其他资产配置情况如何，风险容忍度一定被突破。以此为依据，我们可以确定每类资产配置比例限额的红灯线、黄灯线和绿灯线。

（五）确定限额指标结果

根据测算结果，公司最终给出大类资产配置比例的限额管理区间，作为资产配置约束。根据公司风险管控要求，资产配置比例不得主动突破红灯线；如落入黄灯区域，应及时对整体风险情况进行测算，查看是否突破整体风险容忍度。

资产配置区间限额示例如表4所示。

表4　　　　　　　　　　资产配置区间限额示例

风险类型	指标名称	指标属性	绿灯正常	黄灯预警	红灯超限额
市场风险	国债配置比例	指令性	(10%，25%]	(0，10%]或(25%，43%]	(43%，+∞]
市场风险	高等级信用产品配置比例	指令性	(50%，63%]	(0，50%]或(63%，74%]	(74%，+∞]
市场风险	一般信用产品配置比例	指令性	(15%，30%]	(0，15%]或(30%，49%]	(49%，+∞]
市场风险	权益类配置比例	指令性	(5%，13%]	(0，5%]或(13%，20%]	(20%，+∞]
市场风险	不动产配置比例	指令性	(0%，6%]	(6，10%]	(10%，+∞]
市场风险	未上市股权配置比例	指令性	(2%，11%]	(0，2%]或(11%，16%]	(16%，+∞]

（六）模型存在的缺陷

第一，该模型仅能改善资产端的限额分解的落地，对于负债端的限额分解仍比较粗放。

第二，在进行利润和偿付能力压力测试时，对单一压力设置了5年一遇或20年一遇的情形，但是如果将这些压力情形组合起来，并不能完全代表市场压力5年一遇或20年一遇情形。因此，该模型实际未能对整体市场5年一遇或20年一遇压力情形进行测算。

第三，该模型仅能保证在绿灯区间内的资产配置在较大概率下不突破风险容忍度。

第四,由于该模型需要经历一遍所有可能的资产配置下的偿付能力充足率和利润,每增加一类资产类别会大幅度增加需要测算的资产配置情形,耗时较多,对计算机性能要求较高。

四、小结

上文通过对资产端风险限额传导模型的研究,最终落地为大类资产配置比例的最大范围。在此基础上,为了实现限额指标的有效管理,寿险公司还需不断完善限额指标的管理流程。具体地,该寿险公司针对不同类别的指标规范其预警及超限处置审批流程,同时针对涉及限额指标管理的各部门,明确其在各关键环节的具体任务。

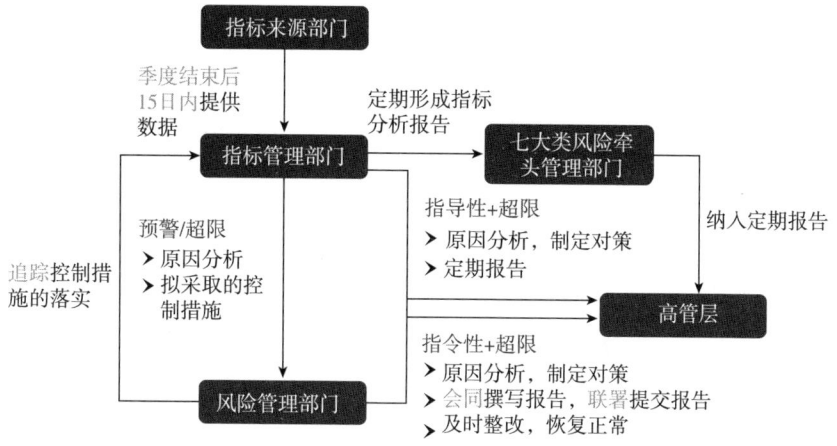

图4 限额监测流程

在风险偏好和限额体系建立后,公司能够在风险监控与预警、新产品策略、战略资产配置、投资指引、业务规划与全面预算、新业务与新渠道投资约束和考核与问责机制这七大方面,融入对风险容忍度和风险限额的考虑,从而实现公司"守住底线"和"创造价值"的双重目标,如图4所示。

最后,由于风险传导、限额等概念方法在国内保险业应用仍处于起步阶段,本文仅从近年实践角度进行总结,供业内讨论。

参考文献

[1] 汪健兵,陈正光,忻存艳,常倩. 寿险公司风险偏好及限额体系在公司经营中的运用 [J]. 上海保险,2017(12):28-32.

[2] 汪健兵, 陈正光, 忻存艳. 浅谈保险公司风险管理体系实践与认知[J]. 保险业风险观察, 2017 (2): 61-66.

[3] 阿尔内·斯坦德姆. 保险公司偿付能力 [M]. 江先学, 译. 北京: 中信出版社, 2012, 313-314.

[4] 中国保监会. 关于印发《保险公司偿付能力监管规则 (1—17号)》的通知 (保监发〔2015〕22号).

对保险公司优化战略风险管理的模式研究及定量评价实证分析

白 云 张 博 鲍 澴 陆婧文 郑 楠[①]

一、保险公司战略风险的定义和内涵

(一) 战略管理是现代企业管理的核心

随着现代企业管理理论的发展,战略管理的理念不断演进,最初由安索夫在1762年出版的《从战略规划到战略管理》中提出,他指出企业战略管理是将企业的日常业务决策同长期计划决策相结合而形成的一系列经营管理业务。格卢克认为,战略管理是制定一种或几种有效的战略,以达到企业目标的一系列决策与行动。汤普森进一步阐明,战略管理是通过指明企业长远发展方向,建立具体的业绩目标,根据有关的内部条件和外部环境,制定各种战略,进而执行所选择的行动计划,以达到业绩目标的过程。斯坦纳在1982年出版的《企业政策与战略》中认为,企业战略管理是确定企业使命,根据企业外部环境和内部经营要素确定企业目标,保证目标落实,并使企业使命最终得以实现的动态过程。

在市场经济条件下,战略管理在企业经营中处于核心地位,重要性日益凸显,从当前企业经营的实际来看,战略管理主要包括战略分析、战略制定、战略执行和战略评价等环节。战略分析是通过内外部环境分析得出战略依据和条件假设,作为制订战略方案的基础,对战略能否取得成功至关重要。战略制定是指在战略分析的基础上形成最终实施方案的过程。战略制定较大程度取决于公司治理结构,战略决策对公司影响重大,股东会尽可能参与战略制定,因此公司战略也是股东之间动态博弈的结果。战略实施是将既定战略方案转化为具体行动以实现战略目标,是自上而下的动态管理过程。战略评价是通过建立特定的控制系统、指标体系等,在战略执行过程中进行监督反馈和执行效果评价,对战略进行持续改进。因此战略管理流程是一个闭环机制,在"战略分析—战略制定—战略实施—战略

[①] 作者单位:中国太平洋人寿保险股份有限公司。

评价—战略再分析—战略再制定—战略再实施"的不断循环中达成战略目标。

(二) 保险公司战略风险是需要高度重视的根源性风险

根据监管发布的保险公司偿付能力监管规则第 10 号、第 11 号文的规定，保险公司战略风险是指由于战略制定和实施的流程无效或经营环境的变化，而导致战略与市场环境和公司能力不匹配的风险。战略管理在企业经营管理中居于核心地位，战略风险也是企业风险管理的重中之重，从国内外保险业经营的实际来看，战略风险是公司经营管理中最本质、最根源性的风险，流动性风险、操作风险、声誉风险等，从源头上来看都是战略管理出现问题，都是由战略风险派生而来的，因此对战略风险的管理意义重大。保险公司的战略风险伴随战略管理流程而产生，主要可分为以下几种类型。

1. 战略研判风险

此类风险主要出现在战略分析阶段，是指保险公司的战略领导者在战略分析的过程中对企业内外部经营形势分析出现偏差、忽略了某些关键因素，或者对战略的边界条件作出错误判断产生的风险。保险属于专业程度较高的金融服务，相比一般企业，保险经营具有长期性、复杂性、专业性、体系性的特点，如果保险公司高级决策者专业性不足，就很有可能在战略分析方面出现偏差，导致公司战略失败。

2. 战略治理风险

此类风险主要出现在战略制定阶段，是指保险公司治理结构不当导致权力失衡、利益失衡、战略失衡，危及公司生存发展、侵害利益相关方的风险。一旦保险公司治理不规范，就可能出现公司实际控制人以个人意志左右公司战略的现象，使中小股东和保单持有人利益受损。由于保险公司拥有数量庞大的保单持有人，其战略治理风险的负外部性会造成巨大的社会成本，因此保险公司治理普遍采取内外部共同治理的方式。

3. 战略执行风险

此类风险主要出现在战略实施阶段，是指保险公司管理层未能有效执行战略，如应对突发事件不力，或盲目进入高风险业务领域等，给公司经营造成损失的风险。保险业属于风险产业，本身具备较高风险性，随着保险市场发展的日益成熟、保险投资范围的不断拓宽，保险业与其他金融业之间发生风险交叉传递的可能性也明显提升，如果过度追求业绩和利润，忽视行业经营规律，在资产端或负债端盲目进入高风险领域，往往会引发战略执行风险，给公司经营带来严重损失。

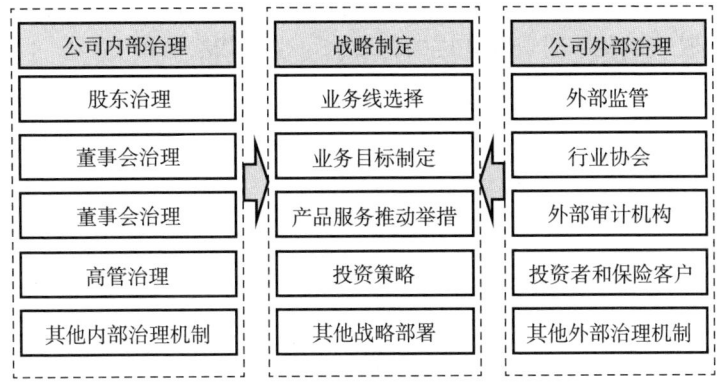

图 1 保险公司内外部治理机制

4. 战略监测风险

战略监测既包括内部监测也包括外部监测。内部监测是指公司自身通过一系列评价指标和体系，建立定期追踪机制，对战略有效性进行评价。外部监测主要是指监管机构对保险公司进行的监测。内部或外部监测方式方法不健全都会导致战略监测不力和风险发生。

二、当前国内保险公司的主要战略风险点

（一）"三会一层"专业性不足引发战略研判风险

当前我国保险业正处于"三期叠加"阶段，行业内外部经营形势错综复杂，宏观货币政策周期和行业监管周期对行业发展产生深刻影响，保险公司在战略分析的过程中需要对战略环境进行精准分析。目前，科技、医疗等其他行业跨界涉足保险业经营的情况较为普遍，部分战略决策人员缺乏金融、保险、精算等专业背景，一旦在战略制定过程中对经营形势估计不足、假设预判错误，就会引发一系列风险。

（二）大股东"一股独大"引发战略治理风险

当前我国正逐步建立和完善现代企业制度，保险公司的治理结构也正处于持续探索和完善的过程中，但仍有保险公司股权结构不合理，董事会的决定完全取决于实际控制人的个人意志，公司被当做融资平台，进行不正当利益输送，或为达到特殊目的举牌上市公司，对行业造成危害。例如，安邦保险 37 家非国企直接股东背后有多达 64 家企业法人股东，绝大多数与吴小晖等人控制过的公司有股权关系，表面看有多个股东，实际是"一股独大"，公司战略完全成为吴小晖等实际控制人的个人意志，2014 年以来安邦通过大量销售万能险获得保费资金，用于虚假增资或海外收购，严重危

及公司偿付能力，侵害广大保单持有人利益，最终安邦保险被银保监会接管，有关股东以及注册资本变更的行政许可也被依法撤销。

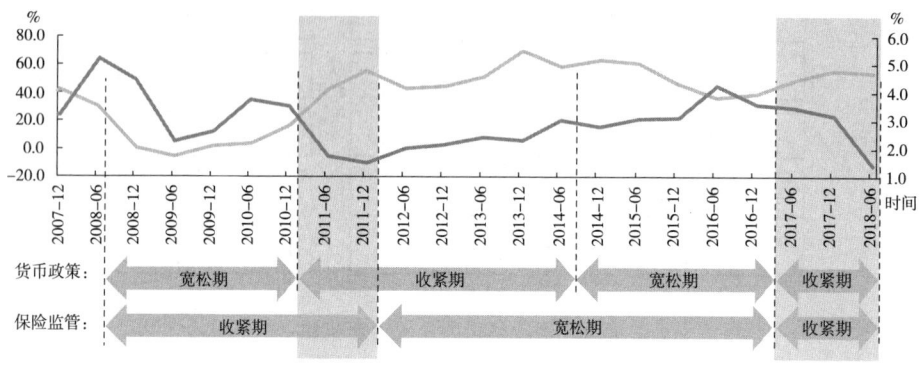

图2　寿险业发展与货币周期和监管周期的关系①②

（三）盲目追求业绩引发战略执行风险

当前我国保险市场发展得日益成熟，保险投资范围不断拓宽，产品创新持续加快，但部分保险公司经营者盲目追求业绩，对行业经营规律把握不足，风险防范意识薄弱，出现了产品上"求爆款"、模式上"赚快钱"、投资上"觅金股"的经营心态和价值取向，短债长投、期限错配，与保险行业长期性、稳健性、平衡性和耐久性的特点背道而驰。

（四）内外部评价体系不完善导致战略监测风险

战略风险是根源性风险，应作为行业监测和防范的重中之重，但当前行业对战略风险管理的重视不足、认识不够，主要表现为部分保险公司缺乏科学全面的战略实施情况监测方法论和分析评价指标体系，对战略实施效果掌控不全面、不及时；监管对战略风险管理的评价机制仍需健全，偿二代SARMRA（偿付能力风险要求与评估）和IRR（风险综合评级）在战略风险管理方面以定性要求为主，缺乏更加细化明确的可衡量、可比较的定量评价指标体系，并且未针对不同类型保险公司制定差异化评估标准，针对性和适用性有待提升。

---

① 货币政策周期和监管周期的传导路径：经济发展减速→货币政策宽松（市场利率相对低位）→寿险业务发展提速→寿险业务快速发展造成问题和风险暴露→监管政策收紧→寿险业务发展减速→寿险业务发展低迷造成增长压力凸显→监管政策放松……

② 数据来源：Wind资讯金融终端。

三、保险公司战略风险管理评价模型及实证分析

(一) 构建战略风险管理评价模型

1. 战略风险管理评价指标体系

为综合评价寿险公司战略风险管理情况,本文从战略决策机制、约束机制、执行机制和管理成效四个方面,构建评价指标体系。

表1　　　　　　　　寿险公司战略风险管理指标体系

指标分类	构成指标	指标值的计算方法
决策机制	股权集中度	第一大股东持股占比
	股权制衡度	第二大到第十大股东持股之和与第一大股东持股之比
	董事会规模	董事会总人数
	董事专业背景比例	保险、精算背景人数占比
	董事会学历结构	硕士及以上学历占比
约束机制	监事会规模	监事会总人数
	监事会专业背景比例	保险、精算背景人数占比
	监事会学历结构	硕士及以上学历占比
	外部审计	是否聘请四大会计师事务所
执行机制	管理层专业背景比例	保险、精算背景人数占比
	董事会独立性	独立董事人数
管理成效	核心偿付能力充足率	核心资本/最低资本
	综合偿付能力充足率	实际资本/最低资本
	经营类评价指标	保险公司法人机构经营评价结果
	客户满意度	保险公司服务评价结果

(1) 决策机制类指标

公司战略决策制定由公司董事会负责,因此决策机制类指标主要从不同维度衡量董事会战略决策制定的平衡性和专业性。

股权集中度=第一大股东持股比例(由集团近100%控股的公司,参考集团公司第一大股东持股比例),衡量董事会决策是否存在"一言堂"问题。

股权制衡度=第二大到第十大股东持股比例之和/第一大股东持股比例(由集团近100%控股的公司,参考集团公司第二大到第十大股东持股比例之和/第一大股东持股比例),衡量董事会决策的平衡度。

董事会规模＝董事会总人数，衡量董事会决策的分散度。

董事专业背景比例＝保险、精算背景董事人数/董事会总人数，衡量董事会决策的专业度。

董事会学历结构＝硕士及以上学历董事人数/董事会总人数，从学历角度衡量董事会决策的专业度。

（2）约束机制类指标

约束机制类指标主要从公司监事会和外部审计部门的角度，衡量公司战略决策制定的监督与约束有效性。

监事会规模＝监事会总人数，衡量公司监事会对公司战略决策的监督作用。

监事会专业背景比例＝保险、精算背景监事人数/监事会总人数，衡量监事会的专业度。

监事会学历结构＝硕士及以上学历监事人数/监事会总人数，从学历角度衡量监事会的专业度。

外部审计：聘请四大会计师事务所进行外部审计记为数字1，聘请非四大会计师事务所进行外部审计记为数字0。

（3）执行机制类指标

主要从董事会的独立性和管理层的角度，衡量公司战略执行的有效性。

董事会独立性＝独立董事人数，衡量董事会决策的独立程度。

管理层专业背景比例＝保险、精算背景管理层人数/管理层总人数，衡量管理层的专业度。

（4）管理成效类指标

主要从公司经营各类KPI指标的角度，衡量公司战略风险管理执行的成效。

核心偿付能力充足率＝核心资本/最低资本，衡量保险公司以核心资产偿还债务的能力。

综合偿付能力充足率＝实际资本/最低资本，综合衡量保险公司偿债能力。

经营类评价指标：基于保险行业协会2017年公布的保险公司法人机构经营评价结果，根据保险公司和分支机构经营状况，将其分为A、B、C、D四类，分别记为4、3、2、1。

客户满意度：基于原保监会2017年公布的保险公司服务评价结果，根据客户对保险公司在销售、理赔、咨询等全方位的服务评价，将其分为AAA、AA、A、BBB、BB、B、CCC、CC、C、D共十类，分别记为10至1。

2. 战略风险管理评价的模型选择

(1) 研究方法

基于上述评价指标体系,本文选用主成分分析法构建战略风险管理评价指数(Strategic Risk Management Evaluation Index,SRMEI),对寿险公司战略风险管理情况进行分析。

主成分分析是考察多个变量间相关性的多元统计方法,研究如何通过少数几个主成分来揭示多个变量间的内部结构,即从原始变量中导出少数几个主成分,使它们尽可能多地保留原始变量信息,且彼此间互不相关。假如对某一问题的研究可能会涉及 p 个指标,可以分别记为:X_1,X_2,…,X_p,被解释变量 $Y = (Y_1, Y_2, \cdots, Y_p)$ 是对 X 进行线性变换得到的合成随机向量,即

$$\begin{bmatrix} Y_1 \\ Y_2 \\ \vdots \\ Y_p \end{bmatrix} = \begin{bmatrix} a_{11} & \cdots & a_{1p} \\ \vdots & \ddots & \vdots \\ a_{p1} & \cdots & a_{pp} \end{bmatrix} \begin{bmatrix} X_1 \\ X_2 \\ \vdots \\ X_p \end{bmatrix}$$

每个 Y_i 应尽可能多地反映 p 个原始变量的信息,通常用方差来度量"信息",方差越大表示它所包含的信息越多。因此 Y_1 满足 $a_i' a_i = 1$ 的情况下,方差最大,即为第一主成分,以此类推。但各成分方差在总方差中的占比是依次递减的。在实际研究工作中,仅挑选前几个方差较大的主成分,以简化系统结构。

(2) 样本选择

本文选取截至 2015 年底依法成立并公开披露相关数据的 50 家寿险公司作为样本,使用的信息与数据来自中国保险行业协会公布的各公司偿付能力季度报告、万得资讯中国企业库以及行业交流资料。

(二) 战略风险管理评价的实证研究

1. KMO 和 Bartlett 检验

运用模型进行主成分提取时,首先进行了 KMO 和 Bartlett 检验,研究变量之间的偏相关性,KMO 取值 0.545 可接受。

表2　KMO 和 Bartlett 的检验

取样足够度的 Kaiser – Meyer – Olkin 度量	0.545
Bartlett 的球形度检验　近似卡方	479.83
df	105
Sig	0.000

2. 主成分提取

表3　相关系数矩阵的特征值及方差贡献率

成分	初始特征值			提取平方和载入		
	合计	方差的 %	累积 %	合计	方差的 %	累积 %
1	3.677	24.511	24.511	3.677	24.511	24.511
2	2.907	19.380	43.891	2.907	19.380	43.891
3	1.674	11.161	55.052	1.674	11.161	55.052
4	1.443	9.621	64.673	1.443	9.621	64.673
5	1.421	9.470	74.144	1.421	9.470	74.144
6	0.872	5.813	79.957			
7	0.808	5.385	85.342			
8	0.709	4.730	90.072			
9	0.432	2.879	92.951			
10	0.363	2.421	95.372			
11	0.260	1.734	97.105			
12	0.204	1.360	98.465			
13	0.164	1.091	99.556			
14	0.056	0.373	99.929			
15	0.011	0.071	100.000			

由表3得出，前5个公因子解释累积方差贡献率达到74%以上，故而提取这5个公因子可较好地解释原有变量所包含的信息。

表 4　　　　　　　　　　　旋转成分矩阵

	成分				
	1	2	3	4	5
股权制衡度	-0.869	0.100	-0.057	0.148	0.040
股权集中度	0.852	-0.181	-0.020	-0.211	0.078
经营评价体系	0.610	0.283	0.163	0.267	-0.079
董事行业经验	0.566	-0.005	0.146	0.380	0.325
外部审计	0.507	-0.235	0.477	0.261	0.080
监事会学历结构	0.087	0.770	0.153	-0.274	0.063
监事会行业经验	0.125	0.770	0.070	0.276	0.203
董事会独立性	-0.431	0.732	-0.137	0.113	-0.001
监事会规模	-0.358	0.610	-0.183	0.355	-0.070
核心偿付能力充足率	0.085	0.029	0.976	-0.007	0.069
综合偿付能力充足率	0.078	0.055	0.969	0.005	0.056
客户满意度	0.035	-0.052	0.002	0.851	0.286
董事会规模	-0.108	0.375	0.059	0.786	-0.295
管理层学历结构	-0.064	0.089	-0.050	0.071	0.808
董事会学历结构	0.122	0.051	0.182	-0.008	0.773

如表 4 所示，第一主成分的贡献主要来自股权制衡度、股权集中度、经营评价体系、董事行业经验和外部审计等，可解释为资本结构因素；第二主成分主要来自监事会学历结构、监事会行业经验、董事会独立性和监事会规模等，可解释为内部控制因素；第三主成分主要来自核心偿付能力充足率和综合偿付能力充足率，可解释为管理成效因素；第四主成分主要来自客户满意度和董事会规模，可解释为实施成效因素；第五主成分主要来自管理层学历结构和董事会学历结构，可解释为人才因素。在此基础上可利用这 5 个主成分对样本中 50 家寿险公司的战略风险管理指标进行评价。

3. 系数矩阵

表 5　　　　　　　　　　成分得分系数矩阵

	成分				
	1	2	3	4	5
股权集中度	0.342	0.036	-0.119	-0.104	0.005
股权制衡度	-0.356	-0.069	0.080	0.078	0.084
董事会规模	0.000	0.062	0.031	0.397	-0.241
董事会独立性	-0.085	0.289	-0.030	-0.033	0.010
董事行业经验	0.192	-0.008	-0.034	0.185	0.145
董事会学历结构	-0.025	0.009	0.025	-0.056	0.488
监事会行业经验	0.110	0.333	-0.020	0.030	0.082
监事会规模	-0.059	0.207	-0.062	0.122	-0.045
监事会学历结构	0.100	0.410	0.050	-0.271	0.013
经营评价体系	0.272	0.163	-0.011	0.100	-0.130
客户满意度	-0.022	-0.152	-0.043	0.465	0.147
外部审计	0.117	-0.107	0.160	0.155	-0.019
核心偿付能力充足率	-0.097	-0.001	0.465	-0.039	-0.021
综合偿付能力充足率	-0.095	0.010	0.462	-0.035	-0.030
管理层学历结构	-0.072	0.000	-0.069	-0.011	0.535

表 5 所示的是因子得分的系数矩阵，由此可以得到最终的因子得分公式：

$$F_1 = 0.342 X_1 - 0.356 X_2 + 0.000 X_3 - 0.085 X_4 + 0.192 X_5 - 0.025 X_6 + 0.110 X_7 - 0.059 X_8 + 0.100 X_9 + 0.272 X_{10} - 0.022 X_{11} + 0.117 X_{12} - 0.097 X_{13} - 0.095 X_{14} - 0.072 X_{15} \quad (1)$$

$$F_2 = 0.036 X_1 - 0.069 X_2 + 0.062 X_3 + 0.289 X_4 - 0.008 X_5 + 0.009 X_6 + 0.333 X_7 + 0.207 X_8 + 0.410 X_9 + 0.163 X_{10} - 0.152 X_{11} - 0.107 X_{12} - 0.001 X_{13} + 0.010 X_{14} + 0.000 X_{15} \quad (2)$$

$$F_3 = -0.119 X_1 + 0.080 X_2 + 0.031 X_3 - 0.030 X_4 - 0.034 X_5 + 0.025 X_6 - 0.020 X_7 - 0.062 X_8 + 0.050 X_9 - 0.011 X_{10} - 0.043 X_{11} + 0.160 X_{12} + 0.465 X_{13} + 0.462 X_{14} - 0.069 X_{15} \quad (3)$$

$$F_4 = -0.104 X_1 + 0.078 X_2 + 0.397 X_3 - 0.033 X_4 + 0.185 X_5 - 0.056 X_6 + 0.030 X_7 + 0.122 X_8 - 0.271 X_9 + 0.100 X_{10} + 0.465 X_{11} + 0.155 X_{12} - 0.039$$

$X_{13} - 0.035 X_{14} - 0.011 X_{15}$ （4）

$F_5 = 0.005 X_1 + 0.084 X_2 - 0.241 X_3 + 0.01 X_4 + 0.145 X_5 + 0.488 X_6 + 0.082 X_7 - 0.045 X_8 + 0.013 X_9 - 0.130 X_{10} + 0.147 X_{11} - 0.019 X_{12} - 0.021 X_{13} - 0.030 X_{14} + 0.535 X_{15}$ （5）

根据式（1）至式（5）可计算50家寿险公司的5个影响因子得分，然后根据旋转后公因子的方差贡献率，计算综合得分 F。各公因子依次为 18.747%、16.196%、15.262%、13.251% 和 10.688%，计算公式为

$F = 0.18747 F_1 + 0.16196 F_2 + 0.15262 F_3 + 0.13251 F_4 + 0.10688 F_5$ （6）

4. 实证结果分析

表6显示了最终计算结果①，F 即为战略风险管理评价指数。其中，中资寿险公司得分靠前的有平安、太平、国寿等；得分靠后的有天安、华夏、弘康等；外资寿险公司得分靠前的有复星保德信、中宏、中信保诚等；得分靠后的有中英、同方全球等。

表6　49家寿险公司的 F 值（战略风险管理评价指数）

排名	公司	F_1	F_2	F_3	F_4	F_5	F
1	平安人寿	0.32	1.96	2.13	12.75	-3.39	203.15
2	太平人寿	0.09	2.46	2.09	10.43	-2.58	184.11
3	国寿股份	0.42	1.59	2.26	9.02	-1.44	172.21
4	新华人寿	-0.43	1.26	2.42	10.26	-1.43	170.00
5	复星保德信	-0.96	1.15	6.25	6.08	-0.90	167.19
6	民生人寿	-0.18	1.30	3.03	8.39	-1.72	156.63
7	泰康人寿	-0.19	1.25	2.25	8.45	-0.78	154.76
8	人保寿险	0.53	1.49	1.81	7.09	-0.97	145.26
9	幸福人寿	-0.05	2.24	0.69	8.59	-1.48	143.87
10	光大永明	0.14	1.56	2.37	7.21	-1.84	140.03
11	中宏人寿	0.08	1.05	2.28	6.99	-0.95	135.76
12	中信保诚	0.05	-0.23	2.71	8.00	-0.94	134.55
13	利安人寿	-1.10	0.85	2.78	8.90	-2.05	131.63
14	恒安标准	0.19	-0.24	2.26	8.07	-0.88	131.63

---

① 为客观起见，此处未列示笔者工作单位太平洋寿险的得分情况，后续打分同。

续表

排名	公司	F_1	F_2	F_3	F_4	F_5	F
15	合众人寿	0.11	1.55	1.10	8.33	-2.20	130.91
16	华泰人寿	0.70	0.59	1.04	6.40	0.62	130.12
17	长城人寿	-1.12	1.26	1.87	8.09	-0.66	127.99
18	英大人寿	-0.63	1.64	2.27	7.06	-1.42	127.72
19	吉祥人寿	-0.52	1.32	0.45	9.23	-1.35	126.29
20	中韩人寿	0.18	0.48	2.32	6.63	-0.76	126.25
21	东吴人寿	-0.95	1.05	1.65	8.79	-1.43	125.60
22	阳光人寿	-1.42	0.92	2.16	8.27	-0.60	124.48
23	百年人寿	-2.35	1.76	1.15	10.44	-1.50	124.37
24	农银人寿	0.26	0.83	1.13	7.40	-0.89	124.24
25	建信人寿	0.28	1.70	1.35	6.13	-1.39	119.65
26	中美联泰	0.06	0.91	2.92	4.65	-0.48	116.96
27	陆家嘴国泰	0.10	-0.33	2.69	5.97	-0.05	116.05
28	君龙人寿	0.29	0.87	1.80	6.00	-1.15	114.20
29	国联人寿	-1.36	1.89	3.60	5.40	-1.95	110.89
30	中银三星	0.29	0.00	1.67	6.72	-1.05	108.73
31	信泰人寿	0.23	1.73	1.12	5.43	-1.20	108.46
32	中荷人寿	0.29	-0.28	1.53	6.41	-0.20	107.11
33	国华人寿	0.21	1.17	0.81	6.05	-0.80	106.94
34	前海人寿	0.00	1.71	0.73	6.23	-1.44	106.03
35	中德安联	0.56	1.22	1.69	4.06	-0.67	102.61
36	长生人寿	0.30	0.03	2.04	5.47	-0.90	100.16
37	恒大人寿	-0.02	0.89	1.50	6.01	-1.57	99.77
38	汇丰人寿	0.10	1.20	2.84	3.12	-0.64	99.10
39	招商信诺	0.20	0.12	2.44	4.57	-0.45	98.86
40	君康人寿	0.04	1.28	1.36	5.07	-1.04	98.34
41	中意人寿	0.35	-0.04	1.92	5.13	-0.59	96.75
42	同方全球人寿	0.36	-0.04	1.83	5.13	-0.52	96.61
43	中英人寿	0.31	-0.25	1.80	5.19	-0.18	96.00
44	珠江人寿	-0.27	1.36	0.89	5.60	-1.20	91.93
45	中融人寿	-1.90	0.24	1.72	7.38	-0.45	87.55

续表

排名	公司	F_1	F_2	F_3	F_4	F_5	F
46	上海人寿	-0.96	1.67	1.44	4.81	-1.00	84.05
47	弘康人寿	-1.14	0.97	1.25	5.49	-0.66	79.12
48	华夏人寿	-1.92	0.07	1.09	7.40	-0.28	76.70
49	天安人寿	-1.92	0.83	0.91	5.85	0.24	71.54

(三) 战略风险管理评价指数的有效性检验

1. 有效性检验模型

选取多元线性回归模型进行有效性检验，因变量采用监管公开披露的偿二代 SARMRA（偿付能力风险要求与评估）中战略风险评分，战略风险管理水平越高，SARMRA 战略风险评分也越高；自变量是战略风险管理评价指数，即本文构建出的指数；控制变量为总资产的自然对数、利润率、净资产收益率、总保费收入增长和退保率。控制变量是为控制不同保险公司的规模与收益率之间的差异，保证模型的有效性。

表7　　　　战略风险管理评价指数有效性检验的变量定义

变量名称	符号	变量意义
SARMRA 战略风险评分	Y	SARMRA 战略风险评分
战略风险管理评价指数	x_1	本文所构建的指数
总资产的自然对数	x_2	保险公司的总资产取自然对数
利润率	x_3	保险公司单位保费收入的盈利能力
净资产收益率	x_4	保险公司单位净资产的盈利能力
总保费收入增长	x_5	总保费收入同比增速
退保率	x_6	本年退保金/（期初长期责任准备金 + 本年长期险保费收入）

则线性回归模型可以写为

$$y_t = \beta_1 x_{1n} + \beta_2 x_{2n} + \beta_3 x_{3n} + \beta_4 x_{4n} + \beta_5 x_{5n} + \beta_6 x_{6n} + u$$

$$(n = 1, 2, \cdots, 50)$$

多元线性回归方程的矩阵形式为

$$Y = X\beta + u$$

Y 为因变量观测值的 n 维列向量；X 是所有自变量的 n 个样本点观测值组成的 $n \times (k+1)$ 矩阵；β 是 $k+1$ 维系数列向量；u 是 n 维扰动项向量。

在回归分析中，本文采取最小二乘法（OLS）进行回归分析，运用矩阵

形式，OLS 是要最小化式

$$Q = \sum_{t=1}^{50} \hat{u}_t^2 = \hat{u}'\hat{u} = (Y - XB)'(Y - XB)$$

确定正规方程组，可以估计出回归系数向量 B：

$$B = (X'X)^{-1}X'Y$$

随机误差性的方差 σ^2 用残差平方除以自由度来估计，即

$$\hat{\sigma}^2 = \frac{\sum_{t=1}^{50} \hat{u}_t^2}{n - k - 1}$$

其中，n 为样本个数，k 为方程中自变量个数。在利用 OLS 进行参数估计时，为了使残差平方和最小，对残差序列施加了 ($k+1$) 个限制条件，所以残差序列自由度为 ($n-k-1$)。

战略风险管理的直接目标是降低和控制企业的战略风险，战略风险管理评价指数反映公司战略风险管理水平，如果战略风险管理评价指数与 SARMRA 战略风险评分显著正相关，则说明指数构建有效。

2. 实证结果与分析

（1）描述性统计

在战略风险管理评价指数有效性检验实证研究中，50 家寿险公司的战略风险管理评价指数均值为 122，且差异较大（最大值为 203，最小值为 72）。50 家寿险公司的 SARMRA 战略风险评分均值为 8.09，且差异较大（最大值为 9.42，最小值为 6.17）。

表8　　　　　　　　样本总体的描述性统计

变量	观测值	均值	标准差	最小值	最大值
SARMRA 战略风险评分	50	8.09	0.70	6.17	9.42
战略风险管理评价指数	50	122	26	72	302

（2）多元回归结果

模型回归结果表明，战略风险管理评价指数和总资产的自然对数均在 1% 水平上显著正相关，表明战略风险管理评价指数与 SARMRA 的战略风险评分是显著正相关的，说明本文所构建的指数是有效的。

表9　　　　　　　　　　　OLS 回归结果

自变量	模型1
战略风险管理评价指数	0.484*** (3.75)
总资产的自然对数	0.479*** (3.25)
利润率	-0.083 (-1.51)
净资产收益率	0.54 (1.19)
总保费收入增长	0.008 (0.266)
退保率	0.038 (0.89)
R^2	0.963
F	219.56

注：括号内为 t 值，*、**、*** 分别表示在10%、5%、1%的水平上显著。

(四) 战略风险管理评价指数的稳健性检验

在稳健性检验中，本文将 SARMRA 的战略风险评分替换为50家寿险公司近3年 ROA 的标准差，该指标通常被用来衡量公司战略风险水平。

1. 稳健性检验模型

选取多元线性回归模型进行检验，因变量为各保险公司近3年 ROA 的标准差，自变量是战略风险管理评价指数；由于 ROA 指标与总资产、利润率等指标存在较强的共线性问题，所以此处的控制变量仅保留退保率。

用 ROA 的标准差来衡量风险，从经济学意义上来讲，标准差越大，则风险越大。所以 ROA 的标准差应该与本文构建的战略风险管理评价指数呈反向关系。另外，无论是否采取风险控制措施，收益的波动性都客观存在，因此在检验模型中增加了常数项。

2. 实证结果与分析

从检验的结果看，战略风险管理评价指数与公司近3年 ROA 的标准差显著负相关，表明本指数依然有效。

表10　　　　　　　　　　稳健性检验结果

自变量	模型1
常数	11.82*** (3.00)[1]
战略风险管理评价指数	-0.255* (1.8)
退保率	0.130 (0.92)
R^2	0.312
F	2.53

[1] 括号内为 t 值，*、**、*** 分别表示在10%、5%和1%的水平上显著。

四、对行业战略风险管理的建议

(一) 对保险公司的建议

一是基于保险业经营规律树立正确的发展理念和战略方向,回归保障本源,坚持保险业姓保,大力发展保障型和长期储蓄型业务,持续优化业务结构,推动并实现公司价值可持续增长。

二是进一步提升公司治理水平,正本清源,积极优化股权结构,加强对"三会一层"的治理,理顺股东之间、股东与管理层之间的关系,规范顶层决策和权责履行,避免大股东或实际控制人"一言堂"的情形,在决策机制上形成制衡。

三是不断提升战略风险管理能力,严格按照偿二代监管要求,完善战略风险管理制度,建立完善的战略风险管控模型、监测指标和工具,形成长期、科学的战略风险管理机制,提升战略风险管理实效。

(二) 对监管的建议

进一步加强对战略风险这一根源性风险的监管力度,细化完善保险公司战略风险监管制度和标准,加强定量与定性相结合的战略风险管理与评价,通过定量指标提高监测频率和监管效率。

参考文献

[1] 郝臣,等. 保险公司治理对偿付能力影响实证研究——基于公司治理评价视角 [J]. 金融与经济,2016 (8):50 – 56.

[2] 袁德利. 战略风险治理的定量评价及有效性检验 [J]. 财会月刊,2016 (9):92 – 98.

[3] 郝臣. 中国保险公司治理研究 [M]. 北京:清华大学出版社,2015.

[4] 裴光,等. 从保险大国迈向保险强国:上海国际保险中心风险防控体系建设研究 [M]. 上海:上海人民出版社,2018.

[5] 严若森. 保险公司治理评价:指标体系构建与评分计算方法 [J]. 保险研究,2010 (10):44 – 53.

[6] 张荣琳,霍国庆. 企业战略风险的类型成因与对策分析 [J]. 中国软科学,2007 (6):50 – 57.

[7] 杨颖,刘凤娟. 公司内部治理风险评价指标体系的构建研究 [J]. 企业经济,2011 (3):36 – 42.

[8] 周丽. 基于保险业特殊性的公司治理风险生成机理研究 [J]. 上海

保险, 2018 (2).

[9] 李冰清, 等. 公司市值、公司治理与风险管理研究——基于面板联立方程模型的经验 [J]. 保险研究, 2018, 1 (1): 79-89.

[10] Mcconnell P. The governance of strategic risks in systemically important banks [J]. Journal of Risk Management in Financial Institutions, 2012.

[11] Ellis L, Haldane A, Moshirian F. Systemic risk, governance and global financial stability [J]. Journal of Banking & Finance, 2014, 45 (8): 175-181.

[12] McConnell, Patrick. Strategic risk management: practice in systemically important banks [J]. Journal of Financial Transformation, 2013, 36: 55-66.

金融市场

中国国债期货市场功能评估与监管研究

张宗新 张秀秀 林弘毅 陈 莹[①]

一、引言

(一) 选题动因与研究意义

2018年10月20日,国务院金融稳定发展委员会召开的第十次专题会议上首提"三角形支撑框架",意在疏通货币政策信息向微观主体的传导路径、降低经济持续下行风险。成熟的国债期货市场能够促进国债收益率曲线信息传递效率、稳定利率异常波动,但期货衍生工具投机性也能干扰现货市场定价效率。我国2013年9月6日重启了5年国债期货合约,国债期货市场降低波动、信息溢出和风险管理等功能是否发挥已关乎监管层预期目标的实现效果。

然而,衍生工具投机行为是人们质疑期货增加现货市场风险的主要原因,非理性投机者的正反馈行为和羊群效应在基础资产价格大幅变化时扩大价格偏离基本面幅度。中金所从保证金制度、持仓限额制度、大户持仓报告制度、强行平仓制度等方面对我国国债期货市场进行监管,并曾对国债期货市场监管机制进行数次调整,以防范期货过度投机行为。探究中金所期货监管机制调整是否提升风险监管效率,将为我国进一步完善国债期货等衍生工具监管体系提供方向,也是本文研究重点之一。此外,国债期货市场具有稳定波动、价格发现、风险管理等功能的重要原因在于期货市场吸引大量信息交易者进行理性投机和套期保值,而期货市场对保证金账户、持仓限额、参与者结构的监管程度直接决定信息知情者参与动机和意愿,因而,解析监管机制调整对国债期货市场信息传递过程的影响将有助于期货功能的有效发挥,本文也将深入探讨该问题。

(二) 研究内容与研究框架

本文围绕国债期货市场三大功能,从理论上解析国债期货有效发挥的机制,从实证分析角度评估我国国债期货市场功能实现程度和影响因素,再从国债期货市场监管角度提出优化国债期货市场功能的政策建议。本文

[①] 作者单位:复旦大学。

研究将为管理层通过国债期货市场实现政策利率传导效果、管理市场预期、防范金融风险提供理论支持。

本文接下来的研究内容与结构安排如下：

第二部分主要评估我国国债期货市场稳定功能实现程度及影响因素。首先分析我国国债期货市场是否具有稳定效应，检验期货投机净效应、期货套保行为与市场风险关系，解析国债期货风险监管制度调整对投机风险的影响，以全面研究国债期货市场对债券市场波动的影响因素以及期货风险监管效率。

第三部分主要评估我国国债期货市场信息功能发挥效率及影响因素。首先研究国债期货合约引入是否增加了现货市场信息含量，分析国债期货发挥信息溢出功能的价格信息传递机制和投资者行为信息传递机制，之后从货币政策传导角度论证国债期货市场对现货市场响应公开信息效率的影响，最后以我国国债期货风险监管制度调整为背景，利用事件分析法研究保证金比率监管制度对国债期货信息功能的作用。

第四部分主要评估我国国债期货市场风险管理功能及影响因素。本部分基于国债期货风险管理功能发挥的核心条件，即套期保值功能实现程度，解析我国国债期货市场风险对冲能力，选择时变套期保值模型评估国债期货风险对冲功能。

第五部分为本文主要结论和相关监管建议，结合国外成熟国债期货市场发展经验，优化我国国债期货市场功能发挥的市场制度。

（三）研究创新

首先，本文通过实证检验评估我国国债期货合约重启后期货衍生工具主要功能是否实现，是否达到金融监管层政策预期、能否实现金融市场稳定目标。解答期货理性投机性、期货套期保值行为的信息传递机制，央行货币政策沟通机制对上述投资者行为的影响。

其次，从国债期货市场监管效率出发，研究中金所期货监管制度调整对国债期货市场稳定波动、信息溢出等功能的影响，分析杠杆比率监管强度对国债期货市场非理性投机风险的抑制程度和理性投机信息传递效率的促进程度。

最后，本文考虑传统风险管理模型对金融资产价格尾部动态相依关系刻画不足的缺陷，利用 Copula 函数将边缘分布和联合分布分离特性，利用我国国债期货和现货数据进行实证检验。

二、国债期货市场稳定功能评估

（一）国债期货市场稳定现货波动的机制分析

国债期货市场对现货波动影响与期货投机性相关。首先，投机行为分为理性投机和非理性投机，理性投机为知情交易行为，将与基础资产价值相关信息反映在期货价格中，非理性投机行为属于噪声交易行为，增加期货价格对基本面的偏离。国债期货市场经价格发现功能和信息溢出效应影响国债市场价格，期货投机理性行为时基础资产价格信息有效性提升，有助于抑制市场对外部信息冲击的响应幅度，基础资产价格稳定性提升，而非理性投机则助长现货价格波动。其次，随着交割期临近，期货价格和现货价格具有收敛性，但若期货过度投机引发期货价格大幅波动，会使基差风险扩大（基差是影响国债期货和现货价格波动关系的中介指标）。当期现价差稳定性较差时，可能的套利机会引发套利者进行跨市场套利，使现货价格出现调整，基差风险越大，套利行为对现货价格波动影响越显著。因而，国债期货市场投机行为一方面通过传递价格信息影响基础资产市场稳定性，另一方面通过引发套利行为使现货价格稳定性变化。

（二）样本选择

我国目前有三只国债期货合约同时交易，分别是 2 年期、5 年期和 10 年期，其中 5 年期上市时间最长，对交易制度的调整次数也最多，这为本文研究国债期货杠杆交易制度对投机行为的影响提供可能，因而，本文选择 5 年期国债期货作为研究对象，数据来自 Wind 和 Choice 数据库。

（三）国债期货市场对现货市场波动影响机制分析

1. 国债期货引入前后国债市场波动特征

首先，本文利用全样本数据分析国债期货引入对国债条件方差的影响，利用经典 EGARCH 模型作为波动率度量主模型，以加入国债期货引入虚拟变量 future 形式分析期货引入效应。式（1）是均值方程，式（3）是方差方程。ε_t 为白噪声过程，服从均值为 0 的正态分布，α 和 ω 分别为均值方程和方差方程常数项，μ_t 是残差项。λ_1 是 GARCH 系数，代表历史信息对收益率波动的冲击，λ_2 是 ARCH 系数，代表新信息对收益率波动的冲击，λ_3 度量收益率波动非对称性。

$$return\_spot_t = \alpha + \beta return\_spot_{t-1} + \mu_t \tag{1}$$

$$\mu_t = \sigma_t \varepsilon_t \tag{2}$$

$$\ln(\sigma^2) = \omega + \lambda_1 \ln(\sigma_{t-1}^2) + \lambda_2 \left|\frac{\mu_{t-1}}{\sigma_{t-1}}\right| + \lambda_3 \frac{\mu_{t-1}}{\sigma_{t-1}} + future_t \tag{3}$$

表 1 为在 t 分布下的 EGARCH 回归结果，表 1 中分别展示了模型均值方程回归结果和方差方程回归结果，历史信息对国债收益率当期值影响显著，AR（1）系数为 -0.045449，方差方程中杠杆系数项显著为 0.674728，说明国债收益对利空和利好消息反映强度差异明显。对比方差方程 ARCH 和

GARCH 项系数，二者均显著，但 ARCH 系数 1.506693 明显大于 GARCH 系数 0.921199，说明国债市场中历史信息对波动率的影响弱于当期新信息对价格波动的影响，显示国债市场信息效率较好，有效吸收新信息。我们关注的核心变量国债期货引入虚拟变量显著为负数 -0.041631，说明引入国债期货合约后国债市场条件波动率明显降低，我国国债期货市场已实现稳定国债市场的基本功能。接下来，我们将国债期货投机和套保行为引入模型，分析期货投资者行为对基础资产市场波动的影响。

表1　　　　　　　　　　国债期货引入前后国债市场波动

Mean Equation				
Variable	Coefficient	Std. Error	z – Statistic	Prob.
C	-0.002041	0.003619	-0.563974	0.5728
AR (1)	-0.045449	0.012625	-3.599946	0.0003
Variance Equation				
Variable	Coefficient	Std. Error	z – Statistic	Prob.
C	-0.053762	0.087424	-0.614957	0.5386
C (2)	1.506693	0.828745	1.818043	0.0691
C (3)	0.674728	0.392121	1.720714	0.0853
C (1)	0.921199	0.017254	53.39133	0
future	-0.041631	0.016528	-2.51886	0.0118

2. 国债期货投机行为和套保行为对国债市场稳定性的影响

在模型（3）的基础上，我们将国债期货投机和套保变量引入模型。

$$return\_spot_t = \alpha + \beta return\_spot_{t-1} + \mu_t \quad (4)$$

$$\mu_t = \sigma_t \varepsilon_t \quad (5)$$

$$\ln(\sigma_t^2) = \omega + \lambda_1 \ln(\sigma_{t-1}^2) + \lambda_2 \left| \frac{\mu_{t-1}}{\sigma_{t-1}} \right| + \lambda_3 \frac{\mu_{t-1}}{\sigma_{t-1}} + \beta_1 spe_t$$
$$+ \beta_2 hed_t + \beta_3 \exp spe_t + \beta_4 unexp spe_t \quad (6)$$

现有关于期货投机指标的选择分为相对指标和绝对指标，绝对指标以成交量作为代理变量，相对指标以成交量比持仓量作为代理变量，比率越低意味着投机相对比套保保值更小。这种投机行为指标构建方式是假设期货投机者是短期交易者，不对持仓量产生影响，而套保长期持有，可用期货未平仓合约数量进行度量，进一步利用 ARMA 方法获得国债期货投机的可预期和不可预期行为。

表2　　　　国债期货投机行为和套保行为对国债波动影响

Variable	Coefficient	Std. Error	z – Statistic	Prob.
模型1 期货投机可预期行为				
C	0.234534	1.067727	0.219658	0.8261
C (2)	4.019701	4.51855	0.8896	0.3737
C (3)	0.296354	0.385851	0.768053	0.4425
C (1)	0.527066	0.041898	12.57977	0
expspe	1.062679	0.280831	3.78405	0.0002
模型2 期货投机可预期和不可预期行为对国债波动影响				
C	0.454658	1.441881	0.315323	0.7525
C (2)	4.928614	7.614517	0.647265	0.5175
C (3)	0.413779	0.684203	0.60476	0.5453
C (1)	0.53651	0.040639	13.20179	0
expspe	0.927947	0.29641	3.130621	0.0017
unexpspe	0.796939	0.168842	4.72003	0
模型3 期货投机可预期、不可预期行为、套保行为对国债波动影响				
C	0.645163	1.506949	0.428125	0.6686
C (2)	5.022186	7.870752	0.638082	0.5234
C (3)	0.22965	0.438817	0.523337	0.6007
C (1)	0.524778	0.042855	12.24539	0
expspe	0.879005	0.297806	2.951603	0.0032
unexpspe	0.701137	0.171953	4.077482	0
hed	-8.94E-06	3.11E-06	-2.873554	0.0041

在表2中，模型1为只包含可预期投机行为的方差方程回归结果，模型2为包含可预期和不可预期投机行为的方差方程回归结果，模型3为包含可预期、不可预期投机行为和套保行为的方差方程回归结果。表2中杠杆效应不显著。从3个回归模型结果可看出，国债期货投机性对现货市场的净影响为助长波动，且可预期投机行为对波动率增加影响更大。在模型3中，可预期投机者系数为0.879005，不可预期投机为0.701137。估计结果显示我国国债期货市场投机非理性行为占主导地位，理性知情者相对弱势，期货投机性整体表现为引发现货价格偏离均衡。在模型3中，套保行为系数为负数，说明国债期货套期保值长期持有行为有利于增加市场深度，稳定现货波动。

(四) 国债期货市场监管制度调整对期货投机风险的影响

自 2014 年 11 月 3 日起，将 5 年期国债期货合约的最低交易保证金由 2% 调整为 1.5%。保证金制度是国债期货具有杠杆交易特征的原因，中金所保证金降低有利于降低国债期货市场交易成本，吸引更多的投机者加入，本文将通过分组回归方式研究国债期货监管机制调整对期货投机风险的影响。接下来，本文基于我国 2 次保证金制度调整事件探析国债期货市场投机行为、套保行为的结构性改变幅度，以及现货市场稳定受到的影响程度。这些问题有助于明确我国国债市场风险监管效率，为管理层提供保证金制度管理的理论支持。

$$return\_spot_t = \alpha + \beta return\_spot_{t-1} + \mu_t \tag{7}$$

$$\mu_t = \sigma_t \varepsilon_t \tag{8}$$

$$\ln(\sigma_t^2) = \omega + \lambda_1 \ln(\sigma_{t-1}^2) + \lambda_2 \left|\frac{\mu_{t-1}}{\sigma_{t-1}}\right| + \lambda_3 \frac{\mu_{t-1}}{\sigma_{t-1}} + \beta_1 spe_t + \beta_2 hed_t$$
$$+ \beta_3 margin_t * spe_t + \beta_4 margin_t * hed_t \tag{9}$$

具体利用式 (7)、式 (8) 和式 (9) 进行研究，式 (9) 中 margin 为保证金调整虚拟变量，调整前为 0，调整后为 1。将国债期货投资行为、投机者与保证金调整虚拟变量乘积加入方差方程，前两个系数分别为均值方程常数项和 AR (1) 项系数，收益率滞后系数为 -0.114183，国债收益率依然显示出显著的自相关性，除 garch 系数 0.461791 外，其余系数均不显著。spe 为国债期货投机者系数，显著为 0.767258，与前文一致，期货投机者助长基础资产波动。spe * margin 为保证金制度调整后投机者行为对现货稳定性的影响，该系数显著为 -0.488657，说明保证金比率降低后，国债期货投机者对现货价格波动的影响减弱。在模型 1 中的投机者指标是期货理性投机和非理性投机的净影响，spe * margin 为负数，说明保证金制度调整后期货吸引更多的知情者加入国债期货投资。根据前文分析，理性投机者具有稳定现货波动作用，因而，交易成本的降低使期货市场汇聚了更多的信息交易者，投机性非理性程度减少，国债期货市场信息效率提升，经跨市场信息溢出机制，国债市场信息效率提高，稳定增加。本文进一步将保证金调整虚拟变量加入方差方程，但该系数不显著，保证金制度的调整不对现货波动产生直接影响，但却通过理性投机性稳定基础资产市场。除 arch 系数 0.465464 外，其余系数均不显著，spe 国债期货投机者系数显著为正，期货投机者助长基础资产波动，spe * margin 系数显著为负。将国债期货套期保值行为加入方差方程，除了 garch 系数外，其余系数均不显著，spe 国债期货投机者系数显著为正，期货投机者助长基础资产波动，spe * margin

系数显著为负，国债期货投机者系数为负，与前文研究结论一致，套保行为增加市场深度、稳定现货波动，但保证金制度的调整对期货套保稳定效应影响不显著，套期保值者投资行为未受到保证金制度影响。

以 2015 年 3 月 16 日保证金调整事件为基准进行的国债期货市场保证金制度对期货稳定功能影响研究。结果显示除了 garch 系数外，其余系数均不显著，spe 国债期货投机者系数显著为正，期货投机者助长基础资产波动，$spe*margin$ 系数显著为负，国债期货投机者系数为负，保证金制度调整有利于降低投机者对波动的助长效应。本文已从国债期货市场稳定功能角度对我国国债期货市场功能发挥程度进行评估，同时论证出保证金风险监管制度有利于国债期货市场稳定功能的进一步实现，为监管部门优化国债期货市场功能提供了理论支持。

三、国债期货市场信息功能评估

(一) 国债期货市场信息溢出机制分析

期货市场对现货市场的信息功能与期货合约信息预期特征相关。期货合约价格反映了现货投资者对未来价格的平均预期，期货市场低成本使大量知情交易者聚集，更多的知情交易行为意味着更精确的未来价格信号。若信息是免费的，所有的投资者均会有完全信息，期货信息预期功能不会对基础资产价格产生影响。然而，在实际交易中，信息交换需要获取成本，投资者价格预期既不是完全的也不是精确的，期货市场大量知情者使期货市场对基础资产市场信息效率影响的功能得以发挥。

可以从两个角度分析期货市场信息功能来源，第一，期货市场中存在理性投机者，他们具有获取信息、评估信息质量的动机，但不在现货市场投资。期货合约的引入使市场套期保值功能得以实现，投机者根据期货市场和现货市场价格收敛程度执行套期保值策略，而期货市场价格已融入知情投机者的私有信息，使套保者对现货和期货投资比率调整过程反映投机者的信息交易结果，进而使投机者私有信息对基础资产价格产生影响。但也有人对这种分析提出质疑，认为期货市场中非理性噪声投机者占优势，他们加剧期货市场噪声水平，经价格发现作用，会使基础资产市场信息效率降低。第二，期货引入改变投资者信息获取成本，当没有期货合约时，虽然投资者预期不同，但由于信息获取成本过高，投资者没有信息交流动机。国债期货杠杆特性使投资者积极获取私有信息，且期货在交易所的集中、有组织的交割形式使期货市场成为买卖供求信息汇聚地，相比于国债的场外询价市场，期货市场信息含量和准确度更高，对基础资产的信息溢出作用显著。

(二) 国债期货市场信息溢出功能研究

1. 国债期货市场对现货市场信息含量的影响

与第一节研究样本一致,本节研究区间为 2010 年 1 月 1 日至 2018 年 3 月 31 日,选择 5 年期国债期货作为研究样本,在国债样本的选择上,已有研究通常将国债划分为刚发行和已发行两种,离发行期越近的国债交易越活跃,我们参考经典研究方法,选择剩余期限在 4~5 年,且最新发行的 5 年期国债作为研究对象。

根据 Cox (1976),当拥有私有信息的市场知情者比例增加时,当期价格与历史价格的相关性减小。本文利用国债期货引入前后国债市场滞后期收益率作为被解释变量,对当期国债收益率进行回归分析,若回归系数绝对值减小或不再显著,则证明期货引入后市场信息含量增加,回归模型如式 (10) 所示。

$$returnbond_t = \alpha + \beta_1 \times returnbond_{t-1} + \beta_2 \times returnbond_{t-2}$$
$$+ \cdots + \beta_9 \times returnbond_{t-9} + \beta_{10} \times returnbond_{t-10} + \varepsilon_t \quad (10)$$

根据回归结果,国债期货引入前,滞后期国债收益率显著的有第 1 期、第 2 期、第 7 期,系数分别为 -0.159696、-0.013703、0.154891,国债期货引入后,滞后期国债收益率显著的有第 1 期、第 9 期,系数分别为 0.073111、0.092192。一方面,国债期货引入后滞后期系数显著性期数减少,另一方面,显著系数的绝对值减小,说明国债期货交易已发挥增加现货信息含量功能。

2. 国债期货市场提升现货信息含量的机制分析

国债期货市场对现货市场的信息溢出机制主要分为两种,价格信息传递机制和投资者行为信息传递机制。Hong 等 (2012) 投资者对现货市场价格的影响与理性投机和非理性投机比率有关,为探究期货投机对国债价格的净效应,本节同样将投机滞后项加入模型。具体回归模型为模型 (11)、模型 (12) 和模型 (13)。

$$return\_spot_t = \alpha + \beta_1 future_{t-1} + \beta_2 return\_spot_{t-1} + \beta_3 spe_{t-1}$$
$$+ \beta_4 hed_{t-1} + \beta_5 exspe_{t-1} + \beta_6 unexspe_{t-1} + \mu_t \quad (11)$$

$$\mu_t = \sigma_t \varepsilon_t \quad (12)$$

$$\ln(\sigma_t^2) = \omega + \lambda_1 \ln(\sigma_{t-1}^2) + \lambda_2 \left| \frac{\mu_{t-2}}{\sigma_{t-1}} \right| + \lambda_3 \frac{\mu_{t-1}}{\sigma_{t-1}} \quad (13)$$

模型 (11) 中 future、spe、exspe、unexspe、hed 分别为国债期货收益率、国债期货投机行为、可预期投机行为、不可预期投机行为、套保行为,根据 ARMA 模型进行可预期和不可预期分解,模型 (12) 和模型 (13) 与第一节中变量一致。表3中第1个回归模型为国债期货投机者滞后项、套保滞后项和国债收益率滞后项对当期国债收益率回归的结果，第3个回归模型为可预期国债期货投机者滞后项、不可预期国债期货投机者滞后项、套保滞后项和国债收益率滞后项对当期国债收益率回归的结果。表3中显示国债期货套期保值行为确实有信息溢出作用，能够起到价格发现功能，与国债收益率呈正向关系。另外，研究发现国债期货投机者行为也有价格发现作用，该结论证明我国国债期货市场存在理性投机者，他们利用私有信息促进了国债市场信息含量的提升。此外，在对国债期货投机者进行可预期和不可预期分解后发现，不可预期成分对国债价格影响更大，预期理论认为可预期成分已反映在价格中，不可预期成分才能够引发未来价格变化。表3中第2个回归模型中国债期货收益率系数显著，说明国债期货价格机制可以向国债市场传递信息。综合上述检验，本文已得出国债期货市场具有提高国债市场信息含量、优化基础资产市场信息效率的作用。接下来，本文从外部货币政策信息角度分析公开信息对国债期货市场信息溢出功能的影响。

表3 国债期货市场信息溢出功能机制分析

Variable	Coefficient	z – Statistic
回归模型1		
C	-0.092099	-10.09479
spe (-1)	0.021027	3.163167
hed (-1)	1.48E-06	5.395078
AR (1)	-0.13074	-4.703578
回归模型2		
C	-0.094772	-10.414
hed (-1)	1.45E-06	5.710391
unexspe (-1)	0.092113	3.266108
exspe (-1)	0.029038	2.981495
AR (1)	-0.128755	-4.606897
回归模型3		
C	0.002332	1.189863
future (-1)	0.073225	7.302336
spe (-1)	0.025693	2.452684

续表

Variable	Coefficient	z – Statistic
hed（-1）	0.00000281	10.5756
AR（1）	-0.379214	-12.53733

（三）央行预期管理机制对国债期货市场信息溢出作用的影响

1. 央行预期管理对国债期货价格信息传递机制的影响

国债利率，尤其是长端利率，体现实体经济融资成本，政策利率能否有效传导至利率曲线长端关乎货币政策执行有效性，然而郭豫媚（2016）等学者认为，我国传统数量型货币政策在金融创新和融资渠道增加背景下受到抑制，人民币贷款在社会融资中比例降低，而从数量型向价格型转变过程受利率传导机制不顺畅影响，使我国当前货币政策执行效率低。预期管理可促进通胀管理和货币政策向实体经济传导效率，目前不论是学界还是管理层都对央行预期管理效率倍加关注。本文部分我们从国债市场信息功能出发，探求该功能是否有助于预期管理效率提升，从国债衍生工具的信息功能角度探求衍生工具等金融创新产品对政策利率传导的影响，为管理层疏通利率传导机制提供理论方向。

本文以 2018 年央行行长沟通行为为例，分析国债期货市场是否在预期管理信息发布期具有更强的信息溢出功能。根据我们的统计，2018 年央行行长共进行 19 次货币政策解读讲话。由于银行间市场国债采用询价机制和做市商制度，没有 5 分钟高频数据，故本部分利用交易所国债 5 分钟高频数据验证央行讲话日国债期货市场价格溢出功能与非讲话日的差异。回归模型如模型（14）、模型（15）和模型（16）所示。

$$return\_spot_t = \alpha + \beta_1 future_{t-1} + \beta_2 return\_spot_t + \mu_t \quad (14)$$

$$\mu_t = \sigma_t \varepsilon_t \quad (15)$$

$$\ln(\sigma_t^2) = \omega + \lambda_1 \ln(\sigma_{t-1}^2) + \lambda_2 \left|\frac{\mu_{t-1}}{\sigma_{t-1}}\right| + \lambda_3 \frac{\mu_{t-1}}{\sigma_{t-1}} \quad (16)$$

模型（14）中解释变量分别为国债期货收益率滞后系数和国债收益率滞后系数。表 4 中非央行行长沟通日和央行行长沟通日回归模型的前 3 个系数均来自均值方程，其余系数来自方差方程。表 4 中两个回归模型的 AR（1）系数均显著，分别为 -0.113907 和 -0.24749，交易所国债依然具有价格相关性，历史信息对当期价格作用明显。本文重点关注的是非央行行长沟通日和央行行长沟通日回归模型中的第二个回归系数，该系数反映国债期货市场信息溢出功能的强弱，系数分别为 0.014371 和 0.038947，说明在央行行长进行预期管理沟通时，国债期货市场信息溢出作用提高，对现货市场信息含量的增加更加突出。

表 4　央行沟通机制中国债期货市场对现货信息溢出作用对比

Variable	Coefficient	z – Statistic	Variable	Coefficient	z – Statistic
非央行行长沟通日			央行行长沟通日		
C	2.14E – 05	10.45237	C	1.74E – 05	2.894731
future（－1）	0.014371	2.427634	future（－1）	0.038947	1.782426
AR（1）	－ 0.113907	－ 4.861702	AR（1）	－ 0.24749	－ 3.246008
C	－ 27.13741	－ 2.19673	C	－ 9.762877	－ 1.515317
C（2）	0.033078	0.629736	C（2）	0.059376	0.201024
C（3）	0.012119	0.311389	C（3）	－ 0.351629	－ 1.773542
C（1）	－ 0.465709	－ 0.697381	C（1）	0.477115	1.387903

2. 央行预期管理对国债期货投资者行为信息传递机制的影响

从上面的分析中，我们对央行预期管理与国债期货合约价格信息传递机制进行了实证检验，接下来，进一步探究国债期货市场投机行为和套期保值行为对预期管理信息的响应程度，具体利用国债期货和现货5分钟高频数据进行验证。

表 5　央行预期管理对国债期货投资者行为信息传递机制的影响

Variable	Coefficient	z – Statistic	Variable	Coefficient	z – Statistic
非央行行长沟通日			央行行长沟通日		
C	1.59E – 05	4.679999	C	1.12E – 05	1.024825
future（－1）	0.017467	2.750441	future（－1）	0.032018	6.487718
spe（－1）	8.21E – 09	1.84648	spe（－1）	8.43E – 09	0.573928
AR（1）	－ 0.115645	－ 4.808583	AR（1）	－ 0.249307	－ 3.102976
C	－ 18.44053	－ 1.628717	C	－ 9.806883	－ 1.448978
C（2）	0.053394	0.956433	C（2）	0.061095	0.218611
C（3）	0.004411	0.112011	C（3）	－ 0.346403	－ 1.753258
C（1）	0.00522	0.00853	C（1）	0.474888	1.311792

表 5 中分别为非央行行长沟通日和央行行长沟通日国债期货价格信息传递机制和投资者行为信息传递机制对现货价格的影响，每个回归模型的前 4 个变量系数来自均值方程，后 4 个变量系数来自方差方程。国债期货价格滞

后项依然显著影响现货价格,非央行行长沟通日和央行行长沟通日系数分别为 0.017467 和 0.032018,与前文结论一致,央行行长沟通日国债期货市场价格信息传递机制更显著。表 5 中第 4 个回归系数为投机行为滞后项对基础资产价格的影响,非央行行长沟通日和央行行长沟通日系数分别为 8.21E-09 和 8.43E-09,但后者不显著,说明央行行长沟通机制并未对投机行为的信息溢出效应产生正向作用,这与我们的猜想一致。

(四) 国债期货市场监管制度调整对期货信息溢出功能的影响

投资者保证金账户管理是期货市场监管的关键,保证金比率高低影响非理性和理性投机者进入衍生市场意愿,对市场信息效率、波动、均衡价格均具有直接作用,明确不同类型投资者对保证金比率敏感度对监管层进行账户分级管理更为重要。

本部分我们利用 5 年期国债期货主力合约和 5 年期银行间国债利率进行实证分析。2014 年 11 月 3 日将 5 年期国债期货合约的最低交易保证金由 2% 调整为 1.5% 和 2015 年 3 月 16 日将 5 年期国债期货合约最低交易保证金由 1.5% 调整为 1%,以上述两次调整时间为分析基准,研究保证金比率降低对国债期货市场信息溢出功能的影响。

$$return\_spot_t = \alpha + \beta_1 future_{t-1} + \beta_2 return\_spot_t + \beta_3 margin_{2014} + \beta_4 margin_{2015}$$
$$+ \beta_5 margin_{2014} * future_{t-1} + \beta_6 margin_{2015} * future_{t-1} \mu_t \quad (17)$$

$$\mu_t = \sigma_t \varepsilon_t \quad (18)$$

$$\ln(\sigma_t^2) = \omega + \lambda_1 \ln(\sigma_{t-1}^2) + \lambda_2 \left| \frac{\mu_{t-1}}{\sigma_{t-1}} \right| + \lambda_3 \frac{\mu_{t-1}}{\sigma_{t-1}} \quad (19)$$

回归模型为模型 (17)、模型 (18) 和模型 (19),$future$ 为国债期货收益率,$margin_{2014}$ 代表 2014 年国债期货市场保证金调整事件,2014 年 11 月 3 日至 2015 年 3 月 16 日,该变量取 1,其余日期为 0。$margin_{2015}$ 代表 2015 年国债期货市场保证金调整事件,2015 年 3 月 16 日至 2018 年 8 月 31 日,该变量取 1,其余日期为 0。回归结果显示 3 个回归模型的方差方程 GARCH 系数和 ARCH 系数均显著,系数分别 0.602985、0.616、0.571999 和 0.721、0.71549 和 0.732,且 ARCH 系数更大,说明历史信息和新信息均对国债价格有影响,新信息效应更大。3 个回归模型中 AR (1) 系数显著为负数,再次证明我国银行间国债市场价格的序列相关性,历史信息对国债收益率影响显著,市场信息效率有待进一步加强。保证金制度对国债价格影响 (2014 年和 2015 年调整) 回归模型中,$margin_{2014}$ 系数显著为负数,$margin_{2014}$ 系数不显著,2014 年 11 月 3 日对杠杆比率降低事件对国债价格有影响,2015 年 3 月 16 日对杠杆比率降低事件对国债价格无影响。保证金制度对国债期货信息溢出影响（2014 年调整）模型中，不考虑保证金时国债期货信息溢出系数为 0.01168，保证金制度与国债期货交互系数为正，与不考虑保证金时国债期货信息溢出系数同号，说明在我国将国债期货保证金由 2% 调整为 1.5% 后，国债期货市场信息溢出效应提升。

四、国债期货市场风险管理功能评估

（一）国债期货风险管理动机

国债期货套期保值行为在促进跨市场信息流动和稳定期货非理性投机对市场波动的干扰上均发挥积极作用（梁建峰和徐小婷，2015）。我国债券市场投资者利用国债期货进行风险管理的意愿和动机明显，首先，套期保值者同时持有现货和期货，既可以享受国债持有期至到期的免息优惠政策，也不会承担利率波动风险；其次，债券做市商利用衍生工具对冲存货利率风险，债券基金为降低大单交易成本，倾向于分步卖出债券，利用国债期货规避持有期市场风险；最后，对于在浮动利率市场有比较优势的投资者，利用国债套期保值策略相当于将固定利率投资互换为短期利率，能够获得更高收益。然而，作为与我国国债期货价格走势最为接近的基础资产，最廉价 CTD 券平均交易日数较少、更换频繁的现实背景反映出对衍生品和标的资产价格走势进行判断的难度较高，利用国债期货进行风险对冲的效率需要进一步验证。

（二）样本选择

目前我国共有三只国债期货同时上市交易，其中交易时间最长的为 5 年期国债期货合约，本文在国债期货风险管理部分将利用 5 年期国债期货进行研究。具体来说，由于本文将探讨是否成为 CTD 券对利率风险的影响差异，5 年期国债期货交易时间长度的优势有利于找到样本大小符合模型构建要求的最活跃 CTD 券，降低小样本产生的测量误差，同时样本过小可能导致风险管理模型无法收敛，无法获取套期保值比率。基于上述原因，我们选择 5 年期国债期货作为研究样本。根据对我国 5 年期国债期货上市以来的国债进行分析，发现 130015.IB 是作为 CTD 券次数最多国债。本文将分别关注对国债 130015 成为 CTD 券时和全样本（不区分是否为 CTD 券时间）时进行风险管理的效率差异。

（三）国债期货风险管理影响因素及效率分析

本文将分别利用 CTD 券样本、全样本（不区分是否为 CTD 券）进行实证研究，并结合资产价格的杠杆波动特征、相依特征、时变特性。模型具体分为 ADCC – GARCH、ADCC – EGARCH、DCC – GARCH、Copula – AD-

CC – GARCH、Copula – ADCC – EGARCH、Copula – GARCH 等。

1. 基于活跃 CTD 券的期货风险管理影响因素及效率分析

(1) 国债期货风险管理的杠杆特征和时变性

DCC 模型可用来度量期货和现货间的动态相关性，以时变系数为基础获得最优套期保值比率。Cappiello 等（2006）进一步研究表明时变相关系数未能捕捉市场正向和负向信息对期现市场收敛性和相关性的影响，应将残差的非对称特征引入动态相关系数估计模型，非对称性的 ADCC – GARCH 动态模型度量了该性质。接下来，本文分别利用未考虑和考虑市场信息冲击非对称特征（影响动态相关系数）的套期保值模型分析国债期货市场的动态风险管理效率。

研究结果显示，现货市场的 arch 系数为 0.346734，期货市场 arch 系数为 0.096108，现货市场的 garch 系数为 0.465646，期货市场 garch 系数为 0.8888288。在 GARCH 模型方差方程中，arch 度量新信息冲击，garch 度量历史信息冲击。本文进一步利用未考虑和考虑市场信息冲击非对称特征（影响条件方差）的套期保值比率分析国债期货市场的动态套期保值效率，动态模型回归结果中国债期货和现货条件方差波动率均显著存在，说明正向和负向信息对波动率冲击存在显著差异，且该模型中新信息对国债期货的冲击大于现货，显示期货市场的高信息效率，信息冲击非对称特征对动态相关系数影响均不显著。

(2) 国债期货风险管理的尾部风险相依性

本文运用 Copula 函数作为国债期货和基础资产联合分布的度量函数，通过逐步引入时变相关系数、非对称时变相关系数的方式，分析影响国债期货风险管理功能实现的影响因素。

结果显示基础 Copula – Garch 模型下的回归系数。基础资产 AR（1）系数为 – 0.39056，国债期货 AR（1）系数为 0.24622，二者均显著存在，说明两市场价格的历史信息均对当期价格走势有显著影响，且国债市场在该方面的特征更为明显。国债市场方差方程 garch 系数为 0.542023，arch 系数为 0.276517，国债期货方差方程 garch 系数为 0.885030，arch 系数为 0.099686，二者价格波动历史信息冲击影响更为显著。本文将度量市场价格的时变相关系数模型作为风险管理模型，将度量市场价格的非对称时变相关系数模型作为风险管理模型。对比三类基于 Copula 函数的套期保值模型，发现国债期货市场和现货市场存在明显对的动态相依关系，但信息的非对称性对二者时变相依性的影响不显著。

(3) 国债期货风险管理效率分析

在获得套期保值系数后，本文利用风险管理绩效评价指标分析不同套期保值模型的风险管理效率。结果显示 Copula 函数下的套保系数均值明显大于线性套保系数，但小于加入杠杆特征的套保系数，说明在进行国债期货和现货套保时应将金融资产的相依性和非对称特征考虑在其中，对比不同套保模型下的套保效率，获得更为精准的风险管理方案。随着将更多影响风险管理效率的因素加入模型，套保比率逐步提高，更多的基础资产风险来源增加投资者对国债期货风险对冲功能的需求。同时也可看出，随着影响因素的增多，套期保值系数稳定下降低，对风险管理的动态调整提出了更高的要求，而对套保系数的调整过程需要花费交易费用，投资需要权衡风险对冲效率和资金成本间的关系，而不是单纯追求套期保值模型与实际价格特征的吻合程度。

在获得套期保值比率后，需要进一步利用套保绩效指标衡量风险管理效率大小。利用基于风险最小化的套期保值绩效指标对不同模型套期保值效率进行测才算后发现，Copula – ADCC – Garch 绩效比 ADCC – Garch 绩效提高 43.95%、Copula – ADCC – Garch 绩效比 ADCC – Egarch 绩效提高 83.55%，说明利用动态相依关系的套期保值模型能够获得最佳的国债期货风险管理效果，但时变套期保值模型对持仓调整频率要求较高，交易成本更大。

2. 基于全样本的期货风险管理影响因素及效率分析

(1) 国债期货风险管理的杠杆特征和时变性

截至 2018 年 10 月 22 日，国债 130015 在 1321 个交易日中有 765 日有交易记录，其中 674 天为 CTD 券，为利用全部样本，本文利用中债估值净价作为 130015 国债的价格来源，再次利用风险管理模型测度全样本套期保值效率。

全样本时变套期保值模型中基础资产方差方程 arch 项系数为 0.408968，garch 项系数为 0.431327，国债期货 arch 项系数为 0.132110，garch 项系数为 0.864449，同样出现历史信息对国债期货和现货价格波动影响更明显的特征，且国债期货波动率影响因素中历史信息作用更显著。与活跃 CTD 券回归结果对比后可看出，全样本时变套期保值模型中期货和现货的 arch 系数均增加，garch 系数均减小，新旧信息对子样本和全样本的影响在国债期货和现货市场的差异一致，在全样本中市场显示了更高的信息效率，对有套保需求的投资者来说，应根据不同的国债持有动机选择套期保值方式。另外，动态相关系数在全样本和活跃 CTD 样本均表现出对信息杠杆特征反应不敏感。

全样本时变 EGARCH 套期保值模型中国债期货和现货条件方程均表现出明显的杠杆特征，正向和负向信息冲击对价格调整幅度差异明显，国债杠杆系数为 0.00885，国债期货杠杆系数为 0.66696，国债期货波动率杠杆特征更大。

(2) 国债期货风险管理的尾部风险相依性

考虑国债期货和现货尾部相依关系的时变套期保值模型中国债现货 AR (1) 系数为 0.184153，国债期货 AR (1) 系数为 -0.322438，二者均显著存在。在该套保模型中国债现货的 arch 系数显著为 0.144917，garch 系数显著为 0.854083，国债期货 arch 系数为 0.082103，garch 系数为 0.91364，但动态相关系数在全样本和活跃 CTD 样本均表现出对信息杠杆特征反应依旧不敏感。历史信息和新信息对国债期货和现货波动的影响差异与活跃 CTD 样本一致，历史信息对市场价格影响更突出。与 CTD 券子样本相比，全样本中历史和新信息对价格波动的影响均增加，国债期货对历史信息反应增加。通过上述对比分析再次验证持 CTD 券风险管理和长期持有国债风险管理应区别对待，二者对信息反应的敏感度差异明显，对国债期货风险管理效率产生影响。

(3) 国债期货风险管理效率分析

在全样本状态下三种时变风险管理模型的套期保值比率实证结果中，三者的总体趋势基本一致，但包含杠杆因素的 ADCC – EGARCH 时变模型套期保值系数总体上大于其他两类模型，与 CTD 券子样本的结果一致。在前 70% 的样本区间中，三者的关系较为明晰，不考虑杠杆和尾部相依关系的套期保值系数大小居于中间位置，考虑杠杆和尾部相依关系的套期保值系数最小，考虑杠杆特征、不考虑尾部极端风险的套期保值系数最大。而在后 30% 分位数区间中，三类套期保值比率间关系的规律性较差，尤其是考虑杠杆特征、不考虑尾部极端风险和考虑杠杆和尾部相依关系的套期保值系数的大小变得混乱。进一步深入分析产生这种现象的原因，发现这种无规律现象在国债 130015 退出 CTD 券行列后较为明显，说明是否是 CTD 券对套期保值效率有较大影响，当该只国债为 CTD 券时交易活跃，其价格与国债期货走势和收敛关系明确，致使基于国债期货和现货波动率的套期保值效率具有稳定性，但当随着 130015 退出 CTD 券后，其交易活跃度迅速降低，市场信息在国债价格中的反应不够充分，但国债期货市场依旧交易活跃，导致二者价格走势的分离。另外，后 30% 样本区间套期保值系数波动性明显增加，国债期货和现货价格的变化出现分歧，这种波动背离给投资者进行利率风险管理带来巨大挑战，甚至会出现利率风险管理失败的可能。

进一步对比全样本和 CTD 券的 Copula – ADCC – GARCH 时变套期保值比率可以看出虽然利用相同基础资产在相同的交易日进行套期保值，但由于投资者持有期差异导致了套期保值比率大小和波动的差异较为明显。虽然全样本下本文利用中债估值进行分析，同实际收盘价存在部分差异，同样会引入使套期保值比率的改变，但在上面对我国 CTD 券的数量分析中可以看出，大部分国债成为 CTD 券的时间相比国债整体发行期限明显较小，在实际应用中利用全样本进行风险管理更符合实际，但也应注意到当某只国债在短期内成为 CTD 券时，该国债价格波动将明显增加，利率风险会充分显示，此时利用国债期货进行套期保值的需求更迫切。国债期货与现货价格走势趋同性显著，更有利于利用国债期货进行套期保值。

五、研究结论与监管建议

在国债期货稳定功能评估中，发现引入国债期货合约后国债市场条件波动率明显降低，我国国债期货市场已实现稳定国债市场的基本功能；期货投机性整体表现为引发现货价格偏离均衡，国债期货套期保值长期持有行为有利于增加市场深度，稳定现货波动；保证金监管制度放松有利于国债期货市场稳定功能的进一步实现。在国债期货信息功能评估中，研究发现国债期货引入后市场信息含量增加；国债期货投机者行为和套保行为均有价格发现作用，在对国债期货投机者进行可预期和不可预期分解后发现，不可预期成分对国债价格影响更大；两次保证金制度调整事件与国债期货交互系数均为正，说明在我国将国债期货保证金比率降低后，国债期货市场信息溢出效应提升。在国债期货稳定功能评估中，研究发现国债期货和现货条件方差波动率均显著存在，说明正向和负向信息对波动率冲击存在显著差异，且该模型中新信息对国债期货的冲击大于现货，显示期货市场的高信息效率。历史信息对国债期货和现货的波动冲击依然大于新信息冲击强度。利用动态相依关系的套期保值模型能够获得最佳的风险管理效果。

根据研究结论，本文提出如下政策建议：首先，放松对国债期货投资者结构的监管，允许大型商业银行加入国债期货市场，既可弥补现阶段商业银行只能通过参与利率互换市场对冲部分短期利率波动风险的缺陷，又可使央行通过评估大型商业银行国债期货多空持仓量，获得银行对货币政策预期变化的信息，促进央行预期管理信息的传导效率。其次，与美国国债期货保证金制度相比，我国期货市场按照合约生命周期和持仓量进行保证金账户监管的方式会加重投资者交易成本，尤其对跨期套期者的资金约束更为显著。因而，提升我国国债期货市场基本功能发挥的关键在于降低保证金成本，目前我国期货市场对保证金账户的监管制度较为简单，主要从防范市场风险角度出发，但缺乏灵活性，也未能将保证金制度与市场风险有效关联。可参考美国期货市场的动态保证金制度，将保证金账户监管程度与价格波动率关联，高价格波动时动态提高保证金账户资金要求。再次，期货市场信息透明度高有利于投资者获得更准确地理解价格走势和波动原因，降低非理性噪声投机比例，进而提高国债期货市场信息效率和价格预期功能。若提供更详细的投机、套保和套利账户信息，将提高投资者所获信息的准确性。较高的国债期货市场透明度有利于现货做市商的信息对称性，缩小报价差、降低交易成本。最后，我国国债期货市场持仓限额监管应根据账户交易动机、类型细化对其持仓限额的要求，对用于未来交割的合约或头寸实行持仓限额及豁免或有解释义务持仓限制。

参考文献

［1］郭豫媚，陈伟泽，陈彦斌. 中国货币政策有效性下降与预期管理研究［J］. 经济研究，2016（1）.

［2］梁建峰，徐小婷. 中国国债期货套利机会实证研究［J］. 中国管理科学，2015（11）.

［3］戎志平. 国债期货交易实务［M］. 北京：中国财政经济出版社，2017.

［4］吴蕾，周爱民，杨晓东. 交易所与银行间债券市场交易机制效率研究［J］. 管理科学，2011（2）.

［5］Antoniou, A. G. Koutmos, A. Pericli. Index futures and positive feedback trading: Evidence from major stock exchanges［J］. Journal of Empirical Finance, 2005, Vol. 12, 219 – 238.

［6］Cappiello, L., R. F. Engle. Sheppard K. Asymmetric Dynamics in the Correlations of Global Equity and Bond Re – turns［J］. Journal of Financial Econometrics, 2006, Vol. 4 (4), 537 – 572.

［7］Cox, C. C.. Futures Trading and Market Information［J］. Journal of Political Economy, 1976, Vol. 84 (6), 1215 – 1237.

［8］Haan, W. D.. Forward Guidance Perspectives from Central Bankers, Scholars and Market Participants［M］. Vox EU Ebook, 2013.

［9］Hong, H., M. Yogo. What does Futures Market Interest Tell us About the Macroeconomy and Asset Prices［J］. Journal of Financial Economics, 2012,

Vol. 105 (3), 473 –490.

[10] Shiller, R. J.. Stock prices and social dynamics [C]. Brookings Papers on Economic Activity, 1984, Vol. 2, 457 –498.

[11] Sentana, E. , S. Wadhwani. Feedback traders and stock return autocorrelations: evidence from a century of daily data [J]. Economic Journal, 1992, Vol. 102, 415 –425.

基于价差和信息概率计算的黄金市场风险实时监控技术研究
——以 Au（T+D）合约市场为例

路冠平　于海旭　孙文超[①]

一、实时监控技术的现状和对交易所的意义

在我国金融监管宏观审慎的整体框架下，上海黄金交易所（以下简称交易所）加强市场监管，防范市场风险，积极稳妥推进交易所市场健康发展。研究监控交易所做市商流动性风险是现阶段交易所防范市场风险的重要课题之一。实时监控作为交易所智能监控系统的重要组成部分，通过对市场中交易风险的及早发现和排除，交易所能维护市场稳定，降低运行风险，提高市场效率，可以作为防范交易所做市商流动性风险的有效手段。

市场实时监控也是做市商监管的重要组成部分。高质量发展场内业务是交易所目前的首要任务，包括保证场内市场流动性、维持交易成本等。因此，引入做市商是各个交易所积极探讨的课题。

做市商风险研究重要性表现在以下三个方面：

一是交易所要降低客户交易成本、维持品种竞争力，必须尽量降低价差。这就需要市场容纳尽量多的独立做市商竞争报价，因此，交易所需实时监控交易风险，保证做市商活力，从而降低交易成本。

二是需对做市商行为进行规范，使其大部分时间内能够提供流动性，而非消耗流动性（一般高频投资者倾向消耗流动性）。同时做市商要保证关键时间点，如开市、收市的流动性，避免出现极端价格。

三是在极端行情报价困难情况下，对做市商行为进行赦免，并在极少数情况下对做市商进行补贴，以保障交易正常进行。

因此，市场实时监控是交易系统发展的重要方向。随着云计算、大数据、机器学习方面科学技术的进步，以大数据平台为基础，以实际监管业务场景为着陆点，人工智能新技术为主的智能监管课题研究成为各个交易

[①] 作者单位：上海黄金交易所。

所的研究重点。

在市场实时监控中，如何实时度量竞价市场中的交易风险是重要研究课题。通过对市场中交易风险的及早发现和排除，交易所能维护市场稳定，降低运行风险，提高市场效率。因此，各交易所对实时市场监控都投入大量资源进行研究。市场实时监控，其传统研究方法包括基于日数据的跨市场相关性研究、基于 VaR 技术的回归模型研究，以及基于传统时间序列分析的微观结构研究。其研究成果以专著、每日市场监控报告等形式被广泛重视。其理论基础是交易经济学理论和交易微观结构理论。

交易经济学理论是场内交易研究的最新理论，由上海黄金交易所专家王振营提出，其代表专著为《交易经济学》，内容包括以市场生态学为基础、提出采用市场紧致性、交易环为主要工具的风险度量方案，通过对交易市场形成的生态系统中的每个个体的交易行为进行分析建模，来描述市场运行态势。主要相关研究结果包括随着交易网络的紧致性提高和交易环的正反馈形成，市场将趋向于不稳定。该理论具有较大的实用价值。

传统的微观结构研究也提供了完善的实时风险监控理论支撑。市场微观结构研究的主要参数包括价格、买卖价差、深度、成交量、成交价等。金融市场微观结构理论起源于 Demsetz 于 1986 年发表的论文《交易成本》，该理论主要研究金融市场内在的微观基础，包括金融资产买卖报价的价差关系，从交易的微观角度考量经济主体的行为或交易机制，从而将价格形成描述成交易参与者的最优化行为结果。因此，这种分析方式将市场行为看作个人交易行为的加总，从而解释信息、存货、合约参数等对交易产生的影响。

目前国内对黄金市场微观结构的研究较少，主要体现在两方面。首先，世界主流开放黄金市场包括伦敦 LBMA 的 OTC 现货市场、COMEX 黄金期货市场、中国上海黄金交易所现货市场、上海期货交易所期货市场。能够覆盖这些市场的研究比较少。其次，由于不同市场间价格传导迅速，对其市场信息传导的研究应使用高频数据，而国内研究受限于数据，此前最小数据粒度为 5 分钟，无法体现其信息传播速度。

在微观结构和智能监管中，VPIN（Volume - Synchronized Probability of Informed Trading）技术是近期公认有效的新技术，能够较好实时度量竞价市场中的交易风险。首先，VPIN 基于等成交量时间间隔划分时间序列，而非传统的均匀时间序列。在当今的交易中，大交易商很少在单位时间内投入大单造成市场冲击。相反，他们会使用下单工具在较长时间内完成某个方向的大单交易，从而隐藏自己的交易行为，即造成一个长期的单向运动，使测量波动的 GARCH 模型无法观测到波动率聚集。同时，另一些交易行为会造成短时间内出现大量报单，造成成交量在瞬间放大，度量其信息到达就有相当大的难度。而等成交量 K 线对算法单、止损单的观测要优于等时间 K 线。其次，VPIN 技术侧重度量交易中的信息，而非交易本身。其理论基于市场博弈和微观结构，与传统技术指标相比，其理论基础更扎实，通用性更强，指标更稳定。因此，该技术得到国内外学者的关注，包括期货市场、股票市场的研究者均对此技术有深入研究。

做市商监管是交易所的重要课题。其研究可以从以下两方面展开：

一是基于市场微观结构的市场运行规律研究。包括微观结构研究、合约参数设置等。其中，市场微观结构研究的主要参数包括价格、买卖价差、深度、成交量、成交价等。

二是针对做市商的管理措施，包括对做市商的奖惩机制、做市商绩效考核等。这里，基于高频数据的监管考核是做市商监管的重要组成部分，在这部分研究中，以做市商为主要研究对象的高频市场均衡理论有着与《交易经济学》相似的内涵。其研究思路：当金融市场中的指令流基本平衡时，做市商可以从大量的交易中获取利益，而当指令流不平衡时，做市商就面临着逆向选择带来的风险。指令流的不平衡往往是由于交易者掌握更多的市场信息而产生。因此，我们可以通过衡量市场中知情交易的概率（probability of informed trading, PIN）来衡量做市商以及投资者所面临的风险。

本文以黄金市场微观结构为基础，使用 VPIN 技术，构建黄金市场实施监管的理论体系。第二部分将重点描述黄金市场微观结构，使用国内市场的 tick 数据，阐述黄金市场本身运行的微观结构，以及使用中美市场的分钟数据，阐述美国市场对中国市场的价格传导。第三部分针对典型日期，使用分钟数据阐述 VPIN 指标的用法。第四部分，介绍了本研究的 IT 系统架构，最后给出总结。

二、黄金市场微观结构描述

市场微观结构研究的主要参数包括价格、买卖价差、深度、成交量、成交价等。本文使用来自上海黄金交易所向市场揭示的 Au（T + D）切片行情。在每个交易日，对来自交易所的每切片行情数据进行记录，得到本文研究的基础数据。每笔行情记录包括日期、时间、成交数量、一档买卖报价以及各报价商的买卖数量。本文所研究的合约为 Au（T + D）合约，① 样本期从 2017 年 1 月 1 日到 2017 年 12 月 31 日，② 总共包括 9226678 条行情记录。以每 10 分钟作为一个时间间隔,对每个交易日的行情记录进行分段,这样每个交易日总共分为 66 个时段。每个交易日交易顺序分别为前一自然日 20:00－24:00、当日 0:00－2:30、9:00－11:30、13:30－15:30。

(一) 买卖价差研究

买卖价差研究对象包括相对买卖价差和绝对买卖价差两种。本文研究黄金市场报价,其全年的价格波动范围为 [262.95 元, 288.67 元],变化范围较小。且使用绝对买卖价差有助于分析现有买卖价差对市场微观结构的影响,所以我们使用买卖价差定义为

$$gap_k = Ask_k - Bid_k \tag{1}$$

使用日内平均函数为

$$f(x_i) = 1/T\Big[\sum_t \Big(1/K\sum_k x_{ikt}\Big)\Big] \tag{2}$$

其中,$f(x_i)$ 表示第 i 时段的 x 的日内平均值;x_{ikt} 表示第 t 天第 i 时段第 k 笔 x;T 为 Au(T+D) 在样本期的交易天数;K 为在各时段中行情记录的总笔数;i 表示在一天中的时段数。则其平均价差为

$$Gap_i = f(gap_i) \tag{3}$$

定义年内日平均函数为

$$g(x_i) = 1/N\sum_n x_{in} \tag{4}$$

其中,$g(x_i)$ 表示第 i 天的 x 的日内平均值;x_{in} 表示第 i 天第 n 笔 x。

对于日内价差模式的研究,其因子包括:Gap_i 是每时段内的平均买卖价差;$absDP_i$ 是每时段内价格变化绝对值的平均值,Vol 是在每时段内的成交量的平均值;$DorN_i$ 为一日内夜盘或日盘的时间段,共三个因子。表示为

$$Vol_i = f(vol_i) \tag{5}$$

$$vol_i = volume_i(K) - volume_i(1)$$

其中,$volume_i(K)$ 为各时段中最后一笔报价的成交量,$volume_i(1)$ 为各时段中第一笔报价的成交价格。

$$absDP_i = 1/T\sum_t |settle_i(K) - settle_i(1)|$$

$settle_K(K)$ 为各时段中最后一笔报价的成交价格,$settle_K(1)$ 为各时段中第一笔报价的成交价格。

$DorN_i$ 标识该时段是否为日盘或夜盘时间。将 9:00－11:30、13:30－15:30 交易时间段定义为日盘,$DorN_i = 0$;其他时间段,$DorN_i = 1$。

对于全年价差,微观结构因子包括价差、用户数、价格、价格变化、成交量、价格变化绝对值。其中价格因子 $price_i = close(i)$ 为收盘价,价格

变化为 $\Delta P_i = close(i) - open(i)$, $volume_i$ 为第 i 日成交量，价格变化绝对值为 $absDP = g(abs(\Delta P_i))$。此外还选用场内活跃用户数 $clientno$ 为因子，对全年价差进行分析。

本文中的分析方法包括协方差估计和回归方程估计。协方差估计为

$$cov(X, Y) = E[(X - EX)(Y - EY)] = E(XY) - EXEY$$

如果协方差估计结果为正值，则说明两者正相关，否则是负相关。需要注意的是，协方差是计算不同特征之间的统计量，而非不同样本之间的统计量。且协方差检验只能得到相关性，不能得到特征因子之间的因果性。

回归方程的估计和检验目的在于判断和检验波动、量能、日盘或夜盘对买卖价差是否具有显著的影响，以研究和确定影响买卖价差的关键或主要因素。本文针对日内价差，采用逐步回归方法进行估计，即

$$Gap_i = \alpha_0 + \alpha_2 absDP_i + \alpha_3 vol_i + \alpha_4 DorN_i + \varepsilon_i \tag{6}$$

针对一年内的价差模式，我们使用逐步回归方法进行买卖报价差因素分析

$$YGap_i = \alpha_0 + \alpha_1 price_i + \alpha_2 clientno_i + \alpha_3 volume_i + \alpha_4 absDP_i + \varepsilon_i \tag{7}$$

从理论角度上来说，通过描述一年内及当天内买卖价差的模式，可以了解我国黄金递延合约市场价格发现机制的有关信息，以及提供我国黄金市场微观结构属于何种结构类型的相关证据。现在，我们应用上述的实证方法对样本数据进行分析得到如下实证结果，并对实证结果进行分析。

图 1 描述了黄金 T+D 合约一天中平均相对买卖价差的变化态势。晚上 8 点钟开盘时的相对买卖价差较大，达到 0.04，随后的交易时间中逐步缩小，1 个小时后缩小到 0.03，之后随着夜市的展开，价差逐渐上行，并在 2：30 时达到最高点。之后，在日盘 9 点开盘时价差达到日内最高，除下午开盘时间在日内则维持在 0.02 左右，直到收盘。

可以看到，大部分时间内，Au（T+D）买卖价差比国内其他市场的黄金衍生品市场的最小价格变动还要小，约为 8×10^{-5}，上海期货交易所 Au 期货合约最小价格变动为 1.85×10^{-4}，COMMEX 最小价格变动为 7.7×10^{-5}，均大于 Au（T+D）大部分时间内的买卖价差。因此，SGE Au（T+D）日内价差大部分时间低于其他市场的黄金合约，根据微观结构理论，相似流动性条件下，交易客户在 SGE Au（T+D）交易，其买卖达成速度、买卖达成成本低于上海期货交易所黄金期货合约、纽约商品交易所黄金期货合约。

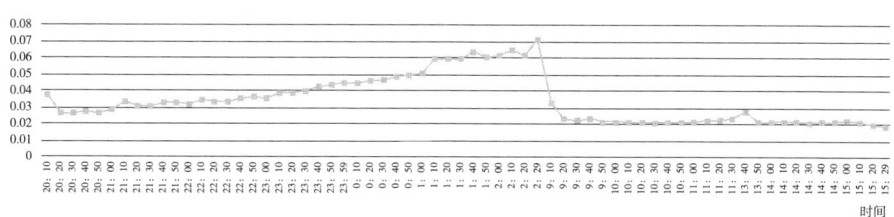

图 1　黄金市场日内价差模式

国外的研究表明,买卖价差是由成交量、价格的波动性、价格水平来决定的。由于黄金是全球定价品种,上海市场的日盘是亚盘时间,夜盘时间为传统的欧盘时间和美盘时间。因此,我们将日盘和夜盘时间作为虚变量进行分析。

表 1　　　　　　　　高频日内微观结构因子相关性

价差	绝对价格变动	成交量	时间
1	-0.2663	-0.8073	-0.7205
-0.2663	1	0.6316	0.045
-0.8073	0.6316	1	0.576
-0.7205	0.045	0.576	1

日内高频因子的微观结构相关性见表 1,根据各因素的相关性。可以看到买卖价差、成交量均成反比,反映出成交量、价差、绝对价格变化之间的变化关系。由此可得,市场价差与绝对价格变动、成交量均为负相关。根据微观结构理论,成交量与绝对价格变动互相影响且正相关。同时夜盘成交量较低,故时间与成交量负相关。但绝对价格变动、成交量、时间独立影响价差。需要指出,相关性检验只能给出相关性而无法给出因果性。由于价格绝对值、成交量、时间存在很大的多元共线性,需要使用逐步回归方法进行进一步分析。

从上述的研究来看,我们初步认为报价价差的变动有可能是由交易量、波动性(由绝对价格表征)和价差发生时点共同决定。为了证明这一理论假设的准确性,本文对三个相关变量进行了逐步回归分析。表 2 提供了被解释变量和解释变量的统计结果。

表 2　　　　　　　　　　逐步回归结果及残差 arch 检测

Coefficients：					
	Estimate	Std. Error	t value	Pr（>｜t｜）	
(Intercept)	4.98E-02	2.80E-03	17.776	2.00E-16	***
absDP	8.85E-02	2.89E-02	3.064	0.00323	**
Volume	-1.86E-05	2.42E-06	-7.704	1.29E-10	***
DayorNight	-7.13E-03	2.36E-03	-3.018	0.00369	**
Residual standard error：0.006663 on 62 degrees of freedom					
Signif. codes：　0 '***' 0.001 '**' 0.01 '*' 0.05 '.' 0.1 ' ' 1					
Multiple R-squared：　0.7823，　　Adjusted R-squared：　0.7718					
F-statistic：74.28 on 3 and 62 DF，　p-value：<2.2e-16					
残差 arch 检测	ARCH LM-test；Null hypothesis：no ARCH effects data：residuals（fit） Chi-squared = 30.3861，df = 12，p-value = 0.002442				

表 2 是对回归方程（6）进行了逐步回归估计的结果，以验证成交量、绝对价格变动及所处时间和时段对买卖价差的影响。本文在对回归方程（7）的估计结果时使用的是 Au（T+D）在样本期中 66 个时段的平均数形成的时间序列数据。

根据表 2，对残差进行 Arch 检验可以看到，模型回归接受原假设，即不存在自回归条件异方差现象。从估计结果分析，绝对价格变动对价差正贡献，夜盘价差较大，日盘价差较小。成交量对价差负贡献。

根据表 2 的逐步回归模型的估计结果以及图 1 可见：上午开盘后 10 分钟、下午开盘后 10 分钟、夜盘开盘前 10 分钟、收盘前 10 分钟买卖价差较大，这是由于在开盘时风险较大，做市商需要增加买卖价差来弥补损失。

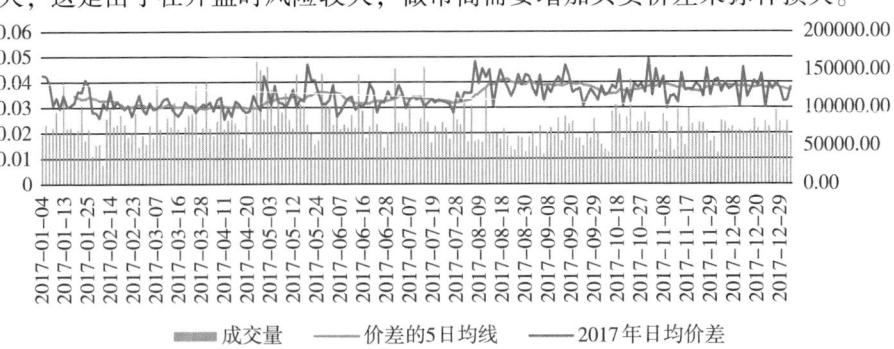

图 2　2017 年全年价差年内情况

全年买卖价差的变动特征分析为更全面地研究黄金市场买卖价差的形成模式。黄金递延合约 2017 年买卖价差模式如图 2 所示。可见买卖价差在 2017 年中有明显的抬升，同时该抬升与交易量关系不大。

表 3　　　　　　　　各因子相关性（协方差矩阵）

价差	价格	价格变化相对值	成交量	价格变化绝对值
1	-0.1792	-0.0779	-0.3797	-0.2447
-0.5386	0.2711	0.0533	0.6574	0.3954
-0.1792	1	0.1539	0.3385	0.0687
-0.0779	0.1539	1	0.0827	0.0742
-0.3797	0.3385	0.0827	1	0.5365
-0.2447	0.0687	0.0742	0.5365	1

表 4　　　　　逐步回归结果及残差 arch 检测（R 软件）

Coefficients:					
	Estimate	Std. Error	t value	Pr（>|t|）	
截距	3.80E-05	3.83E-04	0.099	0.921044	
成交量	-1.21E-07	3.08E-08	-3.915	0.000118	***
价格变化绝对值	-1.02E-03	3.50E-04	-2.913	0.003916	**
—					
Signif. codes:	0 ' *** ' 0.001 ' ** ' 0.01 ' * ' 0.05 '.' 0.1 ' ' 1				
Residual standard error: 0.005961 on 239 degrees of freedom					
Multiple R-squared: 0.1311, Adjusted R-squared: 0.1202					
F-statistic: 12.02 on 3 and 239 DF, p-value: 2.343e-07					
余项 ARCH 检验	ARCH LM-test; Null hypothesis: no ARCH effects Chi-squared = 41.8908, df = 12, p-value = 3.474e-05				

表 4 是对回归方程（7）进行逐步回归估计的结果，其中对每个指标进行差分以解决指标的关联性。使用以验证成交量、绝对价格变动及所处时间和时段对买卖价差的影响。本文在对回归方程（8）的估计结果时使用的是一年内指标平均数形成的时间序列数据。

根据各因素相关性可以看到，买卖价差和成交量之间负的相关性（-0.022），这与经典微观结构理论符合，即成交量大意味着做市商之间竞争加大，从而造成价差的缩小。由于价格与成交量的正相关关系，价差与价格也呈负相关关系。价差与价格变动绝对值的相关关系与上一节分析结果相同,原因类似。

(二) 黄金市场切片回归与 VPIN 技术

全球黄金市场形成"定价在西方,市场在东方"的格局。中国占据着黄金实物消费和需求的大部分市场份额;美国和英国黄金市场对黄金定价有着绝对影响力。这种定价与消费分离的市场格局会通过不同市场间的信息传递效率直接影响黄金市场的风险水平,从而引起黄金市场与其他市场也存在着复杂的联动关系,这也会使外部市场的冲击通过影响黄金价格的变化对黄金市场间的联动关系造成冲击。

本文首先使用 VAR 模型、分位数回归模型等,对上海黄金交易所 Au (T+D)、黄金期货、Comex 期货、LBMAOTC 市场报价进行研究。

从图 3、图 4 可以看到,美国市场对中国市场的黄金价格冲击影响较为明显,特别是美国市场的冲击,对中国市场的影响达 3 分钟,而中国市场对美国市场的影响非常微弱,近乎为 0。这也是黄金市场独特的"消费在东方,定价在西方"格局。

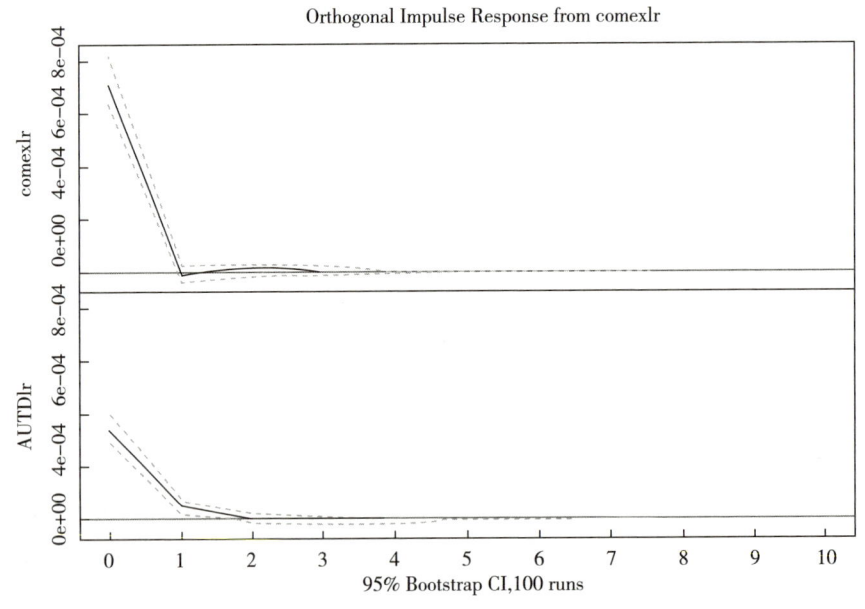

图 3　Comex 到 Au (T+D) 的冲击

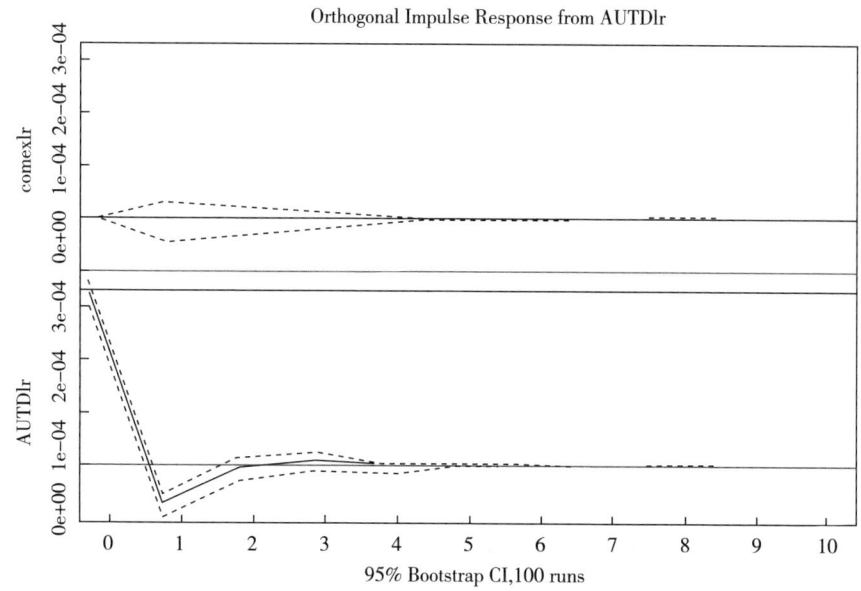

图 4　Au（T+D）对 Comex 的影响：冲激函数

从以上研究，我们可以得到以下结论：

（1）黄金市场价差受价格、价格变化相对值、成交量、价格变化绝对值影响，且日内受到时间影响，呈现独特的分布；

（2）黄金价格日内波动范围小于一般商品，从而导致黄金市场上的交易者策略，尤其是做市商策略与其他商品市场策略的不同；

（3）我国黄金市场受到美国市场影响较大，而我国市场对美国市场影响较小。同时，美国市场价格变化对中国市场的影响长达 2~3 分钟，从而导致中国市场的信息交易占比较高。

三、黄金市场基于 VPIN 的交易毒性判断

自 2009 年以来，美国股票市场 70% 的交易量和 50% 期货市场成交量（Iati，2009；CFTC，2010）由高频交易（HF）公司实现。这些 HF 公司通常充当做市商，通过下达被动订单为持仓者提供流动性订单。HF 做市商通常不会做定向赌注，而是努力在大量交易中赚取微薄的利润。他们这样做的能力取决于限制他们的头寸风险，这在很大程度上受他们控制不利的能力的影响选择执行被动命令。但在信息交易者占优的环境下，做市商的订单流量被认为是有毒的，因为不利的选择可能导致做市商流动性亏本。

本文借鉴国外相关文献中提供的一个新的方法，基于市场成交量变化

的过程,直接估算出指令流毒性,而我们把这种指令流毒性命名为等成交量下的知情交易概率(Vloume – Synchronized Probability of Informed Trading, VPIN)。原先的知情交易概率(PIN)估算方法(Easley 等,1996)对无法观测的参数需要使用极大似然估计法拟合出每日股票买入卖出指令的泊松分布。最新的这个静态估算 VPIN 的方法被 Easley 等(2008)用 GARCH 方法进行了扩展,对知情和不知情交易者的交易指令进行建模。这篇文章中基于 VPIN 的方法不需要对不可观测的参数进行估计,而且 VPIN 是在动态时间更新的,这个动态时间被定义为拥有相同成交量的每一个交易区间。因此,这个估计交易毒性的方法克服了在大成交量的市场估计传统 PIN 模型的难题,并且提供了一种建议处理高频数据来测量交易指令流毒性的方法。

VPIN 使用成交量时间而非时钟来计时,使其适用于高频世界。估计 VPIN 指标不需要估计描述订单流的不可观察参数。实证结果表明,VPIN 指标是一个有用的短期指标,可以度量交易毒性引起的波动。

本文中,我们希望通过研究 VPIN 和高频报单、行情、风险事件之间的关系,揭示 VPIN 的变化对市场风险的影响,从而为《交易经济学》中提出的交易紧致性理论和交易环理论提供一种度量方案和实现思路。其使用数据为市场上可获得的最高频数据,即黄金市场和证券期货市场的切片数据,其研究市场包括上海黄金交易所的黄金市场、证券市场、期货市场等。所使用算法技术包括多元指标相关性分析、时间序列分析等。其研究目标为研究可实时应用于风控系统的、基于 VPIN 的指标体系,以高效发现市场不平衡,在出现交易环、交易紧致性过高的情况下早识别早发现,以保护市场。

所谓 VPIN,指的是成交量同步的信息交易模型。假设市场信息达到符合正态分布,则 VPIN 计算方法为

$$V_\tau^B = \sum_{i=t(\tau-1)+1}^{t(\tau)} V_i g \cdot Z\left(\frac{P_i - P_{i-1}}{\delta_{\Delta P}}\right)$$

$$V_\tau^S = \sum_{i=t(\tau-1)+1}^{t(\tau)} V_i g \cdot \left[1 - Z\left(\frac{P_i - P_{i-1}}{\delta_{\Delta P}}\right)\right] = V - V_\tau^B \quad (8)$$

$$VPIN = \frac{\alpha\mu}{\alpha\mu + 2\varepsilon} = \frac{\alpha\mu}{V} \approx \frac{|V_\tau^S - V_\tau^B|}{nV}$$

其中,$Z(\ )$ 为正态分布的 CDF,P_i 为 i 时刻的价格,$\delta_{\Delta P}$ 为方差平方,V 是等成交量 K 线的成交量。α 为信息交易比率,ε 为信息交易方向占比,V_τ^B 和 V_τ^S 是买卖双边的信息。$\delta_{\Delta P}$ 是价格变化(return)的方差。

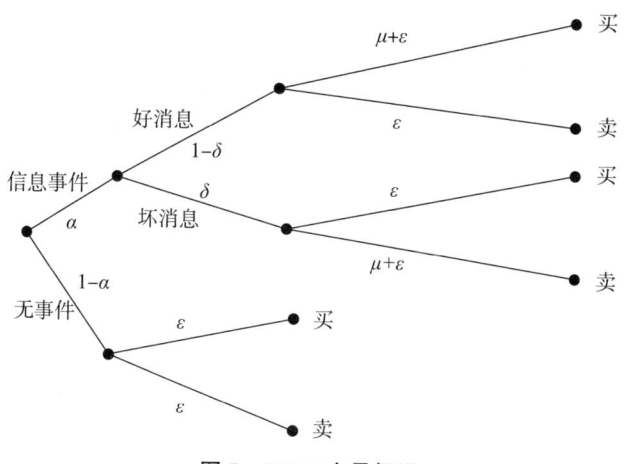

图 5　VPIN 交易假设

图 5 的结构模型让我们能够将可观测的市场结果（买、卖）与无法观测的信息和交易背后的指令流产生机制联系起来。之前的文章着重通过极大似然法估计来判断这些过程。模型直观地解释了不知情交易买卖在一般情况下的流程，并且用数据指出了不知情指令流的比率 ε。异常买卖成交量被解释为基于信息的交易，并且用来计算 μ。有异常买卖时间段数量被用来确定 α 和 δ。流动性提供者用他对这些参数的了解决定他想做多的价格，即"买盘价"（Ask），以及他想做空的价格，"卖盘价"（Bid）。这些价格是不同的，所以有"买卖盘价差"，因为流动性提供者不知道交易对手是否具备信息。这个价差是交易者从流动性提供商处买入资产的条件期望价值与交易者从流动性提供商处卖出资产的条件期望价值的差值。这些条件期望在不同时间是变化的，因为市场中存在更知情的交易者的逆向选择问题导致流动性提供商需要不定期地调整买卖价差。

以 2018 年 3 月 21 日的 Au（T + D）为例。这一天的成交量极高，同时产生了两次价格的大幅跳跃。所以我们的方法产生了 283 个成交量计量结果，并产生了相对应的 VPIN 值和 CDF 值。当日运行价格如图 6 所示。

观察 VPIN 的变动走势可以发现，当市场成交量减少时，VPIN 的值也会大大下降。同时它们解释了在 3 月 21 日那天，当我们构建 VPIN 的累计密度函数 CDF 并将其与同时间轴的走势做比较时，可以发现 VPIN 实际上已达到了一个异常高的值。它在市场异动之前上升，并且在当天余下的时间保持着一个很高的水平，其中一分钟取样频率估算的 VPIN CDF 函数存在相对较好的提前效应。VPIN 的估计值在市场异动之前上升，但是它在市场异动之后迅速降低，并且在当天余下的时间保持上下震荡。能够准确地度量市场风险。

从图 7 可以看到，在 3 月 21 日当天，相同成交量下的 k 线其波动范围不同，在波动较大的 k 线，成交量消耗流动性，具有交易毒性。此时的顺势交易应认定为毒性交易，此时的逆势交易为提供流动性，需奖励做市。

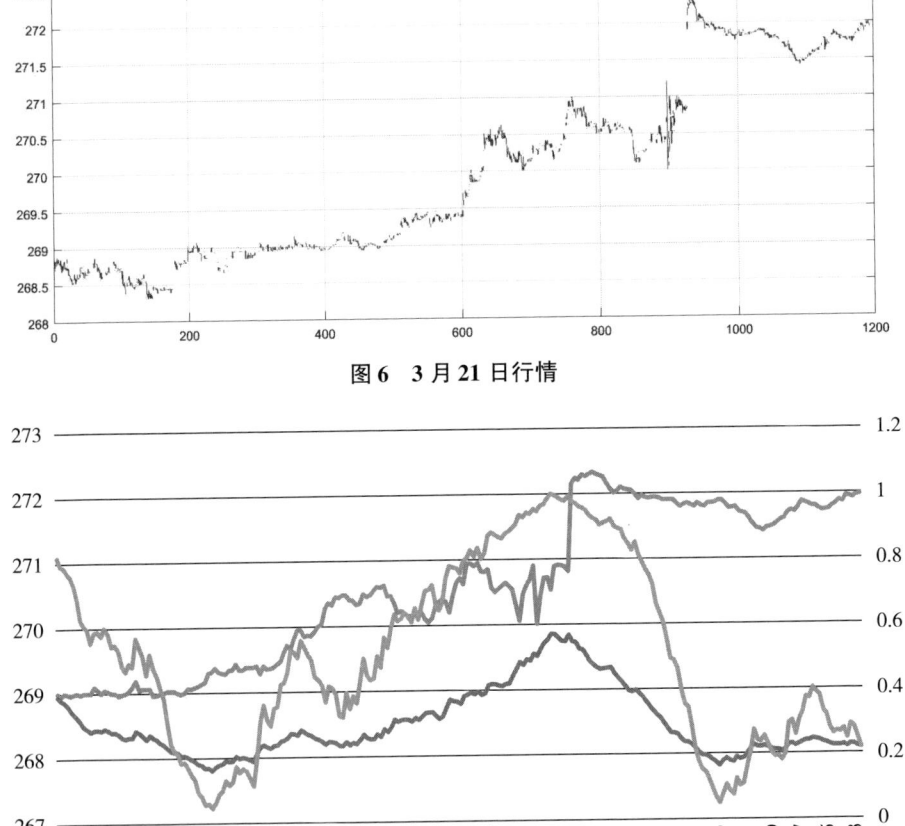

图 6　3 月 21 日行情

图 7　3 月 21 日等成交量 k 线

四、技术架构

在实验中，我们使用如下大数据框架，其架构如图 8 所示。

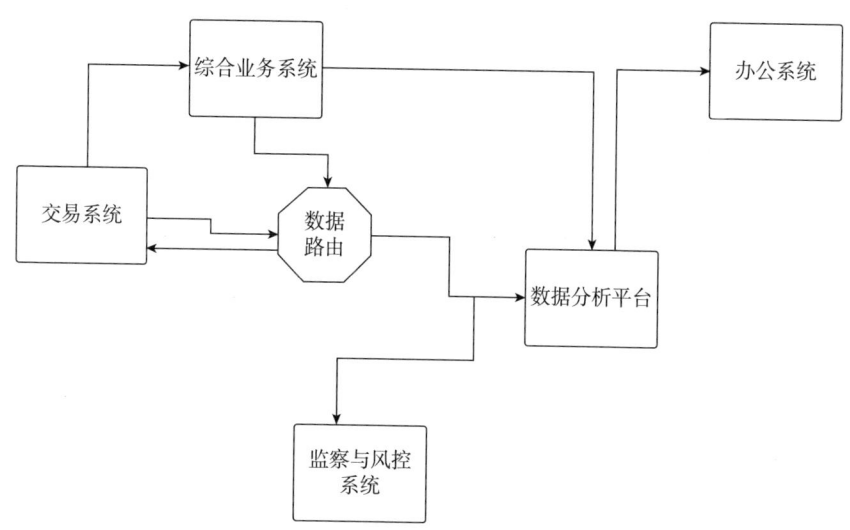

图 8　实验中使用的大数据系统

我们采用 ipython 承担计算引擎的任务。根据下一代系统架构的设想，采用如下架构进行验证。其中，数据存放在 Hadoop 中；Hive 用作数据库引擎；Impala 为数据查询引擎。数据通过 Sqoop 写入 Hadoop，充分利用 MR 进行并行化。同时经过改造，在 Impala 之上架设基于 python 的逻辑/数据处理引擎，作为微服务的中间事务处理层，最后使用统一的 Bootstrap 前端。

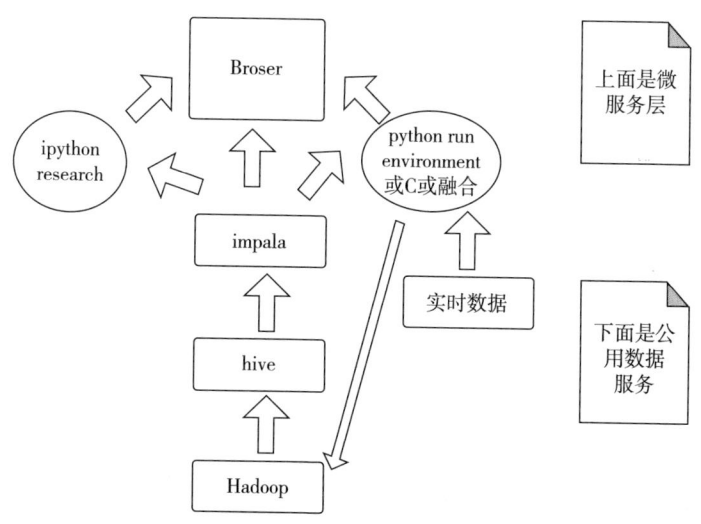

注：ipython 使用 docker 技术。

图 9　PoF 架构示意图

其中，Impala 数据后台与客户虚拟机的关系如图 10 所示，实时或离线数据通过 Thrift 来进入虚拟机处理引擎。多个 Thrift 实例可并行接入多个虚拟机，在虚拟机内进行业务处理。

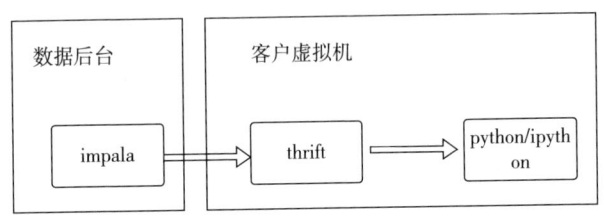

图 10　docker 架构的详细图解

使用 python 连接 Impala，进而可以进行计算。客户端虚拟机与数据后台不在一台机器上，可以实现数据—计算层的分离。同时客户可以在浏览器访问客户虚拟机的信息。目前该项目的 PoF 进展包括：

1. 使用安装了 docker 虚拟机系统，对 docker 的安装和使用有了验证环境。

2. 在虚拟机中安装了 ipython notebook、R、Spark 等软件，验证了 spark 可以运行离线数据分析。

3. 使用 ipython 进行数据研究，暴露 python 接口、使用 spark、使用容器在线虚拟化的可能性。

4. 使用 ipython 进行了机器学习、经济统计分析、产品等方面的工作并取得一定成果。

PoF 结果证明，该架构能够满足虚拟化、数据存储、数据安全、业务、前端快速部署等需求，为整合前端提供支撑。

五、总结

本文介绍了黄金市场的微观结构、中美市场黄金价格传导机制以及交易流毒性和 PIN 之间的联系。在讨论完 PIN 的理论框架之后，我们解释了 PIN 如何影响流动性提供者的机制。然后，我们提出一个新的 VPIN 方法。

VPIN 相对之前估计方法的一个重要优势就是它的更新频率与成交量契合，这样更新频率可以与信息到达时间同步。它是一个不依赖于不可观测参数的交易毒性估计模型。VPIN 估计值越大，说明市场毒性越高，知情交易者占的比例越高。另外，VPIN 更新的速度越快，说明市场上的知情信息越多。在实证检验中，通过 Au（T + D）的 VPIN，展示了其对应的 CDF 函数在 2018 年 3 月 21 日大涨前提示大盘毒性极高，告诉投资者市场面临大幅波动（在高位一般指大幅调整）的概率迅速增大。我们还展示了 VPIN 对于波动性有较为明显的预测能力，并且它对未来的高绝对收益提供了指示作用。

因为上述的性质，我们认为 VPIN 可以作为一种高频交易领域的风险管理工具。通过交易指令估计交易毒性，并通过高的 VPIN 值可以提示后续价格将有较高的波动，做市商可以通过 VPIN 来调整做市价差。

流动性风险不仅对做市商至关重要，对交易员来说，流动性可能会导致价格潜在的大幅波动，适时通过 VPIN 控制交易执行风险也会是一个不错的选择。后续我们将进一步挖掘 VPIN 与标的资产波动性的潜在关系，做好交易所风险识别工作，同时有针对性地设计交易产品，提高交易所合约的资产配置风险化解能力，提升交易所产品风险管理能力，以更好地服务客户。

参考文献

[1] 刘逖. 证券市场微观结构理论与实践 [M]. 上海：复旦大学出版社, 2002.

[2] 王振营. 交易经济学原理 [M]. 北京：中国金融出版社, 2016.

[3] 秦国文, 张璐南, 戴军. A 股市场交易毒性初探 [R]. 北京：国信证券, 2011 - 09 - 14.

[4] Demsetz H. The Cost of Transacting [J]. Quarterly Journal of Economics, 1968, 82 (1): 33 - 53.

[5] Gerhold S, Guasoni P, Muhle - Karbe J, et al. Transaction costs, trading volume, and the liquidity premium [J]. Social Science Electronic Publishing, 2011, 18 (1): 1 - 37.

[6] Easley D, Prado MM L D, O'Hara M. Flow Toxicity and Liquidity in a High - frequency World [J]. Review of Financial Studies, 2012, 25 (5): 1457 - 1493.

[7] Easley D, Marcos L D P, O'Hara M. The Microstructure of the 'Flash Crash': Flow Toxicity, Liquidity Crashes and the Probability of Informed Trading [J]. Social Science Electronic Publishing, 2011, 37 (2): 118 - 130.

[8] Kirilenko A A, Kyle A S, Samadi M, et al. The Flash Crash: High - Frequency Trading in an Electronic Market [J]. Social Science Electronic Publishing, 2017, 72 (3).

[9] Thierry Foucault, Sophie Moinas, Bruno Biais. Equilibrium High Fre-

quency Trading [J]. Ssrn Electronic Journal, 2011, 116.

[10] Li C, Xing H. Asymptotic Glosten Milgrom equilibrium [J]. Papers, 2013.

[11] Hrdlicka C M. Trading Volume and Time Varying Betas [J]. Social Science Electronic Publishing, 2013.

[12] Goldstein M A, Irvine P, Kandel E, et al. Brokerage Commissions and Institutional Trading Patterns [J]. Review of Financial Studies, 2009.

[13] Demsetz H. The Cost of Transacting [J]. Quarterly Journal of Economics, 1968, 82 (1): 33 – 53.

[14] Amihud, Yakov, H. Mendelson. Liquidity and Asset Prices: Financial Management Implications [J]. Financial Management, 1988, 17 (1): 5 – 15.

[15] Glosten, Lawrence R., P. R. Milgrom. Bid, ask and transaction prices in a specialist market with heterogeneously informed traders [J]. Journal of Financial Economics, 1985, 14 (1): 71 – 100.

[16] Kyle, Albert S. Continuous Auctions and Insider Trading [J]. Finance & Stochastics, 1985, 53 (6): 1315 – 1335.

[17] Mann, Steven C., M. O 'Hara. Market Microstructure Theory [J]. Journal of Finance, 1997, 51 (2): 770.

[18] Biais B, Glosten L, Spatt C. Market microstructure: A survey of microfoundations, empirical results, and policy implications [J]. Journal of Financial Markets, 2005, 8 (2): 217 – 264.

票交所时代票据产品与业务的创新和发展设想

王红霞　曾一村　付　萱[①]

一、引言

上海票据交易所成立后，票据市场的发展进入新的快车道。对于票据市场参与者来说，交易所时代的到来意味着更高的市场交易效率，更低的交易成本和业务风险，并且票据市场的基础设施更加完善，票据市场参与主体范围明显扩大，因此票据市场的产品和业务创新活力也将随之激发。在此背景下，倘若将资产证券化、衍生品、挂钩型结构化金融产品以及其他金融市场的一些业务形态引入票据市场，形成以票据作为基础资产的创新产品和票据业务的新模式，将有利于适应票据市场投资主体多样化的新局面，提升市场交投活跃度，创造新的利润增长点。本文聚焦未来票据市场上票据资产证券化产品、票据衍生产品、票据借贷业务和票据做市业务这四大可能的主要创新方向，系统提出其未来发展设想以及潜在的市场影响。

二、票据资产证券化产品的创新与发展

（一）资产证券化的定义与概述

资产证券化（securitization）是指将缺乏即期流动性，但具有可预期的、稳定的未来现金流的资产通过特殊目的载体（Special Purpose Vehicle，SPV）进行组合、打包，并进行一定的结构安排，最终依托资产（或资产组合）的未来现金流在金融市场上发行可以流通的有价证券的融资行为。

资产证券化的关键在于创设特殊目的载体并实现真实出售以及运用多样化手段进行信用增级。实现真实出售的目的在于破产隔离，即倘若原始权益人发生破产清算，其债权人对已实现真实出售的资产不具有追索权。并且SPV在整个资产证券化产品的存续期内不得被清算、解体以及兼并重组（张明等，2013）。而信用增级则主要通过信用担保、结构化分层设计以

[①] 作者单位：中国农业银行票据营业部。

及超额抵押等措施来实现。

从我国的资产证券化实践来看，信贷资产证券化方面，2005年央行和银监会联合发布《信贷资产证券化试点管理办法》，随后中国建设银行和国家开发银行获准进行信贷资产证券化首批试点，基本确立了以信贷资产为融资基础、由信托公司组建信托型SPV、在银行间债券市场发行资产支持证券并进行流通的证券化框架。2008年随着美国次贷危机的爆发，我国资产证券化发展陷入停滞。直到2012年5月，人民银行、银监会、财政部联合下发《关于进一步扩大信贷资产证券化试点有关事项的通知》，标志着资产证券化重启。2013年6月，国务院办公厅发布《关于金融支持经济结构调整和转型升级的指导意见》，表示将逐步推进信贷资产证券化常规化发展，盘活资金支持小微企业发展和经济结构转型。2015年5月，李克强总理召开国务院常务会议，研究部署了进一步推动信贷资产证券化市场健康持续发展的政策措施。自此之后，我国信贷资产证券化市场规模持续快速扩张，市场存量稳步增长。

企业资产证券化方面，证监会于2005年9月批准成立的中国联通CDMA网络租赁费收益计划，是我国首只企业资产证券化产品。2013年3月，证监会正式颁布《证券公司资产证券化业务管理规定》，自此之后资产证券化产品成为一种常态化的私募产品供发行人选择。2014年2月，证监会为推动资产证券化进一步发展，取消了资产证券化业务的行政审批，并着手完善相关制度衔接和配套措施，此后新项目暂停，待相关法规正式出台。2014年11月，证监会推出了《证券公司及基金管理公司子公司资产证券化业务管理规定》，将资产证券化业务由事前审批改为事后报备，建立了负面清单制度，并加强了对信息披露和尽职调查的要求。2014年12月，基金业协会出台了《证券化业务基础资产负面清单指引（征求意见稿）》《资产证券化基础资产负面清单》《资产证券化业务风险控制指引（征求意见稿）》等系列文件，对资产证券化基础资产选择、风险控制等方面进行了详细规定。

我国目前的资产证券化产品发行主要集中于上海证券交易所、深圳证券交易所以及银行间市场，目前主要包括银行CLO、企业ABS和交易商协会ABN三大类产品，主要的基础资产则包括个人住房抵押贷款（占比22.52%）、应收账款（占比13.10%）、小额贷款（占比11.89%）、租赁租金（占比7.03%）、信托受益权（占比6.48%）企业债权（占比5.95%）、企业贷款（占比4.34%）、汽车贷款（占比3.91%）等①。

（二）我国票据资产证券化的尝试

2016年以来，我国的票据资产证券化陆续有了一些尝试。平安银行2016年的博时资本—平安银行橙鑫橙e资产支持专项计划是全国首单电票类应收账款资产支持证券，募资规模5.33亿元，全部为优先级证券（优先A1级、优先A2级），预期收益率3.6%，到期一次性还本付息，并于2016年5月31日起可在深交所综合协议交易平台转让交易。江苏银行也在同一时期推出华泰资管—江苏银行融元1号资产支持专项计划，为全国首单票据收益权资产支持证券，募资规模6.44亿元，全部为优先级证券，预期收益率3.64%，到期一次性还本付息，并于2016年5月20日起可在上交所固定收益证券综合电子平台转让交易。

现阶段，我国票据资产证券化的发展总体较为初级，产品种类较少，发行规模也较小。究其原因，一是票据资产证券化产品的基础资产以商业承兑汇票为主，而商业承兑汇票的市场份额较小，对应的商业承兑汇票资产证券化产品的空间有限；二是银行承兑汇票由于具备较成熟的二级市场，交易便捷高效，其流动性通常好于一般的资产证券化产品，因此商业银行缺乏将银行承兑汇票进行资产证券化的动力；三是资产证券化产品发行流程较为复杂，参与主体众多，因此其发行成本普遍较高，相应的收益率要求也较高。

（三）我国票据资产证券化产品的发展设想

对于票据而言，此前的票据资产证券化产品均在沪深证券交易所发行，基础资产通常为票据收益权或是以商业承兑汇票结算的应收账款债权，原始权益人为企业，证券化过程中的SPV为券商专项资管计划或基金子公司专项资管计划，经过交易所出具无异议函并在基金业协会备案后方可正式发行。从发行流程上看，总体大约耗时3~6个月，耗费时间较长。从票据的资产期限上看，电子商业汇票的存续期为1年，纸质商业汇票仅为6个月，因此以往通过沪深证券交易所发行票据资产证券化产品的模式对票据资产的证券化形成了较大制约。

未来，我国的票据资产证券化的发展应充分考虑票据的期限特征，在上海票据交易所场内创设可以动态循环发行的票据资产证券化产品。具体而言，可以由发行人设立一个可以持续发行资产证券化产品并持续购买资产的SPV，由此票据资产证券化产品创设过程中基础资产期限过短的问题便

---

① 数据来源：Wind。

可以得到解决。但在这种模式下，也对票据资产证券化产品的管理人能力提出了更高的要求，一是对基础资产质量的持续把关，二是保证票据筛选规则的一致性和稳定性。

针对商业承兑汇票信用风险较高、流动性相对较低的问题，倘若在创设基础资产时，将一定比例的商业承兑汇票和银行承兑汇票进行混合，便能够设计出信用资质和流动性均好于普通商业承兑汇票的票据资产证券化产品，整体上增强商业承兑汇票的可投资性，也为投资方提供更多的选择。

除此之外，此前的票据资产证券化产品的增信措施主要聚焦于基础资产层面，例如债务人提供全额保证金或是商业银行提供相应的票据保证，而未来则可以在分层结构设计方面进行创新，设置优先/劣后结构等。

（四）票据资产证券化产品的市场影响

发展票据资产证券化产品，主要作用包括五个方面：一是将资产证券化的产品设计理念创造性地应用于票据市场，创设上海票据交易所场内动态循环发行的票据资产证券化产品，有助于提升票据证券化产品的可投资性，使其进一步标准化，为在此基础上进一步的产品创新提供可能。二是有助于中小企业盘活存量资金，使其能够更加高效便捷地获得融资，从而更好地发挥票据业务支持实体经济的作用。三是有利于推动商业承兑汇票业务的开展，由于商业承兑汇票流动性较差、信用风险较高，通过发行相应的资产证券化产品可以因分散化而降低信用风险、拓宽商票转让渠道，有利于促进商业承兑汇票业务的开展。四是能够为实体企业提供定制化服务，将企业所持有的未贴现票据按其需求进行证券化，在解决实体企业融资的同时也可节约商业银行的资金占用并增加中间业务收入，并且可以运用多样化的增信手段提升底层资产的信用等级，从而增强其可投资性；商业银行还可以通过收取资产证券化产品的资产管理费的方式增加中间业务收入。五是或将对票据资管业务形成一定替代，资管新规正式稿发布后，票据是否属于信贷资产、标准化资产仍未能有定论，倘若票据资管业务难以为继或开展难度大大提升，票据资产证券化产品可能成为票据资管的重要替代品。

与此同时，票据资产证券化产品的发展也面临一些不确定性。一是一些潜在风险点值得关注，尤其是现阶段国际宏观环境错综复杂，我国面临的经济下行压力仍然较大，2018年以来信用违约事件层出不穷，一些上市公司的商业承兑汇票出现违约，会在一定程度上抑制相应的资产证券化产品的投资需求。二是相关政策可能发生变化，现阶段我国对资产证券化产品投资的限制相对较少，倘若后续有相关的监管文件出台，票据资产证券化产品的发展或将面临一定的不确定性。

三、票据衍生产品的创新与发展

(一) 金融衍生品概述

金融衍生品（Financial Derivatives）是指建立在基础资产或基础变量之上，其价格随基础资产价格或基础变量数值变动而改变的金融工具。主要包括远期、期货、互换、期权四大类。常见的基础资产包括债券、股票、货币等，常见的基础变量包括利率、汇率、各类价格指数等。

从我国的金融衍生品发展情况看，自20世纪90年代正式登陆以来，我国先后建立了正式的商品期货市场和金融期货市场，认股权证、国债期货、利率远期及外汇期货等品种也相继出现。总体而言，近年来国内金融衍生品在交易品种和交易规则的创新方面都取得了显著的进步，但对比海外衍生品市场的发展状况，国内金融衍生品还处于较为初级的发展阶段。

(二) 国内债券市场衍生品发展情况概述

现阶段，我国国内债券市场的衍生品主要包括国债期货、人民币利率互换（Interest Rate Swap，IRS）、标准债券远期等。

1. 国债期货

国债期货是利率期货的主要品种，是指买卖双方通过有组织的交易场所，约定在未来特定时间，按预先确定的价格和数量进行券款交收的国债交易方式[①]。我国的国债期货业务开展最早可以追溯至1992年上海证券交易所开展国债期货业务试点，1995年"327"国债期货事件发生后一度暂停了国债期货交易的试点，时隔17年后于2012年正式重启国债期货交易试点，并先后推出5年期、10年期品种和2年期品种仿真交易（见表1）。

表1　　　　　　　　　我国国债期货业务发展历程

时间	标志性事件
1992年12月28日	上交所试点国债期货交易品种
1994年12月31日	全国国债期货市场总成交量2.8亿元，现货市场总成交量445亿元，埋下隐患
1995年2月23日	"327"国债期货事件
1995年5月18日	全国范围内暂停国债期货交易试点
2012年2月13日	国债期货试点重启，中金所开展5年期仿真交易

---

① 该定义来源于中国金融期货交易所相关材料。

续表

时间	标志性事件
2013年9月6日	5年期国债期货在中金所正式挂牌交易
2015年3月20日	中金所正式推出10年期国债期货
2017年2月27日	中金所开展2年期国债期货仿真交易

我国的国债期货在中国金融期货交易所交易，市场参与者包括自然人客户、非金融机构的一般单位客户、证券公司自营账户以及证券、基金、私募、期货的产品账户，商业银行和保险机构尚不能直接参与。现阶段，证券公司自营账户是参与国债期货交易最主要的机构，同时参与交易的资管产品数量和交易规模也迅速增长。

国债期货具有三大特征：一是为了提升交易活跃度，同时增强操纵价格的难度，国债期货引入"标准券"的概念，其标的资产为票面利率标准化处理后的虚拟债券，当前中金所国债期货合约中，标准券为票面利率3%、面值100万元的名义国债。二是国债期货采用实物交割，即到期时符合条件的一篮子可交割券通过转换因子折算成标准券进行交割。全球主要市场的国债期货合约，大多采用实物交割方式，相较于现金交割，实物交割更能发挥期货套期保值功能对现券价格波动的平抑作用，同时提高现券市场流动性。三是国债期货将一篮子债券纳入交割范围，提高操纵市场的难度。国债现券滚动发行，同一只债券存量有限，而现券交易的杠杆远小于期货，如果标的资产规模与期货差距过大，逼仓获利较为容易，失去了期货的价格发现功能。因此国债期货通过标准券的形式将一篮子债券纳入交割范围，提高操纵市场的难度。

2. 人民币利率互换

人民币利率互换是指交易双方约定在未来的一定期限内，根据约定的人民币本金和利率计算利息并进行利息交换的金融合约，其中一方的现金流根据浮动利率计算，另一方的现金流根据固定利率计算。

人民币利率互换的市场交易主体主要是全国银行间债券市场参与者，具体包括政策性银行、国有商业银行、股份制商业银行、城商行及部分农商行、外资银行、保险、券商、非金融企业和部分金融产品，但现阶段公募基金尚未得到参与人民币利率互换业务的准入资格。在市场交易主体中，具有做市商或结算代理业务资格的金融机构可与所有的其他市场参与者进行利率互换交易，其他金融机构则可与所有金融机构进行出于自身需求的利率互换交易，非金融机构只能与具有做市商或结算代理业务资格的金融机构进行以套期保值为目的的利率互换交易。

根据规定,人民币利率互换的参考利率应为经中国人民银行授权的全国银行间同业拆借中心等机构发布的银行间市场具有基准性质的市场利率或中国人民银行公布的基准利率,如回购定盘利率、SHIBOR、DEPO 等。市场上常用的一些交易惯例如表 2 所示。

表 2　　　　　　　　　　人民币利率互换市场惯例

浮动利率	重置频率	支付周期	固定利率计息基准	固定利息计息方法	浮动利率计息基准	浮动利率计算方法	起息日
FR007	周	季	A/365	单利	A/365	复利	T+1
3MSHIBOR	季	季	A/365	单利	A/360	单利	T+1
SHIBORO/N	天	到期	A/365	单利	A/360	复利	T+0
1Y DEPO	年	年	A/365	单利	A/360	单利	T+1

人民币利率互换具有四大特征:一是无本金交割,仅以一个季度为周期轧差交割固定和浮动端的利息;二是多个期限品种已实现集中清算,日内交易活跃,市场透明度较高;三是对市场利率较为敏感,与国债价格走势的相关性通常超过 0.8,且其价格变动往往领先于国债,幅度也大于国债;四是引入统一的交易主协议,通过一系列基础性的制度安排降低违约风险,从而提高市场运行效率。

人民币利率互换业务的主要作用包括三个方面:一是降低融资成本,由于不同的投资者在不同的金融市场的信用评级不同等原因,融资的利率也不同,存在相对的比较优势,而利率互换则可以利用这种相对比较优势进行互换套利以降低融资成本。二是具有对所挂钩基准利率的价格发现功能,由于市场交易者的利率互换报价中本身已包含对未来利率走势的预期,市场上大量交易的达成可对基准利率形成较为准确的一致性预期。三是套期保值较为便利,由于利率互换可定制化的特点,灵活性较高,可以实现衍生品和现券之间期限和金额的完全匹配,从而更好地进行套期保值。

3. 标准债券远期

标准债券远期是指在银行间市场交易的,标的债券、交割日等产品要素标准化的债券远期合约,于 2015 年 4 月由中国外汇交易中心和上海清算所正式推出。标准债券远期的基础资产为国开债虚拟券,期限品种包括 3 年期、5 年期和 10 年期,券种均为固息、不含权、按年付息的国开债(票面利率均为 3%),流动性方面则要求基础资产选取合约上市前 21 个营业日流动性最好的 2 只(流动性以成交笔数和成交量衡量,剔除对倒、代持等交易)。

标准债券远期的市场参与者包括银行间债券市场全体成员,其中上海清算所的清算会员可以直接参与交易,非清算会员通过综合清算会员基于代理清算间接参与业务。与传统的人民币债券远期和远期利率协议相比,标准债券远期以国开债为标的,并对关键要素进行标准化,从而提升交易的活跃度。

标准债券远期交易的作用主要体现在三个方面:一是为银行间债券市场提供了对冲利率风险的新工具,其推出弥补了商业银行、保险无法参与国债期货交易的空白,为其提供了除人民币利率互换之外的利率风险管理工具。二是拓宽债券衍生品标的范围,以国开债这一债券市场的主流品种作为合约的名义标的券和可交割券,有利于激发市场的套期保值需求,提升这一衍生品的流动性。三是期限设计满足市场主要需求,标准债券远期推出的三种期限对应的收益率曲线覆盖 2 年到 15 年,能够满足市场上大多数的对冲需求。

(三)票据衍生产品的创新发展设想

1. 票据远期

票据远期交易是指交易双方约定在未来某一时间按照事先确定的价格(执行利率)进行一定金额的票据买卖。借鉴上文债券市场的标准债券远期产品,可以考虑将票据远期产品进行一定程度的标准化,以提升其可交易性和市场活跃度。例如,今后由上海票据交易所主导推出主力品种和期限,前期先将国股票据①作为主力品种,规定期限为 6 个月或 12 个月。

例如,A 银行当前库存票据的期限结构显示,6 个月后集中到期票据较多,资产规模会有明显下降,且预计到时市场利率会下跌,则可以在上海票据交易所买入交割日处于该时间段的远期国股票据,一则可以规避市场利率下降导致利息收入减少的风险,二则减轻到时集中寻找票源的压力。A 银行为票据远期交易的买入方(Long Position)。

同样地,B 银行当前持有票据,6 个月后将会因压缩规模或者其他原因(如已经确定届时将发放一笔贷款,需要为相应的贷款腾出规模和资金)而出票,且预计到时市场利率会上升,则可以在上海票据交易所卖出交割日处于该时间的远期国股票据,一则可以规避市场利率上升导致利息支出增加的风险,二则避免万一到时难以找到合适交易对手而不计成本出票的情况。B 银行为票据远期交易的卖出方(Short Position)。

---

① 国股票据是指由国有商业银行和股份制商业银行承兑的票据,其信用等级较高,是市场上交易最活跃的主流品种。

2. 票据期权

票据期权交易是指期权买入方通过向期权卖出方支付一定费用（期权费），从而获取未来某一时间向期权卖出方按确定的价格（执行利率）买入或卖出一定金额票据的权利，期权买入方可以选择是否行使该权利，而期权卖出方必须在期权买入方要求行权时履行相应义务。进行票据期权交易，最主要的作用在于规避信贷规模调控以及信贷投放进度不确定给票据业务带来的风险。与票据远期相比，票据期权的买入方灵活性更高，但前提是支付了相应的期权费。

例如，A银行如果当前票据库存较多，担心未来货币政策会收紧从而需要压缩信贷规模，但是又不确定货币政策何时收紧，以及收紧的力度有多大，则可以买入一个卖出期权（Put Option，又称看跌期权）。未来若货币政策收紧，则行使该期权，向交易对方卖出票据；若货币政策未收紧，则放弃行使该期权，继续持有票据。另外一种情况是，A银行当前票据库存较低，预期未来货币政策会放松从而需要依靠票据扩充信贷规模，但是又不确定货币政策何时放松，以及放松的力度有多大，则可以买入一个买入期权（Call Option，又称看涨期权）。未来若货币政策放松，则行使该期权，向交易对方买入票据；若货币政策未放松，则放弃行使该期权，不增持票据。其他不确定因素（实体贷款投放进度的不确定）导致的票据业务风险，也可以通过期权交易进行规避。A银行为期权交易的买入方（Long Position）。

同样地，B银行如果预期和A银行相反且有充分把握，或者自身票据资产规模较大有足够的吞吐能力，可以和A银行达成期权交易，向A银行卖出一个卖出期权或买入期权，以获取期权费收入。B银行为期权交易的卖出方（Short Position）。

3. 票据互换

票据互换是指交易双方约定在未来的某一固定时点，根据约定的本金和票面利率计算利息并进行现金流交换的金融合约，其中一方的现金流根据浮动利率计算，另一方的现金流根据固定利率计算。由于票据的利息为贴现时支付的贴息，在其存续期内不产生利息现金流，因此与人民币利率互换的交换利息现金流有所不同，但可以借鉴人民币利率互换"固定换浮动"的机制设计，以促使对未来利率走势具有不同判断的双方达成交易。

例如，A银行买入票据资产组合10亿元，剩余期限平均为9个月，对应的票据买入市场利率为4.35%。假设3个月后市场利率上行30个基点至4.65%，倘若不做对冲，3个月后票据资产组合的年化持有期收益率为

3.88%；倘若做一笔挂钩票据收益率曲线隐含的远期利率，期限为6个月、名义本金为10亿元的票据互换，目前票据互换固定利率的参照市场价为4.25%，付固定收浮动。3个月后票据资产组合的年化持有期收益率经测算为3.88%，对于付固定收浮动方而言，票据互换合约价值为10×（4.65 - 4.25%）×0.5，整个组合收益率为3.88 + 0.2 = 4.08（%）。由此可见，相比于不做对冲，票据互换能够在一定程度上对冲利率风险。

4. 票据挂钩型结构化产品

所谓挂钩型结构化金融产品，主要包含三个基本要素，分别是基础资产、挂钩标的资产和相应的衍生产品合约。根据挂钩标的资产进行分类，现阶段我国金融市场上的结构化产品主要包括权益挂钩类、利率挂钩类、汇率挂钩类和商品挂钩类四种，其对应的基础资产一般为存款或债券。

随着我国金融市场不断深入发展，利率市场化的不断推进，以及人民币汇率制度的不断完善，挂钩型结构化金融产品的市场规模持续上升，产品种类更加丰富，逐渐成为市场上受欢迎的投资品种。将挂钩型的结构化产品设计引入票据市场，将其灵活的产品设计与票据这一基础资产相结合，有利于满足投资者个性化的风险—收益偏好，从而为市场吸引更多增量资金。

票据挂钩型结构化产品的基础资产为票据，由于SHIBOR是现阶段较为常用的基准利率，且与票据市场利率具有一定的相关性，挂钩标的可定为SHIBOR。票据挂钩型结构化产品可内嵌一个看涨期权，该产品设计的内在逻辑为票据资产的买入方希望对冲利率上行的风险，而SHIBOR和票据利率具有一定的正相关关系，买入SHIBOR的看涨期权能够在一定程度上对冲票据利率上行的风险。

具体而言，例如A银行卖出一批国股票据给B银行，同时附加一个结构化设计，期限为91天，挂钩3个月期SHIBOR利率，票据转贴现卖出利率为4.2%，触发线设定为4.6%，其最终的收益决定情况根据最终定价日3个月期SHIBOR是否达到触发线决定。倘若最终定价日3个月SHIBOR高于4.6%，A银行可将B银行的到期收益率补偿至4.5%；反言之，最终定价日3个月SHIBOR低于或等于4.6%，则不触发行权，A银行不针对该批票据进行利率补偿。

（四）票据衍生产品的市场影响

发展票据资产证券化产品，其主要作用包括三个方面：一是票据定价受到资金利率和信贷规模调控的双重影响，票据市场价格经常出现大起大落，并且票交所成立后市场利率波动更为频繁，而票据衍生品可以提前锁定未来将要承担的利率风险,提升业务经营的稳定性,随着新金融工具准则逐步实施,潜在的套期保值需求或逐步释放。二是票据衍生品具有价格发现的作用,能够对票据现货市场的价格进行合理调节。并且如果市场上存在票据互换等产品,可以通过一些曲线交易对票交所目前试运行的票据收益率曲线进行修正,使曲线形态更为合理。三是在票交所模式下,以往市场上利用信息不对称进行无风险套利的盈利模式难以维持,在二级市场上通过交易获利的难度也明显提升,而票据衍生品的直接交易或者代理清算等可能会是新的盈利增长点。

与此同时,票据衍生产品的发展也面临一些不确定性。一是票据衍生产品既可以用作规避风险,也可以用作投机性交易,因此会对经营机构的风险管理体系提出较高要求,因此也应注意限制投机性交易。二是衍生品普遍面临市场风险和操作风险,并且对于部分场外市场交易的票据衍生品而言,存在交易对手不履约的信用风险,因而业务开展也需谨慎。

四、票据借贷业务的发展设想

(一) 证券借贷的定义与概述

广义的证券借贷主要包括证券借出和证券回购交易,前者是指证券所有者采用质押的形式,向需要借入证券的一方暂时出借证券的行为(纽约银行,2002);后者则是指证券所有者将证券卖给交易对手,并约定在未来某一时间将同样数量的这一证券买回。本文讨论的证券借贷是指此处的证券借出。

从业务开展的驱动因素看,证券借贷业务开展的动因可分为证券驱动(Securities – driven)和资金驱动(Cash – driven)两种,前者是指出于对证券本身的需求而形成的借贷,具体包括套期保值、套利和做市等方面的需求;后者则是出于对资金的需求,资金需求方以自有的证券作为抵押而获得资金,约定在未来某一时间向资金供给方偿还资金本息并将抵押的证券收回。

(二) 国内债券借贷业务发展情况概述

债券借贷是指债券融入方以一定数量的债券为质押物,从债券融出方借入标的债券,同时约定在未来某一日期归还所借入标的债券、支付一定的借贷费用,并由债券融出方返还相应质物的债券融通行为(李理,2015)。

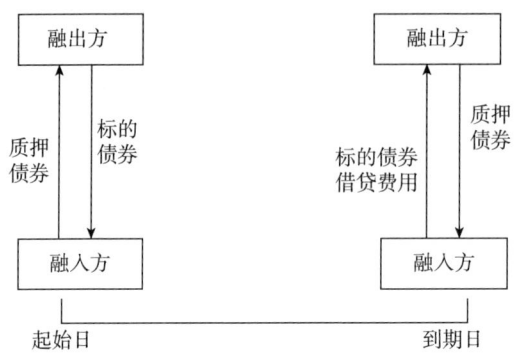

图 1　债券借贷业务开展流程

债券借贷业务作为证券借贷的一种，自 20 世纪 90 年代以来发展迅速。金融危机后，随着《巴塞尔新资本协议Ⅲ》《多德—弗兰克法案》等新的监管法案和监管要求出台，全球债券借贷业务的发展也进入更加规范化、信息透明化的新阶段，各国债券借贷大多引入中央对手方清算机制，目前在欧美市场逐步出现了集中化的电子债券借贷交易平台，第三方担保品管理服务也明显增加。

我国债券借贷业务始于 2006 年，人民银行颁布《全国银行间债券市场债券借贷业务管理暂行规定》正式推出债券借贷业务，一方面旨在为银行间债券市场参与者提供融券便利，另一方面也可为债券市场提供做空手段。然而在此后的多年时间里，由于市场尚未成熟、参与机构较少，债券借贷业务基本陷入停滞状态。从 2012 年起，随着国有大中型商业银行陆续开展债券借贷业务，交易机制、法律文本、操作规程等方面逐渐完善，并且债券市场品种更加丰富、存量规模更多、交易更趋活跃等，债券借贷业务迎来迅速发展，参与机构由 2012 年的 6 家增加至 2017 年的上百家，由 2012 年的 203 亿元上升至 2017 年的 2.21 万亿元①。

根据规定，债券借贷业务目前仅在银行间债券市场开展，最长期限不超过 365 天。从参与者结构上看，当前债券借贷业务参与机构主要有商业银行、券商以及资管产品。其中商业银行债券持仓较多，并且持仓结构上以利率债为主，因此以融出交易为主；证券公司等由于债券持仓较少，并且所持券种大多为信用债，因此以融入交易为主②。

从成交期限来看，2017 年全年债券借贷交易以 2 个月（含）以内品种

---

① 数据来源于中国债券信息网。
② 债券借贷业务通常是借入高等级利率债以满足日常流动性管理等需求。

为主。2个月（含）内债券借贷交易量占比84%以上，其中1个月和2个月品种分别占比20%和16%，7天、14天、21天、3M品种分别占比11%、18%、12%、10%，其余品种占比均低于10%[①]。

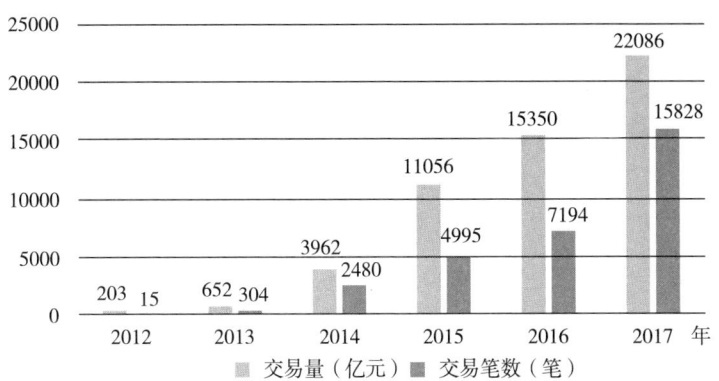

图2　2012—2017年债券借贷市场增长情况

债券借贷业务的主要作用包括以下几个方面：一是对于市场而言，债券借贷业务的开展有利于增加市场上可用于交易和结算的高等级债券数量，从而提升债券市场流动性，同时也为市场参与者提供了新的业务模式和风险管理新手段；二是对于债券融出方来说，有利于盘活库存债券资产，尤其是持有到期型市场参与者，既不影响其资产配置的稳定性，又可在此基础上增加额外收益；三是对于债券融入方而言，由于进行质押式回购融资时，使用信用债质押的成本较高，并且市场接受度低于利率债，因此通过债券借贷业务将库存信用债置换为利率债再进行质押融资有利于降低融资成本，提升融资效率，同时还可以通过预测债券收益率曲线的变化进行风险对冲等操作。

（三）票据借贷业务的发展设想

由于票据和债券存在一些共性同时也有差异，因此在具体的业务模式和对于市场参与者有共同点也有不同点。

从票据市场现阶段的经营模式和票据资产的特性出发，票据借贷业务主要有以下几点业务创新方向：一是可以考虑将票据借贷设计为同业间和系统内两种，对于同一法人机构而言，可以考虑由上海票据交易所创设系统模块，使总分机构之间可以无质押相互借贷，票据借入方向借出方支付一定的费用。具体而言，总行向分支行借入票据，用于开展卖出回购业务，

---

① 数据来源于中国债券信息网。

在约定期限到期后将所借票据归还分支行并支付相应的借贷费。这一业务模式设计主要是从目前票据承兑、贴现业务主要由商业银行的分支机构经营,而在监管要求同业业务总行专营的背景下,票据买入返售和卖出回购业务则由总行集中经营,在此背景下,总行机构开展卖出回购业务时容易面临库存票据不足的问题,通过系统内的票据借贷业务有利于提升票据资产的配置效率,使同业业务总行专营得以更好地落实。

二是对于票据库存较多的机构来说,出于资产配置方面的考虑或不愿卖出票据,但同时也希望提升库存票据收益,在此情形下可以通过同业间或者系统内的票据借贷业务赚取借贷费,盘活存量票据资产,提升资产收益。

三是票据借贷业务可以与其他票据产品创新相结合,实现二次创新。例如,上文提及的在上海票据交易所场内创设可以动态循环发行的票据资产证券化产品,将其与票据借贷业务相结合,投资者可根据对未来票据收益率的预判,借入一定的票据资产证券化产品份额进行卖空,到期时再买入同等数量的产品份额归还借出方。

(四) 发展票据借贷业务的市场影响

发展票据借贷业务,其主要作用包括四个方面:一是满足卖出回购业务集中经营的票源需求;二是和债券借贷业务相类似,票据借贷将一些原本暂时不流动的库存票据出借给需要票据的机构,增加了市场上可用于交易和质押的票据数量,有助于提高市场的流动性;三是有利于融出机构盘活存量资产,增加收益来源;四是与票据产品创新相结合,进一步增强票据业务的灵活性。

与此同时,票据借贷业务的发展也面临一些不确定性。一是进行同业间票据借贷业务的最大风险是交易对手方的信用风险,倘若到期日票据融入方没有足额票据、足够资金用于结算,则融出方将面临损失。二是票据借贷业务面临一定的法律风险,票据质押作为权利质押的一种形式并非所有权的转让,当违约发生时融出方并不能立即获得质押票据所有权而进行处置,首先还需向交易对手方追索,在追索无果时再通过仲裁、诉讼的方式解决。

五、票据做市业务的发展设想

(一) 做市商制度与做市业务的定义与概述

按价格形成方式不同,交易制度可分为询价制度、竞价制度和做市商制度。全球证券市场在发展初期都是以柜台询价的交易方式为主,但随着交易技术的进步和市场发展越来越成熟，询价制度开始无法满足交易主体对交易规模化和高效率的要求，因此绝大多数证券市场逐渐转向竞价（Auction）制度和做市商（Market Making）制度。

做市商制度是指在报价驱动（Quote-driven）下，监管层选择部分市场参与机构作为做市商，为市场提供连续报价并在所报价位接受其他市场参与者的买卖要求，虽然要承担市场价格波动的风险，但也可通过买卖价差（Bid-ask Spread）赚取一定的收益（胡炜，2013）。做市业务则是做市商制度下产生的业务模式。

做市商制度主要适用于市场参与者较多，产品存在一定差异，单笔交易额较大的柜台交易中。尤其是对于以机构投资者和大宗交易为主的市场来说，这种报价驱动模式具有成交速度快、成本可控的优势，能够更好地满足交易者的诉求。

做市业务主要具有三大特点：一是具有价格发现功能，相较于普通投资者而言，做市商的专业性更高，也具有更多的信息优势，在估值定价方面的专业能力可以使市场上的报价更加趋近于证券的内在价值；二是能够提高市场流动性，由于做市商在自己报出的价格区间内需要无条件接受投资者的买卖请求，因此大大提升了市场交易达成的概率，有利于活跃市场，提高市场的流动性；三是能够有效稳定市场，促进市场平稳运行，尤其是在剧烈波动的市场环境下能够在一定程度上遏制过度投机，维护市场价格稳定。

（二）我国银行间债券市场做市业务开展情况概览

2000年初，中国人民银行首次在《全国银行间债券市场债券交易管理办法》中加入双边报价规定，鼓励金融机构开展债券双边报价，为银行间债券市场做市商制度的建立做准备。2001年7月，随着9家商业银行获得全国银行间债券市场双边报价商资格，做市商制度开始在银行间债券市场实施。2007年，央行发布了《全国银行间债券市场做市商管理规定》，将双边报价商正式更名为做市商，并降低做市商准入标准，加大对做市商的政策支持力度。2008年4月，交易所协会发布《银行间债券市场做市商工作指引》，建立起做市商的指标评价体系，并于2010年4月进行了修订。2014年6月，全国银行间同业拆借中心发布《银行间债券市场尝试做市业务规程》，使做市机构有所扩容，并能够通过尝试做市制度进行公开连续竞价。2016年8月，交易商协会发布《银行间债券市场做市业务指引》和《银行间债券市场做市业务评价指标体系》，旨在完善做市商制度以及相应的评价指标。2016年9月，财政部联合人民银行发布《国债做市支持操作规则》，支持国债开展做市业务。根据交易商协会 2017 年 7 月发布的《银行间债券市场做市机构名单》，银行间债券市场共有做市商 30 家（包括 21 家中资商业银行、1 家政策性银行、3 家外资银行和 5 家证券公司），尝试做市机构 54 家（包括 47 家综合做市机构、7 家专项做市机构）。

（三）票据市场引入做市业务的设想

首先，由于做市业务的开展能够为市场提供持续的流动性支持，使票据市场大宗交易能够在较短时间内达成，尤其是对于商票而言，做市业务对活跃交易度、定价效率等方面的提升作用更加突出。对于商业承兑汇票的二级市场交易，其发展壮大需要高度发达的信用评级制度作为支撑，但现阶段我国的商票信用评级制度尚未建立，交易的定价缺乏统一和权威的依据，难以对信用风险进行公允定价，从而导致商票交易的不活跃。倘若在票据市场做市商制度设计时，上海票交所能够在对做市商的评价指标体系中加入对商票报告的考核评价，鼓励商票做市业务的开展，将有助于提升商票交易的活跃度，提高商票的流动性，并且也有助于提升商票定价的有效性和公允性。

其次，票据做市业务可以与上文所述的票据衍生产品相结合，相互推动、共同发展。由于从银行间债券市场等的经验看，做市商开展做市业务所面临的最大风险为存货风险，即当存货不足时卖空的风险和存货过多导致估值亏损的风险。做市商为了减小存货风险，除了需要及时调节做市头寸水平外，还需通过相应的衍生品来对冲风险。通过丰富做市业务的对冲手段，做市商所承担的风险能够更加有效地化解，也有利于提升其开展做市业务的积极性。

最后，票据做市业务由于需要承担报价义务以及额外的风险，因此其开展需要政策层面和考核机制上的激励。上海票交所可针对票据做市业务制定相应的考核标准体系，对于年度考核评分靠前的机构给予一定的奖励，例如在再贴现政策和业务额度给予票据市场做市商一定的优惠，使其能够获得再贴现业务办理的快捷通道或是更多的再贴现业务额度，从而提升做市商开展票据做市业务的积极性，避免出现做市业务流于形式的状况。

（四）发展票据做市业务的市场影响

发展票据做市业务，其主要作用包括三个方面：一是稳定票据市场，做市商可以运用自有资金或持有票据，在报出的买卖价位接受普通投资者的买入或卖出行为，一方面可以及时满足普通投资者的需求，保证市场流动性，另一方面可以与普通投资者达成大额交易避免引起市场价格剧烈波动，保证价格平稳运行。二是活跃票据市场交投并提升定价效率和公允性，做市商承担了市场组织者角色和发挥着桥梁作用，可以通过专业化、规模化、规范化运作和多元化创新来满足各方诉求，提升票据市场交易活跃度，尤其对于商票交易活跃度的提升具有重要促进作用。三是票据做市业务具有和其他票据业务或产品创新相结合的可能性，与之相互促进、相辅相成。

与此同时，票据做市业务的发展也面临一些不确定性。一是票据做市商面临一定的存货风险，在开展做市业务的过程中，做市商的票据库存量过高或过低都存在相应的风险。二是票据做市商开展做市业务会面临流动性风险，倘若未建立起有效的流动性风险治理体系，对于票据资产的流动性管理能力不足，将会影响做市业务的开展。三是票据做市业务面临操作风险，从银行间债券市场的历史经验看，做市商的报价不排除利益输送和操纵市场价格的可能，因此需要做市商通过加强内控合规管理予以规避。

参考文献

[1] 胡炜. 我国银行间债券市场做市商制度研究 [D]. 上海：上海交通大学，2013.

[2] 黄洵. 证券借贷市场的影子银行风险防范机制 [D]. 上海：上海财经大学，2014.

[3] 姜亚鹏，吴振永，姜玉梅. 中国信贷资产证券化监管研究综述 [J]. 昆明理工大学学报（社会科学版），2016，16（3）：50-66.

[4] 李理. 人民币债券借贷市场介绍与展望 [J]. 债券，2015（5）：50-54.

[5] 刘建. 我国结构化产品市场现状和未来产品设计构想 [D]. 上海：上海财经大学，2005.

[6] 陆梦姣. 我国商业银行利率挂钩型理财产品设计与定价研究 [D]. 南京：东南大学，2015.

[7] 马永波，郭牧炫. 做市商制度、双边价差与市场稳定性——基于银行间债券市场做市行为的研究 [J]. 金融研究，2016（4）：50-65.

[8] 纽约银行. 关于证券借贷市场的几个问题 [J]. 国际金融研究，2002（8）：72-78.

开通上海自贸区离岸人民币直接进入境内证券市场专项通道的战略意义

钱　俊　杨雁捷[①]

国内资本市场开放是一个渐进的过程，随着国内实体经济的高度全球化，资本金融市场的开放呼声越来越高，管理层也在逐步回应市场的呼声，有序地推出了各项资本金融项目开放措施，QFⅡ、RQFⅡ、沪深港通陆续落地运作，有力地推动了人民币国际化和资本金融项目的改革，然而，近一个阶段以来，内外部环境剧变，使我们不得不思考新的对外开放的金融投资通道以应对恶劣的内外部环境。对内，国内宏观杠杆率高企，金融资产风险加大；对外，贸易环境恶化，人民币贬值压力巨大。转移国内资产风险降低宏观杠杆率、建立离岸人民币金融生态圈，急需构建上海自贸区离岸人民币直接进入境内证券市场专项通道（Offshore RMB Securities Investment Tunnel，ORSIT）。该通道的开放对人民币国际化和资本金融项目改革具有重大意义，而在此时点推出又具有重要的现实意义。

一、ORSIT 运行机制介绍

在积累了 QFⅡ、RQFⅡ、沪深港通等经验的基础上，在上海自贸区开通由离岸人民币第三方托管账户直接通过自贸区证券公司、期货公司等开立专用交易账户，实行封闭管理，由离岸托管账户资金直接进入境内证券市场进行交易，待卖出证券变现后依然原路返回到离岸托管账户。此处的证券市场为泛指可以公开交易特定金融资产的市场，可以包括沪深证券市场、金融期货市场、商品期货市场以及其他可以封闭管理运作的公开金融市场，初期可以先以沪深证券市场、金融期货市场作为试点推进。我们可以把这种便利化措施简称上海自贸区离岸人民币直接境内证券市场专项通道（Offshore RMB Securities Investment Tunnel，ORSIT）。

这种便利化通道，海外投资者无须专项申请，按流程在上海自贸区指定银行开立离岸人民币第三方托管账户，在上海自贸区指定证券期货服务

[①] 作者单位：钱俊，中国人民银行上海总部；杨雁捷，华融国际。

商开立交易账户即完成所有手续，非常快速便捷，今后也可在上海自贸区授权证券期货服务商开展互联网在线开户服务，授权银行在线开立或海外代理行代理开通第三方托管账户等更为便捷的方式，这可以极大地便利海外投资者进入境内证券市场。若有可能，进一步开放海外电子网络交易经纪商参与作为自贸区证券期货交易服务商的话，将对海外投资者有较强的吸引力，尤其是个人投资者。

二、ORSIT 的开通意义分析

1. 对冲外部环境引发的汇率贬值预期

当前全球经济外部环境复杂波动，中美贸易摩擦、美联储利润进入加息周期、欧洲央行将退出 QE 等都会对我国的人民币汇率产生较大的长期影响。一旦发生人民币贬值预期后，离岸人民币（CHN）相对在岸人民币（CNY）会更便宜，从而引发海外出口商不再倾向于使用人民币来接收货款，致使离岸人民币的供给渠道受阻，离岸人民币总额减少，离岸人民币市场萎缩。即当 USDCNY − USDCHN < 0 时，离岸人民币总额就会减少，反之就会增加。

如图 1、图 2 对比所示，2015 年"8·11"汇改后，汇率贬值预期明显，导致 USDCNY − USDCHN < 0 持续了较长的一段时间，从而引发中国香港、中国台湾和新加坡三地的离岸人民币存款总量明显下降。因此，要避免出现长时间的汇差为负才能维持较为稳定的离岸人民币规模，因此对冲汇率贬值预期是十分关键的核心。就当前外部环境而言，以下三个因素对人民币贬值预期会产生比较明显的影响。

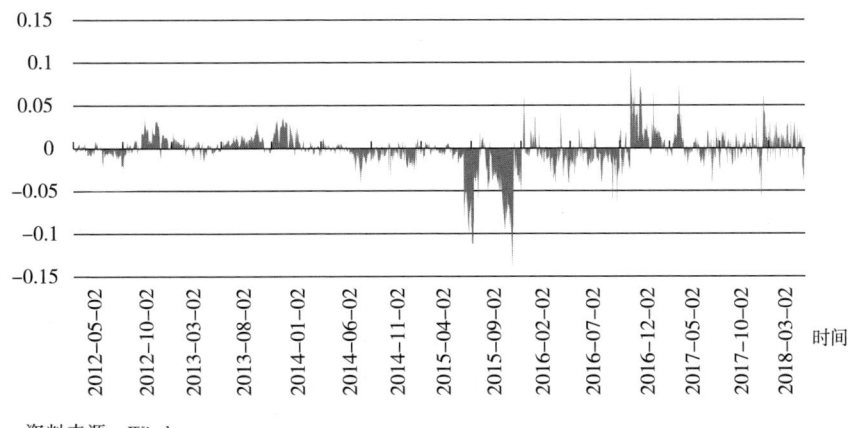

资料来源：Wind。

图 1　在岸人民币与离岸人民币汇差

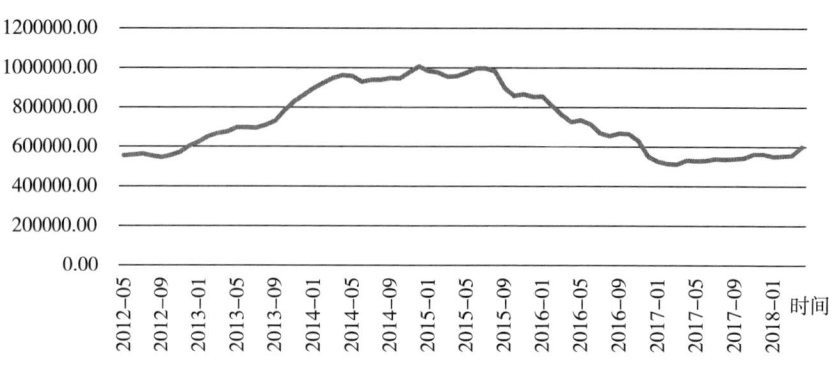

资料来源：Wind。

图 2　中国香港、中国台湾和新加坡的人民币存款总额

①中美贸易摩擦。就一般汇率预期的逻辑而言，中美贸易摩擦预期将大幅减少中国的贸易顺差，因此外汇储备增幅可能会大幅减少甚至出现总量净减少的情况，这就会使人民币汇率相对走弱的预期增加。但中美贸易摩擦很大程度上是被动参与的事件，发动者及主动权并不在中国这一方，因此该变量为外生。

②美联储利率进入加息周期。这一事件的影响是明显的，美联储每次进入加息周期均会给新兴市场经济体产生资金净流出，引发本币贬值，触发局部国际支付危机。加上美国发起的贸易摩擦可能使美国通货膨胀预期更为强烈，进而引发更强的加息预期。但此变量依然是外生的。

③欧洲央行退出 QE。该事件的影响与美联储加息雷同，均是收缩货币供给的行为，同样也是外生变量。

因此总体而言，外部环境对于人民币汇率走势的预期均是利空的，且都是外生变量，这大幅增加了中国央行对人民币汇率走势预期引导的成本，因此急需一个可以增强海外投资者持有人民币意愿的市场工具来对冲这种汇率贬值的预期。由于 ORSIT 使用的是离岸人民币作为交易结算货币，所以海外投资者需要在离岸市场兑换人民币后方可进入，因此可以增加离岸人民币的需求，对冲离岸人民币贬值的预期，进而抑制在岸人民币贬值冲动。

2. 对冲内部环境引发的资本金融项下净流出的风险

沪深港通是双向互通的，内部环境恶化易引起境内在岸资金净流出，增加离岸人民币的供给从而引起离岸贬值的预期，而恰恰是内部环境恶化时更需要境内在岸资金的稳定，因此急需一个对冲机制，可以吸收新增的离岸人民币的供给。

表 1　　　　　　　　自开通沪深港通以来资金流向总额

（截至 2018 年 6 月 22 日）　　　　　　　　　　单位：亿元

沪股通（沪港通北向）	2798.05	5095.63	-2156.64
深股通（深港通北向）	2297.58		
港股通（沪港通南向）	5406.59	7252.27	
港股通（深港通南向）	1845.68		

资料来源：Wind。

如表 1 所示，截至 2018 年 6 月 22 日的数据，沪深港通自开通以来，境内在岸资金净流出是 2156.64 亿元，且每次沪深 A 股市场遭遇较大跌幅或走弱时，均会出现较为明显的资金净流出问题，由于沪深港通的资金流动是完全自由和实时的，因此 A 股市场波动变大或存在重大悲观预期时就会引起持续的资金大额净流出问题，必然会在短期内大幅增加离岸人民币的供给，从而引起离岸人民币市场产生贬值预期。

而 ORSIT 是单向通道，不是双向通道，因此不会引发境内在岸资金的净流出，最多只是离岸资金从境内金融市场的撤出，不会大幅额外增加离岸人民币的供给，所以对跨境资本管理来说更为安全。同时 ORSIT 提供的金融资产投资品种更为丰富，这些金融投资品种里本身就具有对沪深 A 股市场起到对冲作用的金融工具，比如直接对冲工具股指期货、股指期权，也有结构性组合对冲工具，比如 TRS、固定收益市场、商品期货市场等这些与 A 股市场相关性较小或相反的金融品种存在，可以使离岸人民币有一个稳定的金融市场需求，对冲因为看空 A 股而产生的境内在岸人民币净流出导致的贬值预期。

看多 A 股，离岸人民币需求增加，汇率产生升值预期，海外出口商倾向于接受人民币支付，离岸人民币供给增加，ORSIT 提供离岸人民币多元化金融资产配置需求，使汇率基本稳定。反之，看空 A 股，境内在岸人民币净流出，离岸人民币供给增加，ORSIT 提供 A 股避险投资组合品种，从而吸纳了新增的离岸人民币供给，也维持汇率稳定。由此可见，开放 ORSIT 可以为海外离岸人民币持有者提供一个稳定金融生态圈，有多种不同组合的工具可以满足离岸人民币持有者多种类型的风险组合对冲，使资金不会因为单边的变化而单向大额持续地净流出，增强了金融跨境资金流动的稳定性。

当人民币汇率长期处于稳定坚挺的预期时，市场将会逐步把人民币看成是一种安全避险的货币，逐步增加其持有量，因此海外出口商会更倾向于接收中国进口商的人民币付款,同时海外进口商则更倾向于使用美元支付中国出口商的货款,这将使我国外汇储备的稳定有比较强的保障,同时离岸人民币的市场化输出有了稳定的贸易与服务渠道基础,同时离岸人民币又可通过 ORSIT 在金融项下回流在岸的金融交易市场,逐步形成一个稳固的人民币跨境良性循环机制。

3. 转移国内资产风险,增加离岸金融产品供给,并降低国内宏观杠杆率

目前国内宏观杠杆率上升较快,整体负债率偏高,稳健的降杠杆途径有三个:第一个是通过增加企业盈利能力,逐步降低存量债务的比重,实现降杠杆;第二个是通过股权市场增加股权融资规模,从而通过快速增加股本净资产的方式来修复资产负债表;第三个是将存量资产进行资产证券化,通过现金流重组后打包进入金融交易市场,从而实现资产转让。

第一种降杠杆的方式速度较慢,周期较长,受宏观经济环境和产业周期影响较大,不是一个纯粹金融财务层面问题,而是一个产业升级,结构性供给侧改革的问题,比如国企混改,比如财税体系改革等,因此需要较长的变革周期。

第二种降杠杆的途径需要一个强大的股权市场,包括一级市场和二级市场,一级市场也需要二级市场的引导,毕竟一级市场投资者也希望通过二级市场实现投资退出的,因此强化沪深 A 股市场作为股权投资的定价市场,对于整个产业股权定价具有非常重要的锚定作用。因此开放 ORSIT,引入更多的海外投资者,也可增加 A 股市场的资金供给,也可以使 A 股市场的定价基础更具国际认可度,有利于增强 A 股市场的对产业引导的作用。比如,现在很多高科技公司在境外证券市场上市,自然其定价基础是受境外股市所主导的,而这种定价基础又反过来会影响国内类似科技企业在一级市场的定价估值。但这些在海外上市的科技公司其实际经营主体是在国内的,因此海外市场对国内经营产业情况存在大量的信息不对称问题,导致定价偏差,这不利于国内同类产业的价格锚定。因此开放 ORSIT,引入海外投资者直接投资境内股市的好处是,国内股市可以向海外投资者输出国内产业的定价逻辑和基础,此途径对于产业发展的引导意义更大。

第三种降杠杆途径是资产证券化,这是被美国等发展经济体广泛使用的一种资产风险转移的有效方式。美国次贷资产通过资产证券化 MBS、ABS、CDO、CDS 等,通过以美元结算的金融市场向全世界投资者发行,最终的这种风险资产由全世界投资者为美国分担。在国际市场上还有一种基于巨灾风险,诸如大地震、飓风、海啸等一旦发生将导致极其巨大损失的

风险,也可以通过设计巨灾债券(Cat Bond①)和 ILS(Insurance - linked Securities)等保险资产证券化的方式向全世界发行,由全世界更专业的投资者来分担这种巨大风险,这对于国内的风险转移及风险管理是具有极大战略意义的。

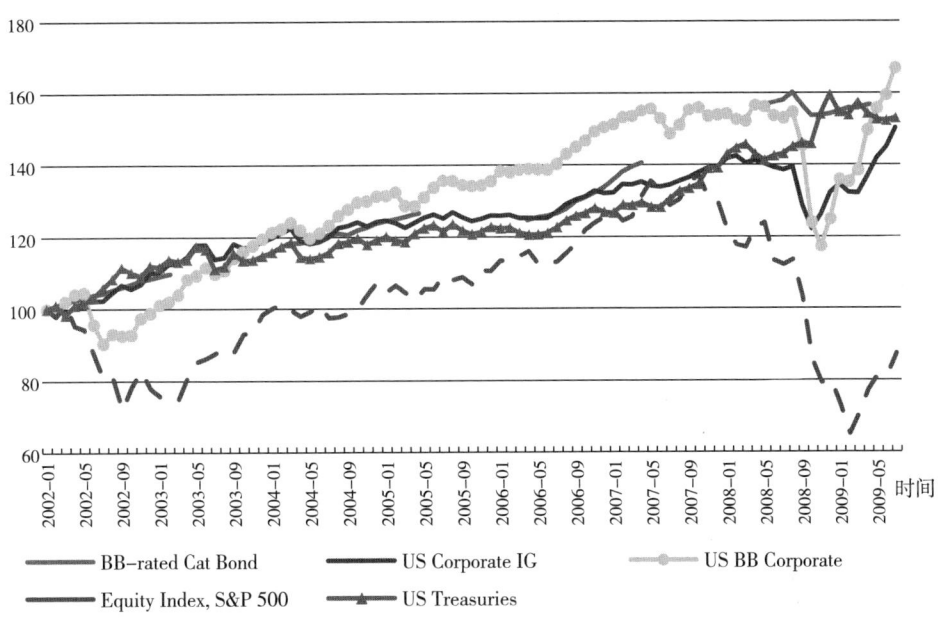

资料来源:Bloomberg、Swiss Re。

图 3 海外 BB 级巨灾债券与主要金融投资品种的对比

如图 3 所示,即使在 2008 年和 2009 年时次贷危机,美国标准普尔 500 指数暴跌时,BB 级的巨灾债券(BB - rated Cat Bond)依然获得了非常稳健的投资收益,这就说明其作为一种与现有资产相关性很小的资产具有很好投资组合价值。这其中很重要的原因在于,巨灾债券或其他 ILS 保险证券化金融产品是对原始风险资产做了一个风险组合,比如加州飓风与日本地震组合,这种风险重组有助于这种证券对巨大资产灾害产生较强的组合抵御能力,分散了过度集中的单一风险,对转移国内风险暴露具有很强的战略意义。

按以上逻辑,广泛的资产证券化产品,通过金融市场向海外投资者投放,不仅可以吸纳大量的离岸人民币,还可以降低国内整体的资产负债率和宏观杠杆率,比如像中长期的由长寿风险构成的巨额养老金远期负债风

---

① 巨灾债券,完整的表述应为 Catastrophe Bond,简称为 Cat Bond,戏称为猫债。

险，这种随着中国老龄化的快速上升，只能越来越严重，如果通过保险资产证券化的方式，将特定长寿风险组合进行打包出售，由整个金融市场来分担这种风险，就可以大幅降低其养老金远期负债的压力。由于这个金融市场对离岸人民币海外投资者的开放，可以使国际上更为广泛的专业化投资机构进来参与更为专业的特定领域资产证券化金融产品的设计开发，比如海外市场 ILS 证券，有很大一部分就是由瑞士再保险和高盛合作承销发行的。

此外，在离岸市场，也可以根据其投资的国内证券金融市场的基础金融资产再做二次金融衍生品开发，比如结构性挂钩票据，这是一种可以根据投资者定制风险收益组合类的金融衍生品，比较常见的有 CPPI、VPPI 等结构性保本策略组合，可以供个人及机构的投资，这类衍生品在海外资产管理领域使用极为广泛，也可极大地扩大离岸人民币资产的容纳空间。

4. 逐步构建人民币的离岸蓄水池

当前国内货币"蓄水池"的主流观点认为房地产承载了"蓄水池"的主要功能，从而为超发货币提供了一个吸纳的空间，从而抑制了通货膨胀。但这种模式的伤害也是有目共睹的，即超发货币并没有给实体产业的发展提供足够的资金，反而抑制了实体产业的升级，抑制了居民的消费潜力，拉高了宏观杠杆率，催生了房地产资产的泡沫。没有提高中国整体全要素生产率的情况下，却大幅增加了负债率，因此这种"蓄水池"在中长期的维度看是有害的，对实体经济和居民消费是有"挤出效应"的。并且使中国的货币政策陷入一个两难境地，即如果为了降低实体经济融资成本而适度增加货币供给，则可能催大房地产的资产泡沫，如果收紧货币供给，又会伤害实体经济的发展，同时又有可能对房地产资产泡沫产生过快的破坏式挤压，导致出现局部的金融风险，进而冲击到金融机构资产负债表的安全，再进一步抑制实体经济的资金供给和市场需求。微观层面的结构性供给侧改革肯定是非常有必要的，但微观改革的进度往往会受到多方因素的影响而需要较长的实施周期。

如果需要改变这一局面，通过放开 ORSIT，这样既可以引入新增资金来吸纳企业的新增股权融资需求，从而改善企业资产负债表，同时也可以为货币政策提供一个缓冲的"蓄水池"。比如，货币政策的定向宽松，使实体经济获得定向货币供给，这种货币供给再转化成对应实体经济的金融资产，比如特定实体企业的股票、ABS 等可在公开金融市场交易的证券金融产品的价格上升，当价格上升到一定程度后，海外投资者通过 ORSIT 会逐步卖出相应金融资产变成离岸人民币的供给投放到离岸市场，实现货币供给的溢出效应，因此可以控制在境内的金融资产价格上涨水平，同时海外投资者因为持有的离岸人民币资产大幅升值了，由于收入效应的作用也会增加使用离岸人民币购买贸易与服务以及FDI投资，这样便完成了对更广泛国家和地区的离岸人民币投放，从而增加其他国家和地区央行储备货币中的人民币权重，其他国家和地区央行增持的离岸人民币也可以投资于中国央行发行的票据，从而实现货币的回笼。反之，中国央行收紧货币，金融资产价格下降，因此在其他不变的情况下，中国金融资产看起来更便宜，因此ORSIT海外投资者就会增加对中国金融资产的增持，海外离岸人民币又会从其他国家和地区流回中国金融市场，以填补中国央行货币收紧所造成的资产价格下降的空间，可以使资产价格始终处于一个可以自我调节的收敛状态，形成一个"蓄水池"作用，使我国货币政策可能具有更强的主动性和操作空间。

5. 有利于吸引创新科技企业在境内上市

在以互联网信息经济为代表的新兴产业崛起的最近十多年，中国一批优秀的互联网企业均选择在纽约或香港上市，这不免让沪深证券市场感到失落。由于新兴产业大量选择海外上市，也会使沪深证券市场逐步出现劣币驱逐良币的现象，越是公认的好企业，越是选择海外上市，越是二三流的企业反而可以在境内圈钱。不管导致这种现象的根本原因是什么，都值得整个金融从业人员反思，为何我们的金融市场留不住在产业中可以证明自己价值的企业？

我们认为核心有三个方面原因：

（1）新兴科技企业都得到了海外投资机构的大量私募股权投资资金，而目前国内的沪深证券市场依然未完全对海外投资者开放，这就导致海外投资者选择境内A股上市很可能还是无法实现完全退出的问题。因此考虑到证券市场对外开放程度与金融项下可兑换程度，因而选择了海外上市，更有利于海外投资者的顺利退出。

（2）新兴科技企业在公司治理模式上的创新尚无法得到国内证券市场法规制度的认可，比如同股不同权的问题。此外，国内证券法律制度与美国、中国香港等有一定的区别，如重信息披露轻审核、重事后惩罚性赔偿而轻事前否决等，因此很多新兴科技企业的产业模式在未获得审批官员认可的情况下，很可能无法获得审批通过上市。这主要说明国内证券市场的制度建设缺乏对新兴事物的包容性，既然是证券市场，那在确保公平公正公开的情况下，应该把更多选择权交给市场本身，由市场来甄别什么是可以被接受的产业模式，什么是可以被接受的公司治理模式，而不是由人的主观判断来决定，毕竟人的认识都是有局限性的，且规则也是滞后于事物发展的。

(3) 国内缺乏对新兴科技产业的定价锚定基础，习惯使用传统行业的定价逻辑对新兴产业定价，这就导致定价无法真正反映产业本身的价值。

因此，通过开放 ORSIT，首先可以解决第一个问题，即海外投资者退出问题。海外投资者可以在被投企业境内上市后，卖出其股票，在获得对应人民币后转入其在上海自贸区的离岸人民币第三方托管账户实现退出，由于离岸人民币本身是完全可自由兑换的，因此也不会存在换回其原始投资本币的障碍。

第二个问题，在开放 ORSIT 后，拥有了可以接受并充分认识这些新规则的投资者，那么适时修改相应的规则也更容易获得市场的认可，有利于推动制度的演进。短期而言作为一种权宜之计，可以基于已经在海外上市的新兴科技公司的股票，在境内沪深证券市场发行 CDR，实现曲线回归。

第三个问题，在 ORSIT 开通后，海外投资者可以寻求在境内发行 CDR 的企业所对应其海外原上市地股票之间进行配对交易，即该公司在境内 CDR 价格低于海外原股票价格时，可以买进 CDR，而抛售海外原股票，待 CDR 价格上涨超过海外原股票时，又可以抛售 CDR，买入海外原股票。这种配对交易，可以引导国内证券市场对这些新兴科技企业的股权价值有一个发现的过程。为今后沪深证券市场对于新兴科技公司的定价有更为成熟的认知。

所以开放 ORSIT 对于改善沪深证券市场上市企业结构，引导投资者发现新兴科技企业以及新型股权资产有一个很好的优化意义，对于吸引优质企业选择在沪深证券市场上市具有重大的战略意义。

6. 对构建上海国际金融中心具有极大战略价值

建设国际金融中心最核心的是能够市场化，吸引到足够多的国际化优秀金融机构和高端金融人才，而要能够吸引到这两点的核心是这个地区是否有足够的市场需求需要这些金融机构和高端人才提供多元化、专业化的金融服务。过去中国金融市场相对封闭，交易结构与金融品种比较单一，不需要过于专业的人才，因此华尔街回来的金融人才可能无用武之地，这样自然无法吸引优秀机构与人才。

而开通 ORSIT 将极大促进离岸人民币金融产品的供给，以及给离岸人民币市场打开一个基于境内证券金融市场进行离岸衍生品开发的巨大空间。当这种复杂的金融交易需求大幅增加后，自然就会吸引更多的优秀金融机构和高端金融人才的进入。而这恰恰是建设国际金融中心最需要的软实力。

因此核心是在开通 ORSIT 的同时，要放开海外金融机构准入的门槛，在离岸市场可以给予金融机构相当大的自主权，让其自由地根据海外投资者的需求开发对应的离岸金融产品，并为其设计一个相当便利的离岸金融法律架构，比如可以向海外投资者自主发行结构性票据，比如可以设定一个法定金融 SPV，用于承载各类资管金融产品的海外发行，且根据国际惯例，承认 SPV 本身不是纳税主体，而是一个纳税的过渡状态，由 SPV 的实体投资者作为实际的纳税主体。同时给予上海自贸区从事离岸金融业务的金融人才，实行离岸人民币账户里所获得的个人薪酬以离岸个人所得税安排，尽可能地避免其可能存在的重复征税问题。

7. 对开通 ORSIT 之后的风险评估及监管措施

鉴于 ORSIT 是一种向海外投资者高度开放的金融投资通道，因此也不免会产生一些潜在风险，因此应对症设计监管措施。我们认为主要有五个方面的潜在风险。

（1）离岸人民币资金进入境内后，被挪用于其他项目而非仅限于公开金融市场的投资。对于这个风险，核心监管措施就是资金运作全程封闭管理，即海外投资者首先需要在上海自贸区指定托管银行开立离岸人民币第三方托管账户，其次在自贸区指定证券期货交易代理机构开立离岸资金交易账户，然后海外投资者才能通过其托管账户将人民币转入交易账户进行市场交易。待海外投资者退出时，可将证券卖出后，其所获得的人民币从交易账户转入其离岸人民币托管账户，即可实现完全退出。整体资金流动是全程封闭运作，以确保资金不被挪作他用。

（2）境内外投资者勾结，向特定一方进行利益输送式的交易。这种行为本身就有涉嫌内幕交易问题，目前法规就已经有对这种行为的监管惩罚措施，只是在实施操作层面可以优化证监会的交易监管系统，对于这类有交易特征的行为进行实时监控，一旦发现，即可采用及时的监管措施。今后更可以通过人工智能大数据的方式来设计自动识别可疑交易行为算法，使整体交易监管效率得到极大的提高。

（3）境内大量融资，加高杠杆，并将融来的资金划至离岸人民币账户，在离岸市场大量抛售在境内融来的人民币，使离岸人民币市场引发贬值的羊群效应，当离岸人民币大幅贬值后，再在离岸人民币市场购入大量人民币，划至其境内交易账户用于归还其在境内的融资负债。这种投机套利交易具有较大的潜在风险和破坏性，因此应严格限制其在境内的融资加杠杆的行为，比如限制其最高杠杆比例、杠杆品种等，同时还要限制其在境内获得的融资，同杠杆资金划出境内交易账户至离岸人民币账户。

（4）短期投机资金炒作。可以通过对离岸资金的交易获利所得税税率按其持有时间进行分级设定，比如持有时间较长的可以减免相应的所得税，以鼓励其长期持有，价值投资。

（5）短期热钱涌入，催生投机性泡沫。对于这种潜在风险可以通过设定每日从离岸人民币账户流入交易账户的净限额来控制其流入资金的数量，这可以增加其持有资金的时间成本，从而增加其资金的总持有成本来抑制其投机性短期交易行为。

综上所述，ORSIT 的开通对于中国迈向金融国际化具有里程碑意义的战略价值，而其所面临的潜在风险，在之前开通 QFⅡ、RQFⅡ和沪深港通的实际操作中都有足够的经验积累和监管措施，我们的监管机构有足够的能力和信心可以应付这种潜在风险。

参考文献

[1] Giancarlo Gandolfo. 国际金融与开放经济的宏观经济学 [M]. 上海：上海财经大学出版社，2006.

[2] 陈松男. 金融工程学——金融商品创新选择权理论 [M]. 上海：复旦大学出版社，2002.

[3] Richard H. Thaler. 行为金融学新进展（Ⅱ）[M]. 北京：中国人民大学出版社，2014.

[4] 陈学彬. 期权策略程序化交易 [M]. 北京：清华大学出版社，2015.

[5] 弗兰克·J. 法博兹，莫德·休亨瑞. 欧洲结构金融产品手册 [M]. 北京：中国金融出版社，2006：18.

[6] 姜波克，陆前进. 汇率理论和政策研究 [M]. 上海：复旦大学出版社，2000.

[7] Barberus, N., M. Huang & T. Santos. Prospect theory and asset prices [J]. Quarterly Journal of Economics, 2001, 116 (1): 1-53.

[8] Marek Capinski & Tomasz Zastawniak. Mathematics for Finance: An Introduction to Financial Engineering, 2nd edition [M]. Spring London, 2011.

[9] William Forbes. Behavioural Finance [M]. John Wiley & Sons, Inc., 2009.

[10] Barberus, N. & M. Huang. Stocks as lotteries: implications of probability weighting for security prices [J]. American Economic Review, 98, 5 (2008): 2006-2100.

商业银行经营与发展

商业银行货币政策利率传导的实证研究

张吉光　陈舟楫①

一、引言

我国的货币政策调控框架正处在由数量型向价格型转型的过程中，央行积极创新货币政策工具，加强政策利率的培育，货币政策利率渠道的传导正发挥越来越重要的作用②。从国际经验来看，在过去三十年内，美国、德国、日本、韩国、印度等国家先后构建了利率型货币政策的传导框架，实现了货币政策中介目标由货币供应量到政策利率的转变。目前，我国利率型货币政策已经发挥了一定的作用，但传导效率与市场化程度较高的国家相比仍存在较大差距，货币政策的传导机制需要进一步疏通③。

在我国间接融资为主体的金融体系下，商业银行仍承担着货币政策传导主渠道的作用。因此，商业银行对利率型货币政策的传导是否顺畅，很大程度上决定了货币政策的实施效果。以往研究，从金融市场体系完善性、预算软约束等外部约束以及银行业整体特征等方面，对商业银行货币政策传导的有效性进行过论证，但基于利率型货币政策框架，从银行内部角度出发，开展商业银行对货币政策传导效率的研究比较少，本文在提出商业银行建立市场化内部转移定价（FTP）能够提升货币政策传导效率的假设的基础上，建立模型并开展实证分析。

---

① 作者单位：张吉光，上海财经大学金融学院；陈舟楫，上海银行总行计划财务部。

② 2014年7月，央行行长周小川在中美战略与经济对话记者会上表示，央行要让政策利率引导市场利率，并正在为短期和中期利率准备两个或三个政策工具，这是央行首次在公开场合明确提出货币政策调控框架的转向。2018年12月，央行行长易纲在《新浪·长安论坛》表示，央行的货币政策正在逐渐从数量型调控为主向价格调控为主转变。

③ 2018年以来，国务院常务会议、金融稳定委员会会议以及央行召开的数次座谈会，均提及货币传导机制的疏通问题，央行发布的《2018年第二季度货币政策执行报告》强调要打通货币政策传导"最后一公里"问题。

二、文献综述

(一) 货币政策传导利率渠道的理论综述

理论界一般认为,在市场经济条件下,货币政策的传导渠道主要有利率渠道、信贷渠道、汇率渠道以及资产价格渠道四种。伯南克(Bernanke)和布兰德(Blinder, 1992)建立 CC - LM 模型,解释了信贷渠道可以通过货币市场影响银行的信贷供给,从而对产品市场产生影响。麦金农(Mackinnon, 1985)、米什金(Mishkin, 2001)等分析了汇率渠道是开放经济中货币政策的重要传导渠道。托宾(Tobin, 1969)的 Q 值理论以及莫迪利安尼(Modigliani, 1971)的生命周期理论是资产渠道传导的主要代表,论证了货币政策可以通过利率对股票价格产生影响,进而影响实体经济。利率渠道是指中央银行将政策利率作为货币政策调控的中介目标,通过利率变动,影响家庭和企业的投资成本,进而影响经济活动与宏观经济。由于本文基于利率渠道传导理论,主要对利率渠道的研究文献开展综述。

1. 西方关于利率传导理论的研究

一是基础理论演变。凯恩斯奠定了利率传导理论的基础,在 20 世纪 30 年代西方经济危机期间,凯恩斯(Keynes, 1936)在《就业信息和货币理论》中提出,货币政策会影响利率水平,利率水平的变动会对投资和消费行为产生影响,从而影响有效需求。凯恩斯提出的货币政策经由利率影响有效需求的传导路径为:货币政策→利率 i→投资 I→总需求 Y。在凯恩斯的基础上,希克斯(Hicks, 1937)以及汉森(Hansen, 1953)先后提出 IS - LM 模型,把产品市场与货币市场结合起来,基于厂商、家庭、银行及政府四部门的平衡,构建了 IS - LM 模型,研究产品市场和货币市场均衡条件下,总产出和利率的一般均衡问题,系统地阐述了货币政策利率传导过程,即货币存量→投资 I→总需求→总产量。1993 年,美联储决定以调整实际利率作为对经济实施调控的主要手段,这些手段即所谓"泰勒规则"。约翰·泰勒(John Taylor, 1993)认为,央行在制定政策时应将利率调整到能使之对经济既不起刺激作用,也不起抑制作用的水平上,从而使经济自身的潜能在目标通货膨胀率下能保持稳定增长,泰勒规则的核心是以利率影响预期从而调控经济。

二是利率传导的实证检验。较多国外学者通过对不同国家地区、不同时段的数据,实证研究利率与经济增长、利率与投资与消费等相关关系。盖尔布(Gelb, 1989)对 34 个国家 1965—1985 年的 3~6 个月平均存款利率与 GDP 实际增速的关系进行了研究,发现实际利率水平与经济增长之间存在正相关性。约翰·泰勒（John Taylor，1993）通过对美国、加拿大等 7 个国家的数据进行实证分析，结论为 7 个国家的固定资产投资与实际利率呈负相关性，消费对实际利率的敏感度较高。

2. 国内对于利率传导机制的研究。在我国，由于利率传导受到金融体制、金融市场不完善及微观主体非市场化运作等因素的影响，国内学者针对利率渠道传导的有效性开展的研究较多。陈飞、赵昕东、高铁梅（2002）利用 VAR 模型分析了货币供应量、信贷和利率对产出的影响，表明货币供给量作用显著，但其发生作用的时滞较长；信贷冲击见效最快，但作用的时间较短；而利率冲击的作用介于两者之间。陈建南（2004）的研究结果表明：我国居民的储蓄与实际利率有一定的正相关性，消费对利率缺乏弹性，而企业的投资对利率有一定的弹性。马文涛（2011）建立 DSGE 模型论证了利率渠道传导的有效性。金中夏等（2013）使用先行动态随机一般均衡模型研究发现，如果存款利率放开，即便受到突然性的外部冲击，也能够通过提升利率降低宏观经济的波动。马骏、王红林（2014）建立了基于四个经济主体（中央银行、商业银行、企业和居民）和四个市场（存款、贷款、债券市场和中央银行再贷款融资市场）的理想均衡模型，论证了利率市场化后央行如何通过改变政策利率来影响其他市场利率的作用机理。

（二）关于政策利率

1. 关于政策利率定义及特征。在利率型货币政策传导机制中，中介目标是政策利率，是指货币政策盯住的市场基准利率，起到"利率锚"的作用。国际清算银行（BIS）在 Towards Better Reference Rate 中对理想基准利率的特征进行了归纳，将可靠性、稳定性、高频性、易得性、代表性作为理想基准利率的基本特征。鲁政委（2018）研究指出，有效的政策利率，需要同时满足可测性、可控性以及与最终目标的相关性等特征。

2. 国内关于政策利率的研究。货币市场、债券市场存在着多种利率，选择何种类型、期限的利率作为价格型货币政策的中介目标，学术研究进行了较多探讨，对于采用的政策利率的讨论主要集中在 Shibor、国债收益率、R007、DR007 等。

将 Shibor 作为政策利率。较多学者通过定量分析研究 Shibor 在我国基准利率应用，方先明（2012）通过理论分析以及实证研究，得出 Shibor 稳定性强，可以作为市场上产品定价的标准的结论。陈汉鹏（2015）通过在一般均衡的框架系统下，对 Shibor 在我国经济中的运行机理进行分析，认为 Shibor 可以作为我国基准利率的被选对象。王晋忠（2015）运用格兰杰因果分析、相关性分析等实证方法得出结论，Shibor 在市场上表现稳定，对金融市场上的利率调控起到主要作用，但其基础性仍需完善。袁道强（2016）从相关性、基础性、平稳性等方面对 Shibor 数据进行检验，认为 Shibor 具有较好的基础性、稳定性和相关性，可以把 Shibor 作为货币政策目标。

将国债利率作为政策利率。赵经涛（2016）认为国债利率可以成为金融市场的基准利率，并开展了定性分析。李雅丽（2015）研究企业债券基准利率的选择，认为企业债券市场利率与国债市场利率变动密切相关。

将 DR007 作为政策利率。央行《2016 年第三季度货币政策执行报告》中提及："银行间市场存款类机构以利率债为质押的 7 天期回购利率（DR007）可降低交易对手信用风险和抵押品质量对利率定价的扰动，能够更好地反映银行体系流动性松紧状况，对培育市场基准利率有积极作用"，并在后续报告中对 DR007 平稳运行情况进行通报，并逐步发展基于 DR 定价的金融产品与衍生品，2017 年 5 月，央行指导全国银行间同业拆借中心推出了银银间回购定盘利率（FDR，包括隔夜、7 天、14 天 3 个期限）和以 7 天银银间回购定盘利率（FDR007）为参考利率的利率互换产品。可见，央行虽未明确提出将"银行间市场存款类机构以利率债为质押的 7 天期回购利率（DR007）"作为政策利率，但正在有意识地将 DR007 作为政策利率培育。鲁政委（2016）指出，DR 与 Shibor 等货币市场基准利率相比，是真实的成交利率，并隔离了交易对手的信用风险，更加符合理想基准利率的标准。杨迪川（2016）对利率走廊的国际经验进行了总结分析，并从对我国的实证分析，认为 DR007 最适合成为我国利率走廊的操作对象。

采用 R007 作为政策基准利率。考虑到交易参与主体的广泛性、期限结构以及与市场利率的相关性，较多的研究者在实证研究中采用 R007 作为政策利率。R007 是指全市场机构的加权平均回购利率，不限定交易机构和标的资产，也包括银行间市场的质押式回购交易。如李俊江、黄潇雨（2018）基于混频数据模型的预测，认为在我国现阶段价格型中介目标更为有效，在做预测模型的价格型中介目标选择上，选取了 7 天期同业拆借利率（R007）这一代表性的货币市场利率，认为其与货币市场中长期利率和债券市场利率存在较强的相关性。纪敏、张翔、牛慕鸿、马骏（2016）在货币政策通过银行体系的传导的实证研究中，同样采用 R001 和 R007 作为政策利率。从 R007 和 DR007 的实际走势看，除部分时段（如 2016—2017 年）由于银行受监管政策影响等因素 DR007 和 R007 走势出现分化以外，两者在走势上呈现较强的一致性。因此，本文采用 R001 和 R007 作为市场基准利率。

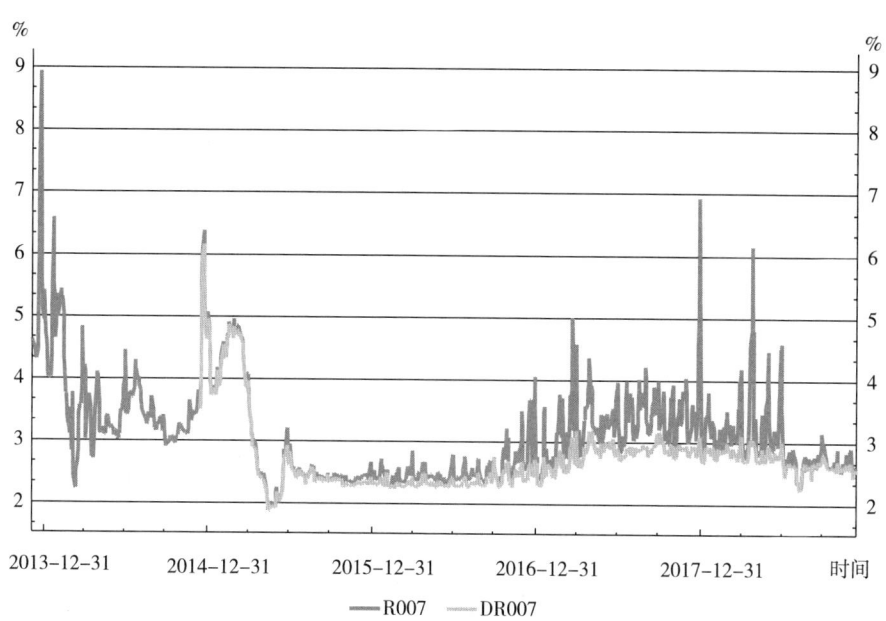

资料来源：Wind。

图 1　2013 年以来 R007 和 DR007 走势

（三）商业银行对利率传导的研究综述

国内外研究者开展商业银行对利率传导机制的研究，主要研究观点集中在以下方面。

1. 通过商业银行改变资产结构的方式开展利率传导。马骏（2014、2016）指出，基于利率期限结构的基础理论，央行通过在货币市场的操作，使商业银行基于资金成本考虑，通过资产结构调整的方式，改变债券市场、贷款市场的利率水平。如央行向市场释放流动性，使资金市场宽裕，商业银行如加大对短期债券的购买，将压低短期债券的利率水平，根据利率期限结构理论以及市场套利机制的存在，将会使长期的债券利率水平同步下降。同理，商业银行如加大贷款投放，由于在流动性充裕条件下，可以从市场获得较低成本的资金，在贷款量放大的同时，贷款利率将下降。商业银行可以通过调整资产的配置结构，实现对市场短端利率向债券、贷款等长端利率的传导。

2. 基于量化研究分析商业银行对政策利率的传导效率。通过考察商业银行对利率传导的效率的量化研究，分以下三类：

一是讨论外部制度约束对银行利率传导的影响。马骏、王红林（2014）建立了包含四部门的货币政策利率传导机制理论模型，讨论了较高预算软约束、存款准备金率、存贷比、贷款配额等金融市场制度约束对货币政策利率向存贷款利率传导过程的影响。

二是考察银行业的整体特征对银行利率传导的影响。桑尔德（Sander）和克雷梅尔（Kleimeir，2004）采用中欧及东欧8个国家1993—2003年的银行利率数据开展研究，发现银行业集中度、外资银行参与程度、银行健康程度是影响利率传导的重要因素。辛格（Singh，2008）等比较了10个国家的货币政策利率传导效率，研究表明，拥有竞争激烈的银行体系的国家，其政策利率变动向市场利率传导更充分、传导速度更快。米什拉（Mishra）和蒙蒂埃尔（Montiel，2012、2014），以商业银行利润最大化为目标函数构建了理论模型，研究分析了低收入国家制度环境差、银行业垄断，使货币政策利率向银行贷款利率传导效果差。格潘兰（Gopalan）和萨·拉詹（S. Rajan，2015）对于金融体系市场化程度较高的国家，外资银行的进入会加剧银行业竞争，增强货币政策的利率传导，而市场化程度较低的国家则相反。

三是考察银行个体特征对银行利率传导的影响。摩特萨克（Matousek）和萨兰蒂斯（Sarantis，2009）以及勒鲁瓦（Leroy，2014）的研究表明，银行资产负债表质量会影响银行信贷行为。资产负债表质量差的银行在存款市场上筹集资金时的成本较高并且会面临更大的不确定性，因此其放贷业务对货币政策冲击的敏感性更强。莫汉蒂（Mohanty）和瑞施巴（Rishabh，2016）归纳出影响新兴市场国家短期利率向长期利率传导的主要因素在于银行的融资渠道、银行存贷款的期限结构等。

此外，刘明康等（2014、2018）对商业银行内部转移定价（FTP）的建立机制进行调研，认为FTP是商业银行核定存贷款利率的重要指标，因此经济体系中可能降低市场利率传导的因素，会作用于银行的定价决定；同时，构建了基于内部转移定价框架下的利率决定模型，以及利率市场化指数，分析了利率市场化对银行利率决定的影响。

综上所述，理论界及实务界通过定性与定量分析，从各方面对商业银行利率传导进行了讨论，但从银行自身运作角度，对商业银行内部转移定价机制（FTP）对商业银行存贷款利率对市场利率的传导效率的研究尚未涉及，更没有相关实证分析。在我国商业银行为融资主体的金融体系下，商业银行作为货币政策的传导主体，加强对其利率传导效率的研究，显得尤为重要。同时，在利率型调控框架转轨的过程中，从商业银行微观角度对商业银行利率传导的研究能够为改革推进的路径提供参考与借鉴。

三、市场利率通过银行传导效果的实证研究

在利率渠道的传导框架下，商业银行存贷款利率对市场利率传导的主要原理在于，银行通过对市场利率的感知与捕捉，通过调整 FTP（内部转移定价）策略，将市场利率变动导入商业银行内部，进而引导经营单位的经营行为，使其按照市场变化调整外部对客定价，将市场利率变化传导至实体经济。其中，及时捕捉市场利率变化以及将市场利率有效导出是市场利率实现有效传导的关键。因此，内部转移定价（FTP）的市场化程度，对于商业银行存贷款利率对市场利率的传导至关重要。根据上述原理，本文提出理论假设，如果 FTP 具有对市场利率的传导效应，采用市场化方式构建 FTP 的银行，其存贷款利率对市场利率的传导效率更高。在对 18 家上市银行 FTP 是否引入市场利率进行调研的基础上，建立静态面板回归模型，通过实证分析来检验上述理论假设。

（一）实证设计

1. 基本思路

我们采用银行微观面板数据，对市场利率向贷款利率的传导效果进行实证检验。主要思路如下：

一是开展全样本数据整体回归，考察影响银行存贷款利率是否传导市场利率以及传导的敏感度。

二是引入虚拟变量开展回归，考察引入市场化 FTP 的银行存贷款利率是否对市场利率的传导效率更高。

2. 实证数据

18 家上市银行 2008 年到 2018 年 9 月末的 43 期季度数据，774 个样本观测值，组成相应的面板数据。① 其中，8 家银行采用了市场化方式构建 FTP（FTP 引入市场利率曲线）；10 家银行未采用市场化方式构建 FTP（仍采用基于存贷款基准利率的切割）。

本文选用面板数据模型，在检验市场利率向银行存贷款利率传导效率的基础上，将是否采用市场化的方式构建 FTP 作为虚拟变量，进一步检验 FTP 对市场利率传导效率的影响，利用 STATA15 进行面板数据的相关分析。

3. 实证模型

（1）对存款、贷款利率对市场利率的传导效果进行实证研究，分析银

---

① 数据来源于 Wind 数据库，其中光大银行和农业银行以及江苏银行上市时间晚，部分数据未披露，广发和深发合并前的数据不可获得。

行存款、贷款利率对市场利率的传导敏感度。考虑到银行个体之间的差异，建立固定效应模型，公式如下：

$$DIR_{i,t} = \beta_1 R_{市场利率,t} + \beta_2 ROA_{i,t} + \beta_3 LD_{i,t} + \beta_4 LNSIZE_{i,t} + 固定效应 + \mu \quad (1)$$

$$LIR_{i,t} = \beta_1 R_{市场利率,t} + \beta_2 ROA_{i,t} + \beta_3 LD_{i,t} + \beta_4 LNSIZE_{i,t} + 固定效应 + \mu \quad (2)$$

其中，被解释变量$DIR_{i,t}$、$LIR_{i,t}$分别代表各银行的存款利率与贷款利率，$R_{市场利率,t}$为市场基准利率，本文分别用银行间1天期质押回购利率（R001）、7天期质押回购利率（R007）代表①。其余控制变量如表1所示。

（2）检验引入市场化FTP的银行，存款、贷款利率对市场利率的传导效率更高。引入虚拟变量$DUM_{i,t}$，$DUM_{i,t}=1$表示已引入市场化FTP的银行，$DUM_{i,t}=0$表示尚未引入FTP的银行，建立固定效应模型，公式如下：

$$DIR_{i,t} = \beta_1 R_{市场利率,t} + \beta_2 R_{市场利率,t} \times DUM_{i,t} + \beta_3 ROA_{i,t} + \beta_4 LD_{i,t} \\ + \beta_5 LNSIZE_{i,t} + 固定效应 + \mu \quad (3)$$

$$LIR_{i,t} = \beta_1 R_{市场利率,t} + \beta_2 R_{市场利率,t} \times DUM_{i,t} + \beta_3 ROA_{i,t} + \beta_4 LD_{i,t} \\ + \beta_5 LNSIZE_{i,t} + 固定效应 + \mu \quad (4)$$

表1　　　　　　　　　　被解释变量和控制变量的定义

变量名称	变量符号	定义
存款利率	$DIR_{i,t}$	利息支出/计息负债②平均余额，并年化处理
贷款利率	LIR	利息收入/生息资产③平均余额，并年化处理
存款基准利率	$R_{存款基准利率,t}$	取1年期存款基准利率的季度均值
贷款基准利率	$R_{贷款基准利率,t}$	取6个月至1年期贷款基准利率的季度均值
盈利能力	$ROA_{i,t}$	归属于母公司净利润/总资产平均余额，并年化处理
贷存比	$LD_{i,t}$	贷款余额/存款余额
规模	$LNSIZE_{i,t}$	总资产的对数值

注：实证数据来自Wind数据库。其中，由于存贷款利率季度数据未公布，存贷款利息收入占利息总收入的70%，用生息资产收益率代替贷款利率，用计息负债收益率代替存款利率。

---

① R001，R007按照季度平均处理。
② 计息负债数据来源于Wind。口径：同业和其他金融机构存放款项+拆入资金+向中央银行借款+交易性金融负债+卖出回购金融资产款+吸收存款+应付债券。
③ 生息资产来源于Wind。口径：现金及存放中央银行款项+存放同业及其他金融机构款项+拆出资金+交易性金融资产+买入返售金融资产+发放贷款及垫款+代理业务资产+可供出售金融资产+持有至到期投资+长期股权投资+投资性房地产。"现金及存放中央银行款项"中披露的库存现金（季报中未披露库存现金，则不再扣减库存现金）。

(二) 实证分析及结论

1. 检验银行存、贷款利率对市场利率的传导效率

根据公式（1）和公式（2），采用 Driscoll 和 Kraay（1998）稳定性调整后的固定效应面板模型进行回归。

银行存款利率对市场利率的传导效率，根据表 2 的 $DIR_{i,t}$（存款利率）中的第 1 列和第 2 列，银行间 1 天期质押回购利率（R001）、7 天期质押回购利率（R007）变化 1 个百分点伴随着银行存款利率 0.27 个和 0.30 个百分点的变动，且系数都在 1% 的显著性水平上显著。

银行贷款利率对市场利率的传导效率，根据表 3 的 $LIR_{i,t}$（贷款利率）中的第 1 列和第 2 列，银行间 1 天期质押回购利率（R001）、7 天期质押回购利率（R007）变化 1 个百分点伴随着银行贷款利率 0.16 个和 0.23 个百分点的变动，且系数都在 1% 的显著性水平上显著。

上述结果说明，银行存款、贷款利率对市场利率具有一定的传导效果，但传导效率不高，这一实证结果与马骏工作论文中的相关实证检验结果基本一致。①

表 2　银行存款、贷款利率对市场利率的传导效率回归结果表

	$DIR_{i,t}$（存款利率）		$LIR_{i,t}$（贷款利率）	
	1 R001	2 R007	1 R001	2 R007
$R_{市场利率,t}$	0.27 *** (0.033)	0.30 *** (0.027)	0.16 *** (0.04)	0.23 *** (0.033)
$ROA_{i,t}$	1.46 *** (0.14)	1.15 *** (0.14)	1.11 *** (0.17)	0.79 *** (0.18)
$LD_{i,t}$	-0.0067 *** (0.0014)	-0.0068 *** (0.0014)	-0.0088 *** (0.0014)	-0.009 *** (0.0013)
$LNSIZE_{i,t}$	-0.0504 (0.0481)	-0.14 *** (0.0477)	0.44 *** (0.0465)	-0.35 *** (0.0461)
_cons	3.5831 *** (0.55)	4.58 *** (0.55)	3.42 *** (0.54)	4.35 *** (0.53)
N	721	721	721	721
R^2	0.35	0.33	0.20	0.23

注：括号中的值是标准误差；* $p<0.1$，** $p<0.05$，*** $p<0.01$，*、**、*** 分别表示在 10%、5% 和 1% 的显著性水平上显著。

---

① 纪敏，张翔，牛慕鸿，马骏（2014）在《货币政策通过银行体系的传导》一文中实证结果为，我国市场利率向贷款利率传导的弹性在 0.17~0.64，传导效率为美国的 20% 左右。

2. 检验建立市场化 FTP 的银行，存款利率对市场利率的传导效率更高

根据公式（3），引入 $DUM_{i,t}$ 作为虚拟变量，开展整体回归发现，交互项 $R_{市场利率,t} \times DUM_{i,t}$ 的系数显著为正，说明引入市场化 FTP 的银行的存款利率对市场利率的传导效率更高。

根据公式（4）开展整体回归，交互项 $R_{市场利率,t} \times DUM_{i,t}$ 的系数同样显著为正，说明引入市场化 FTP 的银行的贷款利率对市场利率的传导效率更高。

表3　FTP 市场化对银行存贷款利率对市场利率传导效率的影响

	$DIR_{i,t}$（存款利率）		$LIR_{i,t}$（贷款利率）	
	1 R001	2 R007	1 R001	2 R007
$R_{市场利率,t}$	0.26 *** (0.0409)	0.30 *** (0.0335)	0.16 ** (0.04)	0.23 *** (0.33)
$R_{市场利率,t} \times DUM_{i,t}$	0.051 * (0.03)	0.058 * (0.023)	0.063 * (0.36)	0.067 * (0.28)
$ROA_{i,t}$	1.45 *** (0.14)	1.13 *** (0.14)	0.53 *** (0.12)	0.46 *** (0.12)
$LD_{i,t}$	-0.0067 *** (0.0014)	-0.0068 *** (0.0014)	-0.0088 *** (0.0033)	-0.089 *** (0.0032)
$LNSIZE_{i,t}$	-0.091 * (0.054)	-0.20 (0.053)	0.39 *** (0.054)	0.28 ** (0.054)
_cons	3.99 *** (0.60)	5.18 *** (0.59)	-0.048 (0.72)	1.22 * (0.73)
N	721	721	721	721
R^2	0.35	0.40	0.20	0.24

注：括号中的值是标准误差； * $p<0.1$，** $p<0.05$，*** $p<0.01$，*、**、*** 分别表示在10%、5% 和 1% 的显著性水平上显著。

3. 研究结论

一是存款、贷款利率与市场利率具有显著的相关性。实证研究表明，18 家上市银行存款、贷款利率与市场利率的相关性显著，说明存款、贷款利率对市场利率有一定的传导效果，但从弹性系数看，传导效率仍偏低。

二是银行通过建立市场化的 FTP，可以提高存款、贷款利率对市场利率的传导效率。引入市场化 FTP 的银行，其存款、贷款利率对市场利率的弹性系数高于尚未引入市场化利率的银行。说明，商业银行建立市场化 FTP

能够提高银行存贷款利率对市场利率的敏感性，更好地反映市场利率变化，从而更好地实现对利率型货币政策的传导。

四、政策建议

1. 推动商业银行定价模式的市场化改革，进一步提升市场化定价能力。一是完善商业银行 FTP 定价管理方法，根据调研，18 家上市银行中有 10 家银行仍采用基于存贷款基准利率的切割法来构建存贷款 FTP 曲线，且以大型银行为多，而采用市场化 FTP 的银行实施时间也不长。商业银行应加快完善市场化 FTP 定价的方法，加强对 Shibor、DR007、R007 等短期市场利率以及中长期国债收益率等收益率曲线的综合应用，通过市场化定价模式，提升存贷款利率对市场利率的传导，强化货币政策的执行效果。二是监管单位出台统一指导意见，指导商业银行开展定价模式的市场化改革。由于没有统一指导，当前各家银行对于 FTP 定价模式的确定呈现自主化、分散化特征，各家采用市场化 FTP 的银行也处于探索阶段，市场化程度、参考的市场利率的标准不一，监管单位应加强调研与指导，鼓励商业银行构建 FTP 过程中加大市场化利率的应用，并为商业银行市场化定价模式的改革提供统一意见。三是支持银行金融市场业务准入，允许商业银行参与国债期货市场，对冲债券利率波动风险；推动资产证券化等创新业务发展，促使商业银行贷款利率更多地考虑债券利率水平，从而提高贷款利率的市场化水平。

2. 减少非市场化的调控行为，避免扭曲银行存贷款利率对市场利率的传导。从实证数据看，贷款利率对市场利率的弹性系数较存款利率对市场利率的弹性系数低；从上市银行贷款利率与市场利率的走势看（见图 2），18 家上市银行的平均贷款利率与市场利率在走势上有所偏离，主要原因在于目前商业银行贷款利率仍受到较多外部监管因素制约。如：监管对银行信贷规模仍有指导，在信贷规模总额管控下，银行倾向于提高贷款利率，以期实现以价补量，从而制约了市场利率向贷款利率的有效传导；近期监管提出"合理控制小微企业贷款综合成本"，要求主要商业银行 2018 年第四季度小微企业贷款利率比第一季度下降 100 个基点，此类行政化的监管要求或将不利于商业银行贷款利率对市场利率的有效传导。因此，建议减少非市场化的调控行为，减少直接管制对商业银行的市场化定价的影响。

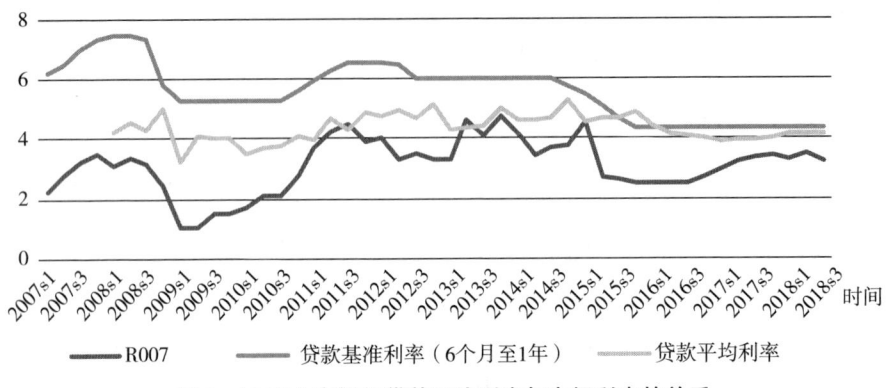

图 2　18 家上市银行贷款平均利率与市场利率的关系

3. 丰富市场利率体系，加强政策利率培育。一是进一步改革国债发行期限结构，提高国债发行品种、数量与频率，提高交易活跃度，使国债收益率更好地发挥长端资产价格的基准作用，使国债收益率曲线能够为商业银行作为存贷款内部定价的参考；二是加强政策利率培育，为商业银行探索构建市场化 FTP 提供一条可供参考、稳定、波动幅度小的基准利率。如加快将银行间市场存款类机构以利率债为质押的 7 天期回购利率（DR007）打造成为市场可接受的政策利率中枢，并用常备借贷便利（SLF）利率为上限、超额储备利率为下限，逐步形成为市场认知与接受的利率走廊体系。

大都市型普惠金融视角下民营银行错位竞争创新机制研究

付 强 郁蕊芬 钱 璟①

一、绪论

（一）研究背景

2018年4月，上海银行监管部门在普惠金融工作会议上强调，上海发展普惠金融是上海银行业响应党中央、国务院决策部署，落实监管要求，服务国家战略的集体行动。上海银行业普惠金融要坚持一个总体要求，即发展"大都市型普惠金融"，让上海的普惠金融工作走在全国前列。"大都市型普惠金融"正是基于上海所形成的大都市型产业以及大都市型消费的新特点的要求定位。一方面，上海的大都市型产业新特点体现在从强调引进大型公司向科技型中小企业集群转变。因为随着科技预测性和可控性的加强，将创新研发和成果转化趋向模块化、专业化、小型化，充分利用其小微企业的灵活性，可有效降低和分散风险，加快科技研发速度，科创小微企业在上海正在孕育着巨大的生长空间。另一方面，上海大都市型消费大众主力也正慢慢被"新生代"群体取代。"新生代"群体的消费特点是"喜消费，低储蓄"、亲近网络、重视体验、彰显个性等，在"衣食住行"等方面的消费场景逐渐变得异常丰富。这些以大都市型产业为代表的科创小微和以大都市型消费为代表的"新生代"大众，在现有的金融机构体系内存在着一定程度的金融抑制现象，而民营银行的发展定位就是针对这些客群提供创新型金融服务。本文以上海首家民营银行——上海华瑞银行作为研究范本，在大都市型普惠金融的视角下探索民营银行利用新技术、运用新模式在新市场、新经济的环境下如何围绕自身核心竞争力来实现差异化可持续发展的目标，助力打造"上海服务"品牌。

（二）研究目的和意义

一方面，"大都市型普惠金融"一词虽然已被提及，针对大都市型普惠

---

① 作者单位：上海华瑞银行。

金融的研究很少，况且，采用模型推导和图形推理的量化分析的方法来研究大都市型普惠金融与传统普惠金融差异性的研究更是以往研究没有涉及过的。本文创新性地把大都市型普惠金融的服务群体分为大都市型产业中的科创小微企业和大都市型消费中的新生代大众两个层面，具体剖析上海大都市型产业和大都市型消费的具体新的特点，并以此为理论基础，总结出上海大都市型普惠金融的内涵，为今后大都市型普惠金融的相关研究可以积累丰富的理论基础。另一方面，以往研究民营银行与普惠金融相结合的内容较多，但结合上海实际情况，研究大都市型普惠金融视角下民营银行发展的内容还没有涉及，不仅如此，本文还将利用大量数据和模型分析未来上海大都市型产业和大都市型消费的具体特征和趋势，以及由此为大都市型普惠金融发展带来的市场空间和机遇，并以此为依据，为我国民营银行的可持续发展提供政策建议。由于国内民营银行尚属起步阶段，这也必将为今后更多民营银行的初期定位和发展规划提供参考。

（三）研究内容与思路

本文立足上海实际，剖析现阶段上海大都市型产业和大都市型消费的新变化，即科创小微和消费大众最新显现出来的金融服务需求的新现象，并以此作为本文提出"大都市型普惠金融"内涵的理论基础，并以模型推导和图形推理的形式，采用量化分析，研究大都市型普惠金融与传统普惠金融的差异性。本文将分析我国筹建民营银行的背景和补缺性的发展定位，尤其将以上海华瑞银行为案例，重点提及上海华瑞银行的定位与上海大都市型普惠金融总体要求的高匹配性，以及三年来华瑞银行在服务科创小微大众方面的创新举措。本文将用大量数据分析上海大都市型产业以及都市型消费的未来演进趋势，以及相对应的新型金融服务模式的演变趋势。由于战略要与环境变化匹配，这就为我国民营银行未来在支持大都市型产业与消费的发展提供可参考的依据。本文将为民营银行在大都市型普惠金融的框架下开展金融服务和产品创新提供策略建议。

二、大都市型普惠金融的相关理论与内涵

（一）普惠金融的内涵

对于普惠金融内涵的诠释最早出现在 2005 年瑞士日内瓦召开的小额信贷年会上，即"可以给予社会上所有阶层的个人和群体提供高效而且全方位的金融服务体系"。其实，在以往关于普惠金融的文献论点中，普惠金融体系的内涵主要包括三个层面：第一种观点认为普惠金融是一种金融理念，这种理念倡导社会上的每个人都有同等的机会获得所需要的金融服务，并

且让这些获得金融服务的人参与到经济建设中，最终整个社会能够实现共同富裕。第二种观点是必须要通过金融体系的创新和机制的创新使社会上的每个人获得平等的金融服务的机会。第三种观点认为在现有的金融体系已经给予大型企业和富裕的个人客户获得较多的机会的金融服务，普惠金融体系的目标就是进一步扩大金融服务范围，将原先被排斥在金融体系之外的群体纳入新的金融体系中来，这种普惠金融的范畴就需要借助信贷配给机制的创新和倾斜来帮助小微企业和个体中的贫困者获得所需的金融服务。

以往的相关研究文献把普惠金融分为三个层面，主要包括微观层面、中观层面和宏观层面，其中微观层面是指向低收入群体和小微企业提供零售和小微金融服务；普惠金融的服务范畴的中观层面主要包括为低收入群体提供相应的金融基础设施和降低这个群体获得金融服务的交易成本，以及提升金融服务中的高效性和信息对称性；宏观层面主要包括促进普惠金融体系建设的相关的法律法规以及宏观国家金融政策内容。

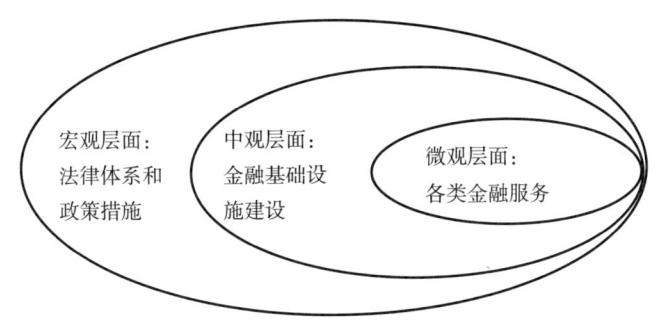

图1 普惠金融的内涵层次

（二）大都市型普惠金融的特征

本文的大都市的定义范畴参照英国地理学家、规划师彼得·霍尔对国际大都市的特征概括：通常是主要的政治权力中心；国家的贸易中心；主要银行的所在地和国家金融中心；各类人才聚集的中心；信息汇集和传播的地方；不仅是大的人口中心，而且集中了相当比例的富裕阶层人口；第三产业高度发达，综合服务功能强。

1. 大都市型普惠金融的数字化程度更高

大都市地区的科技技术领先于其他地区，在互联网金融服务的覆盖广度、使用深度和数字支持服务等方面的状况更好，除传统的支付渠道畅通外，网上银行等创新支付方式普及率也高于其他地区。中国社会科学院金融研究所在2018年发布的《FinTech视角下金融服务实体经济报告》显示，中国 FinTech 普惠金融发展程度较高的地区主要集中于东、中部，第一梯队（大于 80）包括北京、上海、广东、浙江；第二梯队（70~80）包括江苏、福建、天津、湖北；第三梯队（60~70）以中部地区为主，东、西部相对较少，其中仅山东、重庆两地普惠金融指数位列全国前 10 名。另外，浙江大学互联网金融研究院联合浙江互联网金融联合会共同发布了《2018 全球金融科技中心指数》排名，第一梯队是北京、旧金山、上海、伦敦、纽约、杭州和深圳，分别位列全球 GFHI 第 1~7 名。

表 1　　2018 年 GFHI 金融科技中心指数城市排名

地区	排名	GFHI 指数	金融科技产业	金融科技体验	金融科技生态
北京	1	82.6	86.7	82.7	77.3
旧金山	2	77.3	93.2	49.6	65.8
上海	3	76.8	80.0	81.2	71.4
伦敦	4	76.0	81.5	56.1	75.3
纽约	5	75.5	82.2	43.0	77.1
杭州	6	74.1	75.7	90.6	76.0
深圳	7	73.1	74.7	85.2	76.4
悉尼	8	58.8	64.2	41.3	57.4
新加坡	9	57.0	58.5	22.3	65.9
西雅图	10	54.3	51.6	34.0	64.0
东京	11	53.3	56.1	16.5	61.1
芝加哥	12	52.9	55.1	29.7	57.4
香港	13	52.1	46.4	35.0	64.5
广州	14	49.4	29.9	84.6	63.0
波士顿	15	48.2	42.7	34.0	59.6
首尔	16	47.7	43.3	30.5	58.6
圣保罗	17	47.6	51.9	42.5	43.7
巴黎	18	46.2	37.2	28.9	62.7
阿姆斯特丹	19	43.9	44.5	27.5	48.2
孟买	20	43.5	32.0	58.0	53.4
武汉	21	33.5	30.1	53.4	61.1
南京	22	31.2	29.3	51.1	62.1
成都	23	30.1	32.4	49.2	57.8

2. 大都市型普惠金融的供给体量大以及类型多样化

我国大都市地区汇集了数量众多且优质的金融机构，这些金融机构的普惠业务创新能力和服务能力都很高，比如上海就聚集了包括股票、债券、货币、外汇、票据、期货、黄金、保险等各类全国性金融要素市场，是国际金融市场体系中最完备和集中的城市之一。

3. 大都市型普惠金融的资源配置效率更高

金融资源的配置效率在普惠金融资源分配中体现为能否在合理的政策导向下分配到边际产出最大的需求群体，是度量普惠金融相关机构运行效率的主要指标。在大都市地区的金融机构尤其是国有控股大型商业银行具有较高的信息对称能力，使资金的供给和需求能够很好地匹配，因此金融资源的价格较低，同时信贷的支持力度较大，融资成本也相对较低。

(三) 大都市型普惠金融与传统普惠金融的差异分析

大都市型普惠金融通过更加高效以及层次丰富的供给形式，有效降低了大都市中资金供需双方的信息不对称程度与交易费用，使交易可能性集合进一步放大，更多的人参与到资本交易活动中，带动更多的社会闲散资金重新配置到生产中去，促进经济发展。

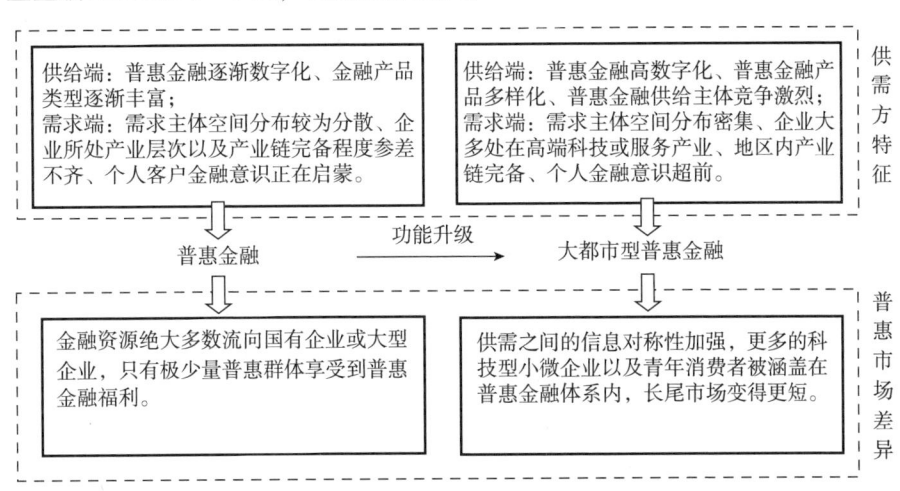

图2 大都市型普惠金融与传统普惠金融的市场差异

1. 基于长尾理论的大都市型普惠金融模型推导

金融机构在开展普惠金融业务时，最关键的考虑因素就是盈亏平衡点的因素。我们研究中的盈亏平衡点主要是指普惠金融供给的收入等于成本时的金融供给量。金融机构要想进入长尾市场必须实现盈利，但在长尾视角下，可以建立新的盈亏平衡模型如图3所示。图3中横轴是各个细分市场，对于盈亏平衡曲线来说，横轴代表收入和成本；纵轴代表供给量。金融机构把盈亏平衡点时的金融供给量作为划分主流市场和长尾市场的分界点。

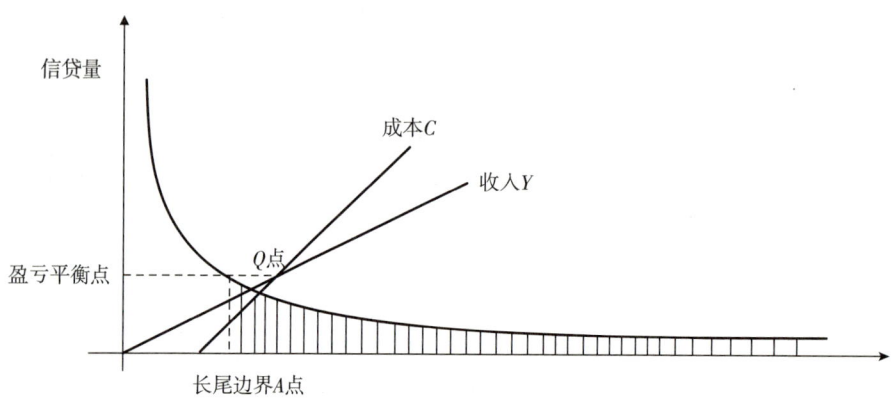

图3　基于长尾理论的普惠市场盈亏平衡

在大都市型普惠金融的背景下，普惠金融的更高数字化程度可以通过降低交易成本和信息不对称性来实现长尾市场的盈利，把人工智能、区块链、大数据和知识图谱等 FinTech 技术充分融入普惠金融业务中可以发挥网络优势，借助对中小企业大数据的分析整合，使普惠群体的金融服务成本比传统普惠金融体系的成本大大降低。如图4所示，由于成本大大下降，在价格不变的情况下，盈亏平衡点向原点靠近，盈亏平衡点 Q 点下移，长尾边界 A 点右移到 A' 点，以前一部分在长尾市场中的普惠群体被涵盖在主流市场中，长尾市场的容量大大减少。

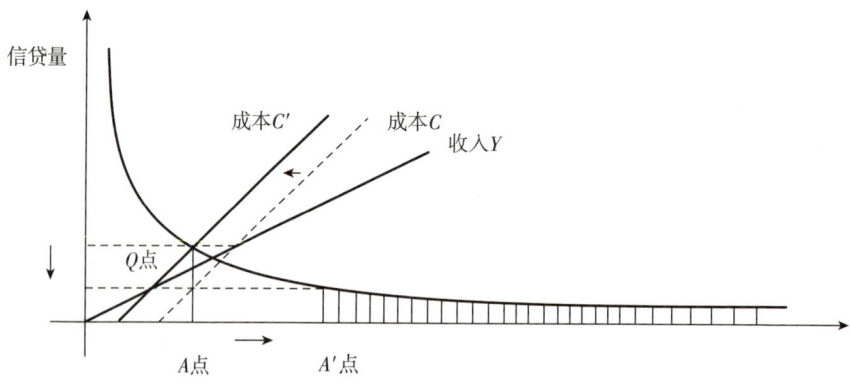

图4　大都市型普惠金融的长尾市场的变化

2. 大都市型普惠金融与传统普惠金融资源配置效率差异

从金融资源配置效率的角度来看，大都市型普惠金融也会优于传统普

惠金融。我们假设传统普惠金融的资源配置效率为

$$T_1 = \lambda \int_0^A f(x)\mathrm{d}x + \gamma \int_A^{+\infty} f(x)\mathrm{d}x$$

其中，λ 为主流市场的金融资源配置效率；γ 为长尾市场的金融资源配置效率；A 为传统普惠金融主流市场和长尾市场的边界。

大都市型普惠金融由于高度的数字化以及体量巨大的金融供给机构，显著地降低了交易成本，主流市场和长尾市场的边界 A 延伸到 A'，从而大都市型普惠金融背景下的金融资源配置效率发生了变化。

大都市型普惠金融视角下的金融资源配置效率为

$$T_2 = \lambda \int_0^{A'} f(x)\mathrm{d}x + \gamma \int_{A'}^{+\infty} f(x)\mathrm{d}x$$

其中，A' 为大都市型普惠金融下主流市场和长尾市场的边界。

大都市型普惠金融视角下的金融资源配置效率发生的变化可以表示为

$$\begin{aligned}
\Delta T &= T_2 - T_1 = \lambda \int_0^{A'} f(x)\mathrm{d}x + \gamma \int_{A'}^{+\infty} f(x)\mathrm{d}x - (\gamma\int_0^{A} f(x)\mathrm{d}x + \gamma \int_A^{+\infty} f(x)\mathrm{d}x) \\
&= (\lambda - \gamma)\int_0^{A'} f(x)\mathrm{d}x + \gamma\int_0^{A'} f(x)\mathrm{d}x + \gamma \int_{A'}^{+\infty} f(x)\mathrm{d}x - (\lambda - \gamma)\int_0^{A} f(x)\mathrm{d}x \\
&\quad - \gamma\int_0^{A} f(x)\mathrm{d}x - \gamma \int_A^{+\infty} f(x)\mathrm{d}x \\
&= (\lambda - \gamma)\int_0^{A'} f(x)\mathrm{d}x - (\lambda - \gamma)\int_0^{A} f(x)\mathrm{d}x + (\gamma\int_0^{A'} f(x)\mathrm{d}x + \gamma \int_{A'}^{+\infty} f(x)\mathrm{d}x) \\
&\quad - (\gamma\int_0^{A} f(x)\mathrm{d}x + \gamma \int_A^{+\infty} f(x)\mathrm{d}x) \\
&= (\lambda - \gamma)\int_A^{A'} f(x)\mathrm{d}x
\end{aligned}$$

由于 $\int_A^{A'} f(x)\mathrm{d}x > 0$，所以 ΔT 的大小主要取决于 $\lambda - \gamma$ 的大小和 A 与 A' 之间的距离。由于主流市场是传统金融业在考虑收益和成本之后选择进行金融资源投放的客户群体，具有较高的信息对称能力，使资金的供给和需求能够很好地匹配，因此金融资源的价格较低，同时信贷的支持力度较大，融资成本也相对较低，因此金融资源的配置效率更高。而长尾市场是传统金融业在考虑收益和成本之后所放弃的客户群体，双方信息不对称程度高，融资成本高，

金融资源配置效率更低。而两个市场效率之差以及 A 与 A' 之间的距离取决于大都市化的程度，大都市化程度越高，那么大都市型普惠金融视角下的金融资源配置效率增加得越多。

3. 供需均衡视角下大都市型普惠金融市场分析

本文在 Beck 和 Torre (2006) 的分析方法的基础上，对普惠金融的供求均衡进行分析，如图 5 所示，图 5 中横坐标表示享受到普惠金融服务群体的比例，纵坐标表示金融机构提供的金融服务的利率水平。曲线 S 表示普惠金融服务潜在的供给曲线，在系统变量和边际资金成本 imc 不变的情况下，银行等金融机构能够有效识别出"合格"的贷款申请企业，利率达到 i^* 水平之后，银行的收益会逐渐被上升的交易成本所抵销，因此，i^* 就成为潜在金融供给情况下的均衡利率。这个均衡利率所对应的普惠金融获得企业比例是点 B。点 B 右边的企业将会被排斥在普惠金融体系之外。但是现实情况中银行的金融供给不可避免地会存在效率的缺失，那么实际的普惠金融供给曲线就是曲线 S_1。在实际供给情况下，市场结构竞争的不充分，会使金融机构不愿花费精力和信息成本去开发类似于小微企业或青年消费者的"边缘客户"群体。曲线 S_1 的均衡点 (i_1^*, A) 所对应的普惠金融获得群体比例是点 A，点 A 右边的客户群体享受不到金融机构的金融服务，那么线段 AB 就是因为银行信贷供给的无效率所导致的金融排斥程度。另外，曲线 S_2 是银行存在"过度供给"时所对应的供给曲线，对应的点 C 就是过度供给时社会上获得普惠金融服务的群体的比例。

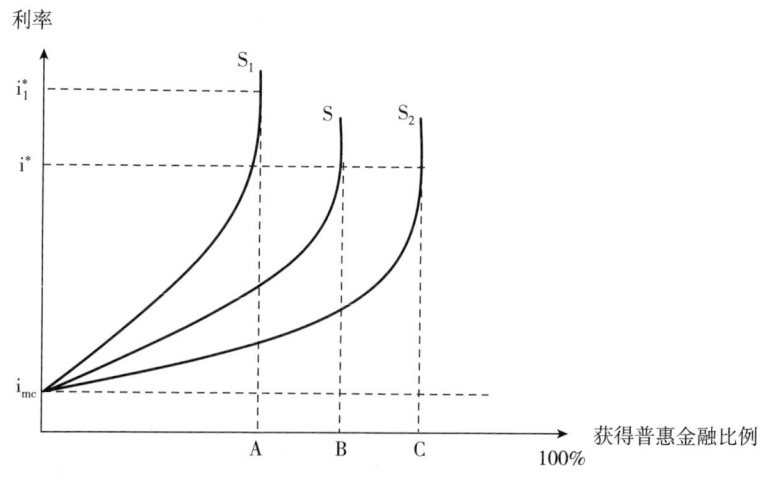

图 5　普惠金融供需均衡分析

大都市地区的金融机构在开展普惠金融业务过程中，当地政府和监管机构会使资金供求方的信息可以随着互联网征信制度和评估系统的逐步完善而得以对称起来;筛选成本、缔约成本、管理成本、监督成本、管制成本等交易成本大大降低;信息充分透明,定价完全竞争,市场效率大为提高。这几个方面的影响会使图 3 发生变化,如图 6 所示。

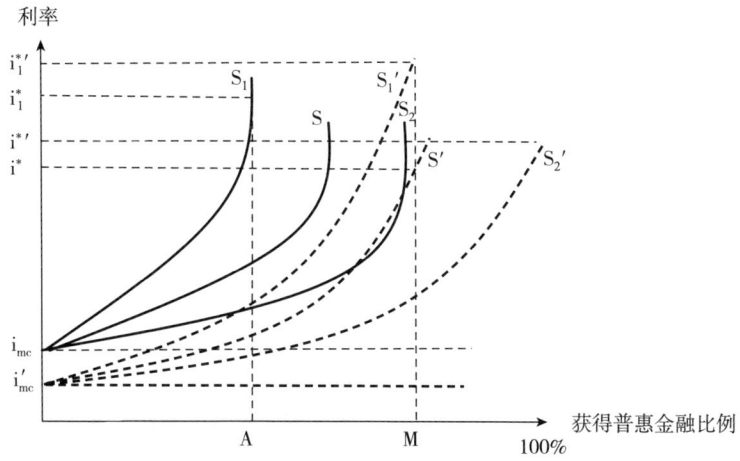

图 6　大都市型普惠金融供需均衡分析

由于 S、S_1、S_2 尾部向后弯曲的原因在于随着利率的增加,代理问题更加严重,利率上升带来的收益无法继续覆盖信息成本上升带来的损失,当接近某个临界值时,供给曲线出现拐点并开始向后弯曲。大都市型普惠金融的数字化程度更高,使金融机构的信息成本大大降低,供给曲线会变得更加平坦,并且临界值的出现会大大往后延迟。另外,S 是潜在供给,S_1 是实际供给,S_1 在 S 的左边是由于竞争的不充分和没有动力开发"边缘客户"而存在效率损失。但是,在大都市型普惠金融的背景下,这种效率损失会进一步降低,因为大都市地区的金融机构数量众多,竞争异常激烈,不仅可以引起金融机构规模的逐渐扩张以及竞争的更加充分,而且还可以利用高效率的信息处理和筛选能力来获得更多"边缘客户"。于是 S′和 S_1′之间的间距会更窄。原来的 S、S_1、S_2 供给曲线移动成为 S′、S_1′和 S_2′。从图 6 可以看出,我们分析的重点在于供给曲线 S_1 和 S_1′。这两个曲线是实际供给曲线,更符合研究的实际情况。可以看出,在"互联网+"模式下,曲线 S_1′对应横坐标是点 M,显然,从以前的点 A 移动到点 M,享受普惠金融服务的群体数量增加。结合大都市型产业和消费的特征,这些新增的普惠群体主要包括高端科技型小微企业和白领青年消费者。

三、上海大都市型产业和都市型消费市场的现状

（一）上海大都市型产业发展现状

1. 影响上海发展大都市型产业路径的资源禀赋

（1）上海的土地资源稀缺

上海地区的土地资源一直都比较受到限制，可供开发的规模比较小。因此，这就导致土地资源利用率一般较高。提升上海土地资源利用率就成为产业发展中重点考虑的课题，发展高科技产业以及大都市型产业是实现上述目标的重要和有效形式。大都市型工业、大都市型知识服务业、大都市型旅游业和大都市型农业，这些大都市产业类型都具有知识、信息与资本等生产要素集约程度高，不仅可以缓解上海土地规模比较紧张的问题，而且这些产业的规模和经济效益较高，已经逐渐成为上海经济社会发展的优势支柱产业。

（2）上海城市发展的战略定位

上海一直将科创中心、金融中心和航运中心等定位作为城市发展战略，这些中心定位必须由节约资源、降低消耗、增加效益、保护环境的现代产业经济体系作为支撑；但这些能源消耗高的产业不能长期可持续发展，因此需要提高资源利用的集约化水平与环境效益，建立起基于能源集约和附加值高的现代产业体系。大都市产业就正好符合上海在产业发展上的选择方向，这种新型的产业发展模式，将改善上海的城市生态环境，发展现代大都市型产业，是实现上述目标的重要选择。

（3）上海具有得天独厚的经济社会发展基础

上海拥有比较雄厚的都市产业转型和发展条件，这些条件就为大都市型产业的长期可持续发展提供了非常有利的条件，体现为：第一，长期以来累积的雄厚的经济发展实力；第二，高校和科研机构众多带来的高科技人才的汇集；第三，比较完备的基础设施建设以及产业孵化基础；第四，政府有成熟的政策配套和营商环境。

2. 上海大都市型产业的发展特征

本文研究的大都市型产业的定位及其理论，基于经济区位理论而发展出来的。大都市型产业主要的内涵是依赖大都市地区优越的资源禀赋，以科技创新、战略新兴以及文创艺术等新兴产业为主要产业业态，在大都市中心地区孵化和发展壮大的产业类型。从总体上讲，可以把上海大都市型产业分为大都市型农业、大都市型工业、大都市型旅游业和大都市型知识服务业四个基本类型。

（1）以大都市型园区为活动载体，高度集群化趋势明显

上海的大都市型产业以产业园区为发展平台，主要通过外部规模效应和产业集聚化效应，改变了大都市型产业零散化分布。而且，这些都市型园区已突破了传统的产业发展规律和布局，利用集约的发展形式夯实大都市的现代化产业体系基础。

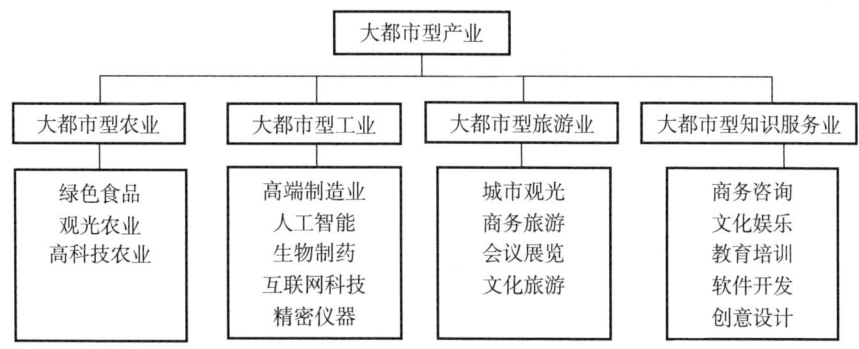

图7　上海大都市型产业的划分

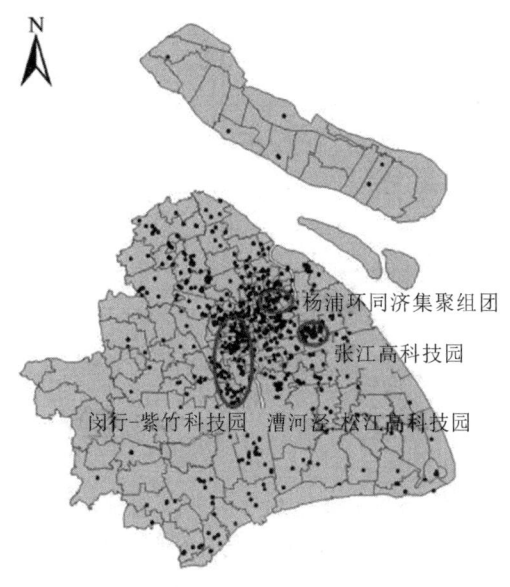

图8　上海大都市型产业园空间分布

现阶段，大都市型产业开始逐渐系统化和交叉化，基于产业链的研发复杂性和风险变得更高。而大都市型产业的集聚性、集约性和集合性，有助于加快科技研发效率和产业孵化进度。从大都市型产业发展来看，主要

会由"单个企业—企业集群—上下游产业链—产业集群"的发展路径演变，在现阶段的上海的大都市型产业已经正在由产业集群形态向高度的密集型产业聚群化发展和演变。

（2）以"独角兽"为代表的新经济科创小微企业爆发性涌现

根据上海科委发布的数据，2010年上海科技型中小企业的数量仅为1.8万家，到2017年科技中小企业达到了3.5万家，增长幅度近100%，相比其他中小企业增长速度较快。目前，上海已有500多家众创空间及孵化机构，入驻科技型中小企业超过1.2万家。近些年来，大数据、移动互联网以及人工智能等产业都是这类爆发性增长的典型代表，按增长生命周期来看，可以分为"初创企业—瞪羚企业（高成长）—独角兽企业（爆发式成长，10亿美元）—龙企业（100亿美元）"。

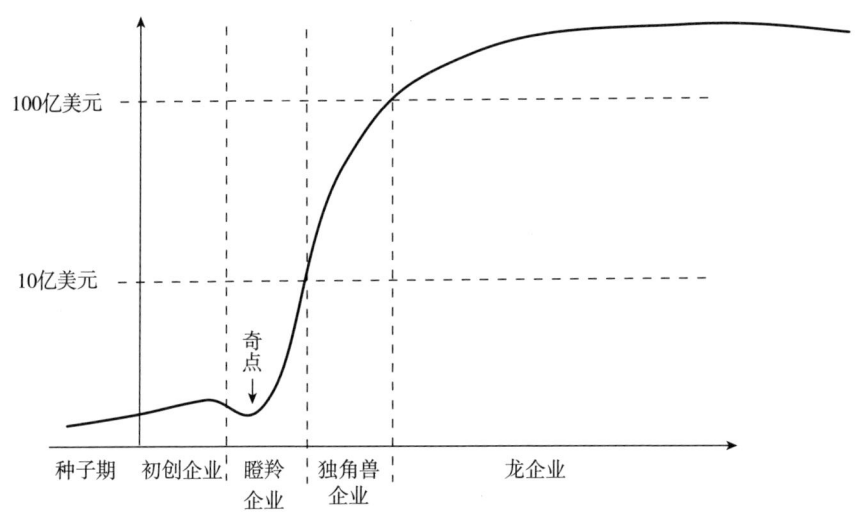

图9　新经济科创企业的生命周期

从代表新经济发展实力的"独角兽"情况来看，2017年上海"独角兽"企业有36家，居全国城市第2位。上海"独角兽"企业的行业主要还是集中在电子商务、互联网金融、教育、物流等14个行业领域。上海之所以近几年内众多"独角兽"企业的涌现，其原因可能包括：一是近年来上海越来越注重营商环境的塑造，创新创业环境不断得到优化，科创孵化器等创业服务平台等创业要素也较为完备。二是上海本身就汇集了人才、资本、创新、市场、信息等优势科创资源，拥有"独角兽"企业成长的肥沃土壤，为中小型创新创业发展提供了良好条件。三是上海地区的高校众多，拥有完整的产学研链条和雄厚的科教资源作为支撑，很多前沿创新技术不断在上海诞生，这些前沿创新的技术就催生了大量的"独角兽"企业。

表2　　上海"独角兽"企业名单（截至2017年12月）

排名	企业名称	估值（亿美元）	行业	成立时间
1	陆金所	185	互联网金融	2011
2	平安医保科技	88	互联网金融	2016
3	金融壹账通	80	互联网金融	2015
4	饿了么	55	电子商务	2008
5	平安好医生	54	大健康	2014
6	威马汽车	50	新能源汽车	2014
7	联影医疗	50	大健康	2011
8	蔚来汽车	50	新能源汽车	2014
9	易商	32	物流	2011
10	复宏汉霖	31.8	大健康	2010
11	易果生鲜	30	电子商务	2007
12	奇点汽车	30	新能源汽车	2014
13	淘票票	21.1	电子商务	2014
14	三胞国际医疗	19.3	大健康	2014
15	UCloud优刻得云计算	15	云服务	2011
16	界面	15	新媒体	2014
17	拼多多	15	电子商务	2014
18	安能物流	13	物流	2010
19	驴妈妈	12.6	旅游	2008
20	一起作业	12.5	互联网教育	2013
21	爱屋吉屋	12.5	房产服务	2014
22	药明明码	12	大健康	2015
23	新达达	12	物流	2016
24	沪江网	10.8	互联网教育	2015
25	波奇网	10	电子商务	2007
26	洋码头	10	电子商务	2010
27	魔方公寓	10	房产服务	2010
28	七牛云	10	云服务	2011
29	依图科技	10	人工智能	2012
30	触宝科技	10	软件应用	2012
31	WiFi万能钥匙	10	软件应用	2012
32	找钢网	10	电子商务	2012

续表

排名	企业名称	估值（亿美元）	行业	成立时间
33	小红书	10	电子商务	2013
34	学霸君	10	互联网教育	2013
35	点融网	10	互联网金融	2013
36	阿里体育	10	文化娱乐	2015

资料来源：科技部《2017年中国独角兽企业发展报告》。

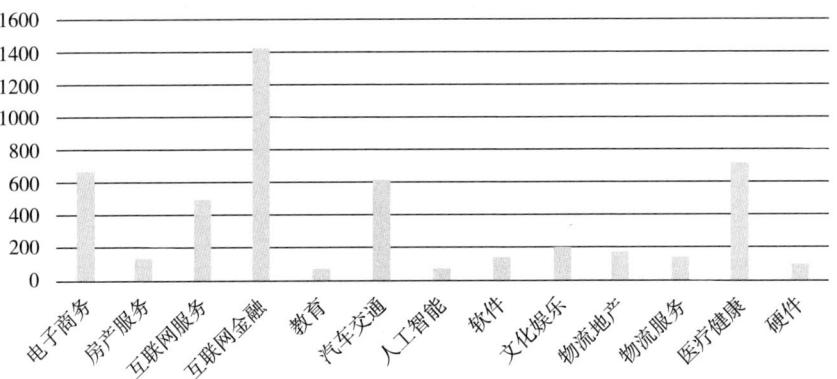

资料来源：科技部《2017年中国独角兽企业发展报告》。

图10　上海独角兽企业行业分布

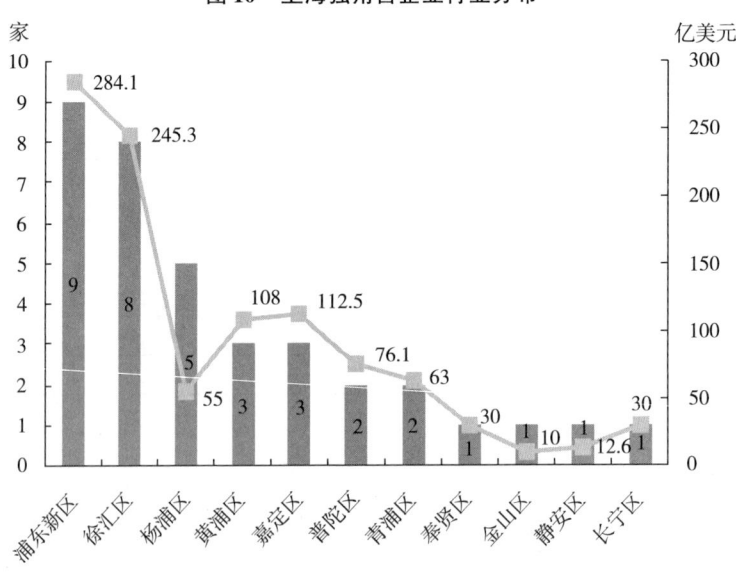

资料来源：科技部《2017年中国独角兽企业发展报告》。

图11　2017年上海"独角兽"企业空间分布情况

多数"独角兽"企业背后有 BAT 等行业巨头投资身影。从 2018 年下半年开始，上海市政府已经陆续与阿里巴巴、腾讯、百度、网易等互联网巨头签订战略合作框架，吸引 BAT 投资部门进驻上海，成立专业性孵化基地，吸引更多优质项目落地，提升"独角兽"企业出现概率。另外，上海科创板的设立将为科创类企业的发展注入强心剂，有利于上海"独角兽"项目聚集与成长。

3. 上海的产业特征为大都市型普惠金融提供的市场空间

（1）大都市型产业园的高度集群化趋势为供应链金融奠定需求主体基础

上海以都市型产业园为载体的集群化发展趋势将为若干小微企业围绕核心企业构建生态和完备的供应链创造条件。大都市型产业发挥发展到成熟阶段，将形成具有自组织产业系统功能的都市型产业分工网络体系。这种分工网络体系包括三方面的内容：①大批"小精专"的小企业围绕大企业开展有层次的专业化协作服务，形成一种垂直的高度分工的生产组织；②技术门类比较齐全，包括整个产业中的几乎绝大多数技术领域；③各种流通和服务部门渗透到从上游至下游的生产全过程。在大都市型产业分工体系中，绝大多数小企业通常只生产某种零部件、负责某道工序加工或提高某种服务，这些发达的根须构成了上海大都市型产业雄厚的共生基础。这种小微企业与供应链中核心企业构建的牢固的共生合作关系将为普惠金融中供应链金融的发展提供坚实的需求主体基础。

（2）上海大都市型产业中的新经济小微企业的集聚和爆发将为科创金融提供广阔空间

上海的大多数新经济科创企业主要分布于大数据、智能硬件、人工智能、互联网医疗、互联网金融、互联网教育、电子商务、大健康、新媒体、网络安全、服务分享等领域，这些行业领域之所以可以不断壮大，主要还是因为上海地区的都市型消费市场非常庞大，背后可以孕育和孵化众多的消费类科创企业，从现阶段的发展态势来看，银行与科创企业合作的主要形式还是投贷联动模式，这种模式主要从美国的硅谷银行的发展模式演变而来。众多领域的科创小微企业的涌现以及国外投贷联动模式的经验已经为上海科创金融的普惠服务模式的进一步创新和发展奠定了坚实基础。

（二）上海的大都市型消费市场现状

1. 上海大都市型消费特征

未来上海消费市场的核心特征，将是趋向"个性化、场景化、大数据化"的购物或者服务。所谓个性化，就是大都市新生代的消费群体对价格敏感性在减弱,价值敏感性以及个性化消费追求变得愈加重要。所谓场景化,就是情绪驱动,在特定场景下激发购物冲动;所谓大数据化,就是移动互联网的发展使得消费群体的数据量和数据维度异常丰富,这样就使个人画像变得更加清晰,基于大数据的精准消费服务正在为消费金融企业和消费者同时带来价值。

(1) 注重个性化的消费需求

上海强大的移动互联网基础设施使各类消费场景相互链接、相互交错,逐渐形成一张巨大的场景关系网,差异性的消费个体就是这张场景关系网中的关键节点。移动互联网时代的来临使得消费场景变得异常丰富,消费需求也在发生变化,尤其是移动互联网的新生代消费者——"90后""00后",对于他们来说,价格的敏感性已经不再重要,取而代之的是用户体验及用户满足度,他们更注重消费价值。灵活的适应消费者的需求,利用"长尾效应",满足零散的、差异化的尾部需求,将形成庞大的消费群体。

(2) 基于可量化的数据挖掘

随着大数据时代的来临,大都市中人们生活被各式各样的场景数据维度所包围。互联网技术可对积累的数字进行处理,使其变成适合催生、构建商业形态的数据。通过大数据,不同的机构可以了解消费者是谁、消费者所处的位置、消费者的喜好甚至消费者下一步可能做什么,不断收集、积累数据,然后通过个人数据画像,了解消费者的真实需求,从而搭建新的消费场景,以便有效地促进消费。

(3) 基于消费者体验的场景异常丰富

"体验"越来越成为消费者的消费感受和动机,场景的构建就基于各种体验感受来形成的,构建有内容、真实的场景才能让消费者有体验的动力,而消费者通过卓越的体验才能成为拥护者。因此,创造消费黏性的前提就是要使场景融入消费者生活中,创造用户新的情感需求和消费体验。

2. 大都市型消费为场景化的普惠民生金融创造广阔空间

我们依据消费目的的不同,可以把消费类型分为三类:第一,生存型消费。生存型消费主要是用于人们的基本生活需求,比如吃穿住行等场景的消费市场。第二,发展型消费。发展型消费主要是依据人们在满足生存需求之后而产生的更高层次的物质和精神消费。比如在教育和健康方面的消费。第三,享受型消费。享受型消费是为了实现尊重和个人价值而产生的最高层次的物质和精神消费类型,比如旅游和收藏品等领域的消费。

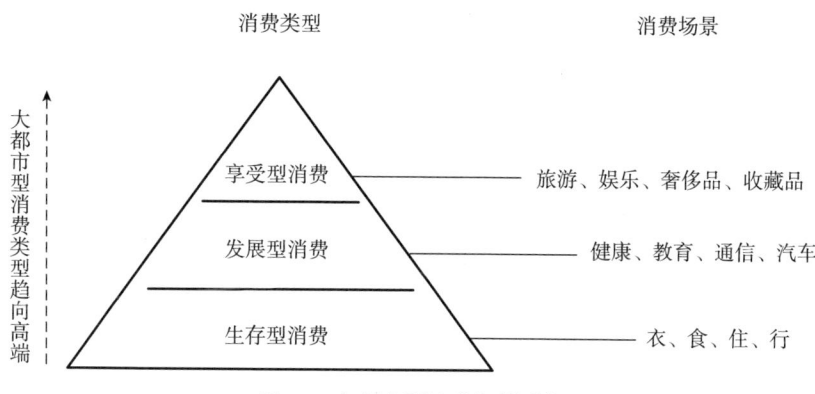

图12 大都市型消费场景升级

一般来讲,当社会和经济的发展程度逐步提高时,人们的消费类型会逐渐升高,比如在上海地区的消费类型就主要是发展型和享受型消费。

(1) 大都市型消费的场景化趋势将为普惠民生金融提供巨大流量

随着大都市的消费升级和互联网基础设施的高度发达,消费客户的流量是决定普惠民生金融发展的关键,现阶段的移动互联网流量,足够支撑消费者在互联网上做大部分事情,而能够影响流量的因素也从一开始的硬件设施转变为生活中的各种场景。因此,在大都市型普惠金融视角下,消费场景化必然会为发展民生金融带来可观的流量。

(2) 大都市型消费场景的海量数据将为普惠民生金融带来高判断力和低评估成本

大都市型消费中的丰富场景是探索消费金融的主要载体和数据来源,在如今的数据大爆炸时代,生活场景的逐渐丰富使收集到的人们的数据的维度大大增多,而且数据获得成本也在下降,这种海量的、有价值的以及多维度的客户数据为普惠场景金融的发展奠定了很好的基础,对预判客户信用和授信额度提供了有价值的参考,使普惠金融的发展类型有了更多的可能性。

四、民营银行在大都市型普惠金融下的错位竞争创新机制

(一) 民营银行的设立历程和经营业绩总览

1. 监管层有序推进民营银行筹建设立

2013年7月1日发布的"金融国十条",即《国务院办公厅关于金融支持经济结构调整和转型升级的指导意见》中第九条"尝试由民间资本发起设立自担风险的民营银行、金融租赁机构和消费金融公司等金融机构"是

放开政策的第一步。2016年,时任银监会主席尚福林再次表示,各地的银监局要继续对新设的银行加强政策辅导,遵循"成熟一家,设立一家"的原则推进。2016年12月30日,银监会发布《关于民营银行监管的指导意见》完善监管制度;2017年银监会在《关于提升银行业服务实体经济质效的指导意见》中指出有序推动民间资本进入银行业。

2. 民营银行规模激增、盈利良好、风险可控

截至目前,银监会共审批筹建17家民营银行,截至2017年末,民营银行总资产为3381.4亿元,同比增长85.22%,其中各项贷款余额1444.17亿元,增长76.38%。2017年民营银行总计实现净利润19.67亿元,是上年同期的2.09倍,远远高于传统银行的利润增幅。资本利润率和资产利润率分别为5.06%、0.76%,同比分别提高0.3个和0.04个百分点。与此同时,民营银行不良贷款率仅为0.53%,低于商业银行平均水平1.22个百分点,资本充足率24.25%,流动性比例98.17%,远高于监管标准值。

具体来看,首批获得批准开业的5家民营银行中:华瑞银行实现营业收入9.83亿元,比上年增长48.65%;实现净利润2.53亿元,比上年增长77.96%。温州民商银行2017年实现营业收入3.07亿元,同比增长58%;净利润更是翻番,较2016年增长103%至1.03亿元。天津金城银行累计实现营业收入6.04亿元,同比增加0.53亿元;实现净利润1.52亿元,同比增加0.24亿元。微众银行2017年营收达到67.48亿元,营收同比增幅达到175.54%;在净利润方面,微众银行2017年净利润为14.48亿元,较2016年的4.01亿元涨幅261.1%。网商银行2017年的营收为42.75亿元,同比增速62.12%,实现净利润4.04亿元,同比增长27.85%。

总而言之,资产负债快速增长、盈利状况良好、整体风险较低是当前民营银行在经营中呈现出来的3个总体特征。

(二) 民营银行经营模式分化态势形成

经过4年的发展,大部分民营银行的发展态势相对比较稳健,利润和收入方面都有所增长。但我们必须看到不同民营银行之间的差距也在拉大,以互联网银行为主要发展业态的微众银行、网商银行等依赖互联网股东强大的线上生态和科技实力,发展业绩方面异军突起。而有些非互联网背景的民营银行由于股东实力较弱或者还未探索出适合自身发展的业务模式,模式锤炼和客户的拓展相对比较滞后,因此,从17家民营银行的发展历程来看,民营银行的经营模式分化态势已经形成。主要可以分为以下两个方向:

1. 互联网科技背景的银行

这类银行以微众银行、网商银行、新网银行、中关村银行为代表。这些银行的股东自身就是互联网巨头，能够利用其强大的大数据处理系统来服务其业务。这类银行摒弃了传统的银行网点模式，转而完全以线上 APP 所搭建的互联网银行模式来提供金融服务，所以其服务对象主要为与互联网接触密切业务的个人用户群体，业务以消费金融，财富管理为主。

2. 服务于特定区域和开展特色业务的银行

这类银行主要有民商银行、金城银行、蓝海银行、客商银行等。这类银行的股东基本上由当地的知名实体经济的企业构成，基本无互联网背景，发展模式主要以股东特色行业以及供应链的融资需求为业务切入点，和区域性的中小型银行的信贷业务类型模式类似。这类银行对于当地情况较为了解，可以深入许多大型国有银行不愿意涉足的区域，弥补大型银行的缺位，能更快地提供资金服务。

(三) 民营银行发展问题逐渐凸显

1. 经营基础不够扎实，业务范围有限

由于民营银行经营时间较短，部分业务处于起步阶段，有些商业模式尚在探索打造进程之中，很多民营银行的业务模式还没有定型，还存在结构失衡、业务品种单一的局面，并且市场份额占比较小，尚未形成规模效应，差异化经营特色还有待进一步完善提升，经营管理团队还需进一步磨合。另外，民营银行大多定位为服务小微、"三农"，以及其他传统商业银行无法提供服务的长尾客户，随着传统商业银行业务的下沉，民营银行将面临更大的竞争压力。

2. 流动性管理的风险隐患显得较为突出

在远程开户尚未放开的背景下，民营银行基本没有获取线下存款的禀赋，负债成本高于传统银行，并且，无法依托互联网独立为客户提供强电子账户，取现、支付、转账、还款场景受限造成客户黏性不佳，最终体现为存款扩张乏力。有些民营银行的资产负债扩张速度较快，主要还是依赖同业负债加快发展资产规模，存贷比指标较高，这样就可能面临着较大的流动性风险隐患。

3. 创新的风控模式有效性和成熟度有待市场检验

民营银行深耕普惠金融的背后必须由完善和智慧的风控体系作为支撑，风控的管控能力的高低直接影响着民营银行长期可持续发展的基础。但民营银行面对的现实就是其业务模式必须下沉，这就导致它们的客户层次不会很高，这些普惠客户的风险违约率将会很高，这对民营银行的风控能力提出了更高的要求。现阶段,民营银行的发展才刚刚开始,还未经历完整的经济周期的历练,因此,风险的暴露还需要市场的检验。另外,民营银行的风控系统在经营初期主动筛选客户资质。长期看,一些民营银行实际上存在规模扩张的"天花板"。如果没有更好的风控技术,同时又要保持资产规模增长,这些银行有可能不得不放松现有的风控标准,资产质量可能会恶化。

(四) 大都市型普惠金融视角下民营银行的错位竞争市场

1. 基于长尾理论的民营银行市场定位的图形推导

在第二部分中,本文运用基于银行自身的盈亏平衡模型以及基于外部环境的供需均衡模型分别阐述了大都市型普惠金融背景下长尾市场和金融排斥所发生的变化。由于大都市型普惠金融的高度数字化等特征使以前一部分在长尾市场中的普惠群体被涵盖在主流市场中,长尾市场的容量大大减小。这部分由于大都市型普惠金融特征,增加的普惠金融市场即 $ABB'A'$ 将是民营银行错位竞争的主要市场定位群体。边界 M 左边不管在传统普惠金融还是在大都市型普惠金融下都是主流市场,这个市场的特点是大多为国有大型企业或高净值个人客户,经营稳定,征信记录完备且良好,是传统金融机构如国有银行、股份制商业银行的目标客户。边界 M 和 N 之间这部分市场在传统普惠金融中属于长尾市场,但在大都市型普惠金融下属于主流市场,大多为经营不稳定的科技型小微企业以及新生代消费群体,我们把这个市场称为长尾头部市场,这个市场为民营银行在大都市背景下的发展定位将创造一片蓝海。边界 N 右边的市场在传统和大都市型普惠金融中都是长尾市场,大多是经营或收入波动较大的小微大众,大部分没有征信记录,人均价值较低,这个市场是大量小额贷款公司、消费金融公司、借贷中介公司以及典当行的目标客户。

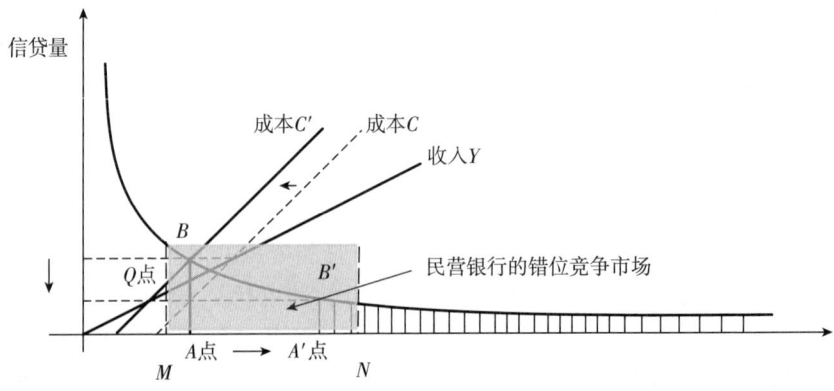

图13 民营银行的错位竞争市场

2. 民营银行在大都市与二三线城市经营模式的差异性

民营银行在大都市普惠的背景下的经营模式必须适合大都市产业和消费特征，与二三线城市银行的普惠金融经营模式必定存在差异。比如，作为二三线城商行发展的代表，泰隆商业银行主要把目标客户聚焦为分散在地级市城郊和村镇等地域的作坊式小微和个体经营户，这些小微客户特点是"小、散、多"的低端制造企业。泰隆银行组建多达几千人的庞大客户经理队伍，发挥一线客户经理"地缘、亲缘、人缘"优势，真正沉入基层，通过密集走访和频繁接触客户，跑市场、进厂区、深入村镇家中，积累客户信息。根据客户的"人品、产品、押品"和"水表、电表、海关报表"，掌握小微企业生产经营情况。在二三线城市地区，这种利用劳动密集型经营方式在一定程度上有效缓解了小微企业和村民客户信息不对称的问题。但在大都市型普惠金融的背景下，显然这种劳动密集型的经营方式不适合大都市地区的民营银行。首先，大都市地区民营银行所面对的小微客户群大多是集中在市区CBD楼宇、都市型产业园区的高端产业科技型小微企业，这些小微企业的法人和员工都是来自全国各地，在二三线城市客户经理惯用的"地缘、亲缘、人缘"优势在大都市型普惠场景中就作用不大。并且，大都市地区银行经营的人力成本更高，如果采用人海战术来进行营销和管控风险，这些成本将严重拖累民营银行长期稳定发展。其次，占泰隆银行贷款总额90%的保证担保贷款主要是"道义担保"和"亲情担保"，将亲情和诚信结合在一起。这种建立在小微企业之间盘根错节的亲情网和家族网在二三线城市是普遍存在的，但大都市地区的小微企业则完全不同，小微企业之间即使存在产业链协作关系，但也都依据商业规则来运作，那种将亲情和诚信相结合的金融产品模式在大都市也行不通。最后，二三线城市在互联网基础设施建设、政府配套政策以及科技人才聚集等方面都不如大都市地区有优势，这些科技资源优势将为民营银行通过金融科技构建线上营销、审批和智慧风控等系统创造条件。

3. 大都市型普惠金融视角下民营银行错位竞争发展案例分析——上海华瑞银行

作为首批试点的民营银行，上海华瑞银行围绕中国经济转型和"供给侧"结构改革的需要，紧扣"服务中小企业和社会大众"的试点改革要求，立足上海建设具有全球影响力"科技创新中心"的契机，主动把握"自贸区改革"政策先发优势，积极探索差异化错位竞争之路，确立了"三个服务"的战略定位，即"服务自贸改革，服务科技创新，服务小微大众"，着力发展供应链业务、科创金融业务线和民生金融业务。

（1）华瑞银行围绕上海大都市型产业集群化和生态化特点，积极探索供应链金融"N+X"3.0模式

围绕上海大都市型产业集群化和生态化的特点，华瑞银行以供应链金融切入产业生态圈，探索产融结合的新路径。华瑞银行紧密围绕产业场景，坚持以金融科技有效变革传统供应链金融的难点、痛点，颠覆传统供应链金融模式，以供应链金融产品为工具，积极为小微企业提供差异化金融服务。华瑞银行围绕建筑产业，将供应链工具与基础银行产品及金融科技相结合，从有效解决小微企业融资痛点、精确管理信用风险、大力提升融资操作效率等方面入手，采取线上与线下相结合的方式，打造风险可控、融资灵活、操作便捷、资产安全的智慧供应链金融产品——"瑞e订"，积极为建筑产业中的小微企业提供便利化融资、优化财务结构、改善经营环境等差异化金融服务。

与传统供应链金融的1+N模式不同，"瑞e订"在强势的下游核心买方与弱势的上游供应商之间架入核心平台——供应链管理企业，并引入投贷联动工具，实现与核心平台的合作融合。通过对核心平台的封闭式管理，银行可获信息直达上下游商务交易环节，贸易结算资金在链条体内良性循环，从而实现银行风控管理通过1家核心平台向M家核心买方渗透。因此，"瑞e订"通过与1家核心平台的合作，将M家核心买方的信用有效引入链中，在双核心的驱动下，将融资服务向N家二级供应商延伸，在建筑产业供应链中，创新了N+1+M模式，有效地扩大了供应链金融对上下游多方的惠及度。

（2）华瑞银行抓住上海科创型小微企业爆发式涌现的机遇，以"投贷联动"推进科创金融新范式

现阶段，上海"四新"领域的"独角兽"企业不断涌现，这种趋势在近两年尤为明显，上海的科创政策、资本优惠以及市场潜力等因素必将孵化更多的科创型小微企业。华瑞银行聚焦科创企业中的中高端类型，致力于培育早期的科创明星企业的价值发现模式，关注采用"新技术、新产业、新模式、新业态"的"创新、创造、创业"的企业。华瑞银行加强与业内领先的PE/VC投资机构以及新经济中头部企业的合作，充分发挥"股权思维+债权思维"的互补优势。华瑞银行以债权融资作为金融服务的主要形式，以利息收入作为业务收益的体现，并且，积极探索包括认股权在内的各类融资安排，以"投贷联动"融资模式对科创小微的风险进行抵补。另外，华瑞银行针对科创小微企业轻资产的特点，建立以跟单融资为核心的业务管控模式，通过把企业融资与内部业务链进行结合，能够将整体授信

分解为高频、小额和实时的跟单融资,通过线上系统自动控制风险。

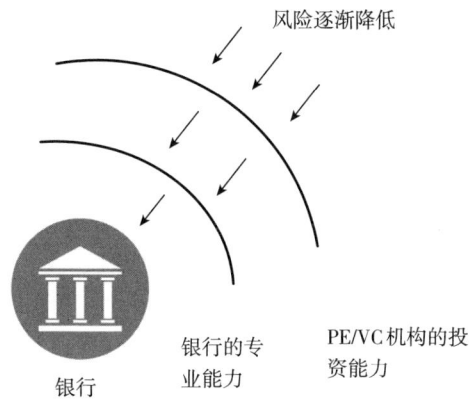

图14 "股+债"双思维科创金融模式

(3)华瑞银行根据上海大都市型消费场景和数据异常丰富特点,以跨界平台合作推进普惠民生金融模式

现阶段,上海的大都市型普惠金融的场景化搭建已经渗透到线上线下各个细分领域,包括租房、教育、购车、旅游、装修、购物等。在移动互联网蓬勃发展的今天,消费场景出现爆发式的增加,而且消费金融需求的数据维度增多。但这些大数据都掌握在各个场景头部企业手中,金融机构与外部场景行业中头部企业基于大数据的开放合作已经成为趋势。华瑞银行通过B2B2C的模式,已经逐渐在租房、购车、电商和旅游等多个消费场景探索出适合自身发展的民生金融模式。比如,在租房、购车以及旅游场景中尝试推出分期业务,这种模式的切入点是与外部第三方的场景类创业企业进行合作,借助对方强大的流量和场景能力,从合作企业的资金需求入手,先着力解决合作企业的融资需求,然后与这些企业附着的C端客户进行营销和切入,为这些场景企业的个人客户提供各种分期的消费金融服务,这种业务模式基础就是精准判定个人客户的信用和授信额度。华瑞银行选择区域内领先的场景头部企业,借助这些头部企业长期积累的客户数据、对历史业务数据的分析以及反欺诈技术的应用,降低个人客户违约的发生概率。

五、大都市型普惠金融视角下民营银行错位竞争策略建议

(一)发挥新技术后发优势,以"科技立行"作为弯道超车的突破口

到目前为止,普惠金融与新技术结合经历了两个阶段。第一个阶段就

是普惠传统金融服务的互联网化，表现为移动支付、手机银行和网络借贷模式的出现，这个阶段还仅仅停留在普惠金融依赖移动支付系统，这时对普惠金融的覆盖面还非常有限。第二个阶段就是金融机构尝试利用人工智能、区块链、大数据和知识图谱等 FinTech 技术来进行金融服务模式的创新，用金融科技助力资金流入实体经济的"毛细血管"中，新兴民营银行的设立正好赶上这次金融科技融合的变革浪潮，民营银行如在建立之初就以科技立行，那么在组织架构、系统架构以及业务架构方面都将深深打上"金融科技"的烙印。民营银行运用新技术可以进一步扩大对客户服务的半径，降低普惠金融服务的门槛和成本；可以通过个性化、多样化金融服务来满足客户多样化的需求，提高金融服务效率；通过减少信息不对称程度来完善风险甄别和风险管控体系，将会为与传统金融机构竞争中实现弯道超车留下想象空间。在大都市型普惠金融的背景下更是如此，大都市型普惠金融机构竞争激励，常态化发展的民营银行需要以金融科技为突破口，避免卷入同质竞争的逆流。

（二）围绕股东产业和区域特点，以"产融结合"作为创新发展的亮点

现阶段，民营银行在成立之初便依据所属区域环境、不同股东资源以及筹备团队等因素造就了不同基因，这些基因决定了由此带来优势和劣势将会并存，其发展也必然是扬长避短的过程。民营银行的战略规划需要差异性和错位竞争思维，不能是对于传统银行经营模式的简单复制，而应该是基于所处区域发展特点和股东行业发展特色，结合大股东产融结合的战略导向，制定推出定制化并且可延伸推广的金融服务模式。尤其需要结合股东行业场景，满足股东产业链上的企业或个人客户金融需求，探索产融结合的新模式。在大都市型普惠金融背景下，民营银行应该深度挖掘大都市型产业和大都市型消费的特点和市场潜力，寻找与自身匹配并有价值的客户群体，根据自身科技研发、人才资源以及产品服务等特点专注于某个行业生态或某个消费场景，将行业和消费场景做精做透，这样就可以从传统金融机构错位竞争中获得生存和发展的机会。

（三）借鉴导入流量思维，以"对接生态圈"作为突破发展的驱动力

在大都市型普惠金融背景下，不管是网络虚拟流量还是实体物理流量都较传统普惠金融更为丰富，这些流量资源对于民营银行的业务拓展来讲都是至关重要的。一方面，这些对接的生态圈和开放平台本身具备丰富的交易或消费场景以及大量客户资源，民营银行在这些场景中能更有效和精准地挖掘客户潜在金融需求，为他们提供定制化、客户体验更佳的金融服务，并且可以把这些平台用户转化为银行的客户，从而进一步解决民营银行获客渠道不足的问题。另一方面，这些对接的生态圈和平台上积累了海量全方位的客户数据，这些数据包括客户个人信息、消费偏好和信用等级等内容，通过大数据建模将为民营银行在定制金融产品、客户营销、风控等方面带来诸多便利。民营银行可依托其股东的产业生态圈或对接其他合作平台资源，利用新兴技术充分挖掘海量客群的金融需求，并在这些丰富的场景中嵌入产品和服务，从而为新生的民营银行导入海量客户和创新业务，打造互联网银行、移动金融等模式。诞生在移动互联网时代的民营银行必须适应这些流量场景的发展变化，积极探索融入产业生态圈和社交朋友圈的技术和方法，而这也正是民营银行错位发展的必由之路和切入点。

（四）守住合规风控底线，以"智慧风控"作为稳健发展的保护伞

"船小好调头，船大好顶浪"，民营银行虽然在发展环境发生变化时能够快速作出反应，但当重大风险来临之际，抵御风险的能力往往不如国有银行等传统金融机构。大都市金融环境更为复杂多变，各类金融风险的传导会首先在大都市地区发生影响，大都市金融机构对外部金融风险的感知更为敏感，多为重大风险的集聚区域。因此，民营银行在服务大都市型普惠金融的背后尤其需要风控的有效保障，风险防控能力是开展大都市型普惠金融业务长远稳健发展的重要根基。一方面，民营银行应借鉴互联网开放性思维，与领先的PE投资机构、金融科技以及场景头部企业合作，借助合作企业的平台优势，特别是对方非标准化信息和非结构化数据的收集和处理能力，同时发挥自身资金雄厚和金融服务全面的优势，在对客户征信以及标的物估值模式领域开辟新途径，通过互联互补，达到共享共赢；另一方面，民营银行应借鉴先进金融科技公司前沿和可行性技术，利用人工智能、区块链、大数据和知识图谱等技术对传统"三位一体"风控模式进行创新，通过改造、升级、并行等方式，夯实智慧风控创新的技术基础，进而提升风控能力并为普惠金融发展保驾护航提供良好的契机。

参考文献

[1] 黄海龙. 基于以电商平台为核心的互联网金融研究 [J]. 上海金融, 2013, 8 (1): 34 - 37.

[2] 侯福宁. 生态银行、金融科技、组织创新：民营银行的差异化创新发展路径 [J]. 中国银行业, 2017 (10): 67 - 70.

[3] 焦瑾璞, 黄亭亭, 汪天都, 等. 中国普惠金融发展进程及实证研究 [J]. 上海金融, 2015 (4): 12 - 22.

[4] 凌涛. 理性看待投贷联动, 打造特色科创金融服务 [J]. 中国银行

业, 2016 (6): 8 - 12.

[5] 田霖. 金融普惠, 金融包容与中小企业融资模式创新 [J]. 金融理论与实践, 2013 (6): 17 - 20.

[6] 申蕾. 我国互联网金融发展研究: 一个文献综述 [J]. 经济研究导刊, 2015 (12): 215 - 218.

[7] 王达. 美国互联网金融的发展及其影响 [J]. 世界经济研究, 2014 (12): 41 - 46.

[8] 王馨. 互联网金融助解小微企业融资困境——基于"长尾理论"分析 [J]. 征信, 2014 (3): 5 - 7.

[9] 朱韬. "三驾马车" 引领差异化发展战略 积极探索民营银行发展新模式 [J]. 金融电子化, 2017 (1): 54 - 55.

[10] Carbo - Valverde S, Rodriguez - Fernandez F, Udell G F. Bank market power and SME financing constraints [J]. Review of Finance, 2013, 13 (2): 309 - 340.

[11] Ivatury G. Using technology to build inclusive financial systems [M] //New partnerships for innovation in microfinance. Springer Berlin Heidelberg, 2009: 140 - 164.

私人银行消费金融 ABS 业务探讨

郝新梅①

一、选题背景及意义

(一) 选题背景

在中国经济步入新常态的背景下,银行业整体收入、利润增长面临挑战。在此背景下,私人银行业务市场增势保持稳健,并且凭借对接资产端、财富端的独特优势,逐渐成为中国金融业的增长亮点。私人银行业务兴起于20世纪80年代,是一种专门面向富有阶层的银行服务,为其提供个人财产投资与管理,并结合了信托、投资、银行、税务咨询等多种金融服务。在金融脱媒和面临外资银行竞争的大背景下,近来我国众多商业银行纷纷将视其为新的利润增长点和最具发展潜力的业务。但由于国内私人银行业务起步较晚,同外资银行成熟的运作模式相比,除了经验缺乏和人员短缺外,国内银行在私人银行业务上还面临产品结构单一,业务覆盖面小,规模有限等缺点。然而,私人银行客群对产品却具有复杂、广泛、个性化的要求,它不仅要提供种类齐全的投资、税务策划、授信及各种规划服务,并且产品的开发要确实迎合客户的个性化需要。

与私人银行相比,资产证券化早在20世纪90年代中期就被介绍到我国,一直以来国内各金融机构和学者对其的关注持续升温。因为资产证券化不仅建立了直接融资和间接融资沟通与转换的渠道,构建了银行信用和市场信用的相互转化机制,而且其对提高金融行业效率,推动资本市场的深化和成熟,降低融资成本和风险起到了积极的作用。2005年,银监会发布《信贷资产证券化试点管理办法》,开启了国内证券化业务的征程。2006—2008年,总发行数量约20单,规模700余亿元。2008年国际金融危机发生后,ABS被监管部门叫停;直至2012年银监会发布《关于进一步扩大信贷资产证券化试点有关事项的通知》,方才重启。2014年11月,银监会和交易所分别推出资产证券化发行备案制,市场开始提速;2015年,全

---

① 作者单位:上海浦东发展银行。感谢何刚、鲁志勇、陈振炯的指导。

市场 ABS 发行量接近 6000 亿元，同比增长约 80%；截至 2017 年，年发行量已升至近 1.5 万亿元。在当前金融防风险、降杠杆、服务实体经济发展的金融行业背景下，资产证券化产品逐步成为市场主流投资产品，特别是《关于规范金融机构资产管理业务的指导意见》（以下简称资管新规），对 ABS 资管新规则进行资管产品豁免，"依据金融管理部门颁布规则开展的资产证券化业务，不适用本意见"，资产证券化正逐渐成为金融市场投资的新蓝海。

（二）对私人银行业务及高净值客户的意义

私人银行业务主要针对个人私人银行客户等合格投资者，重点在于为客户合理配置各类资产。资产证券化产品，特别是某些 ABS 的次级档、夹层档具有风险清晰且相对可控、收益较高但风险集中度不高的特点，私人银行代理销售或代理收付资产证券化产品，不仅有利于凸显私人银行在标准化产品配置上的灵活性优势，而且还有利于私人银行机构向客户的资产管理者转型，提高私人银行机构的投资管理能力。

二、消费金融行业及消费金融 ABS

1. 消费金融行业蓬勃发展

传统消费金融是指向各阶层消费者提供消费贷款的现代金融服务方式。本文所讨论的消费金融是狭义的消费金融，即指将消费的具体场景配套带入金融服务，例如装修、旅游、购买电子产品等具体的消费需求，不包括房贷、车贷等有抵押的个人消费金融业务。

近年来，随着居民物质生活水平的提高，消费种类、消费环境的丰富，以及新型城镇化战略的推进，我国经济发展结构正在向消费和服务领域转型。在经济新常态下，消费已成为未来中国经济结构调整的重点，相应的消费观念和消费手段也正在发生变革。

根据国家统计局官方数据：2017 年 12 月，社会消费品零售总额 34734 亿元，同比名义增长 9.4%（扣除价格因素实际增长 7.8%，以下除特殊说明外均为名义增长），较 2010 年翻了一倍多。

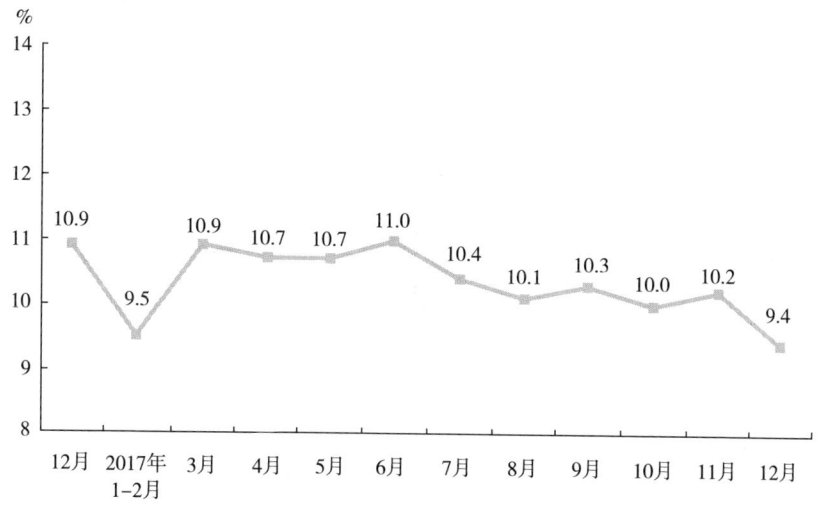

图 1　社会消费品零售总额分月同比增长速度

横向对比，我国居民消费率约占 GDP 的 39%，消费杠杆率约为 34%，与欧美发达国家 55%~70% 的居民消费率和约 74% 的消费杠杆率相比，有较大的上升空间。随着我国经济不断发展，居民消费率和消费杠杆率继续提升的趋势将延续，未来消费市场发展还将进一步扩大。纵向来看，近五年来我国居民消费贷款中约 75% 为房贷，即购房贷款类，消费类贷款的占比在 16% 左右小范围浮动，这与美国 48% 房贷、28% 消费贷的结构比存在一定程度的调整空间。这种差别既有不同经济体制、经济政策之间的差别，也受中西方居民消费观念差别的影响。

在经济飞速发展、社会生活水平不断改善的时代背景下，当代年轻人的消费观念与老一辈"量入为出"的理念有本质上的差异，他们对提升自身综合素质和生活体验、投资未来等更为看中，对提前消费的生活态度更为认可。据艾瑞咨询数据显示，我国 18~30 岁年轻人中有 68.2% 曾使用过分期消费，另有 21.1% 的年轻人未曾使用但是对此持开放态度。年轻一代超前消费的意识也反映到了其消费的途径上，据第一财经一份关于"80/90 后"的调查，在面对消费单价较高的商品时，有约 40% 的年轻人会选择用信用卡或互联网进行分期付款。由此可见，年轻一代对超前消费的认同已演变为一种消费诉求，而这种诉求在微观层面上的堆积则是在宏观层面上形成了消费金融的蓝海市场。

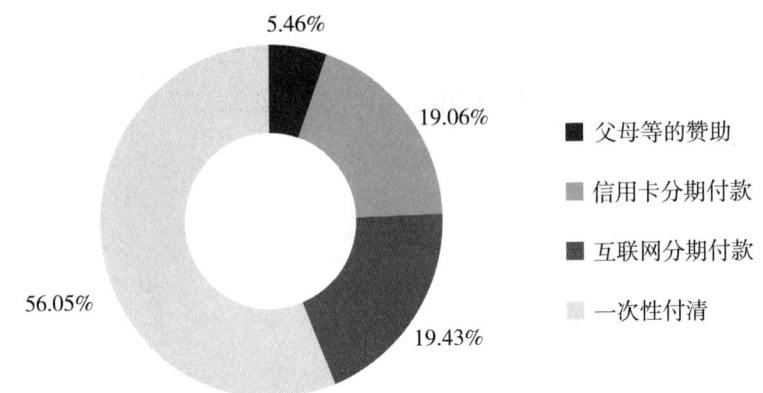

资料来源：艾瑞咨询，第一财经周刊。

图2　"80/90后"提前消费高单价商品的资金来源调查（2016年）

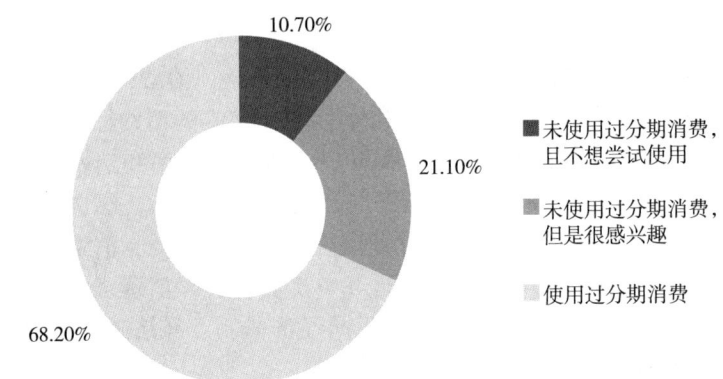

资料来源：艾瑞咨询，第一财经周刊。

图3　18~30岁人群超前消费意愿比例

国民收入的不断增长为消费金融市场提供了经济基础，当代年轻人消费理念的质变将这种经济基础演变为消费需求，但由于银行的传统信用卡业务仅能覆盖至白领和高净值人士等优质客户群体，无法延伸至收入水平相对较低的蓝领阶层、暂无收入来源的大学生等群体，导致这些优质客户群体的消费需求无法得到满足，而这两个人群的数量和消费需求恰恰是非常庞大的。根据艾瑞咨询调查统计，截至2016年，我国18~35岁的年轻蓝领约有1.9亿人，其全年消费金额高达2.5万亿元；同期在校大学生有3700多万人，其全年消费总额高达4500多亿元。由此，优质客户群体所形成的蓝海市场规模庞大。

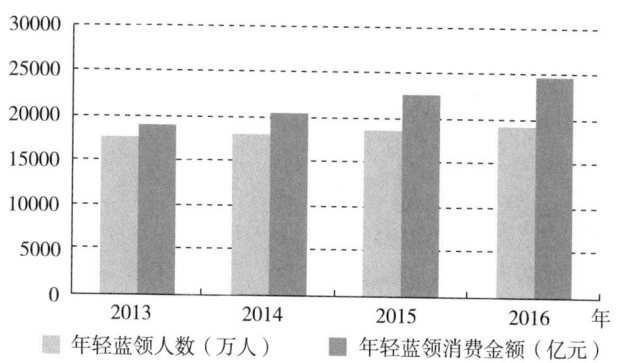

资料来源：艾瑞咨询，教育部官网。

图4　中国18~35岁年经蓝领人数及消费力

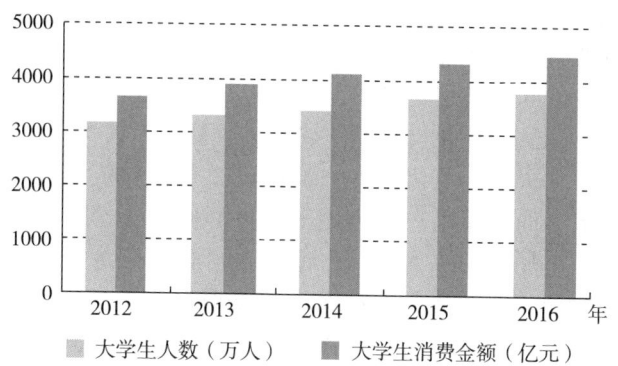

资料来源：艾瑞咨询，教育部官网。

图5　中国在校大学生人数及消费力

2. 消费金融市场主体格局多元，竞争态势日趋激烈

目前，我国消费金融市场呈现多元业态、共同参与、激烈竞争的格局。消费金融市场参与者主要包括三大类：银行、消费金融公司和平台类公司。

（1）银行：风控成熟、实力雄厚

从从业经验上看，作为最早涉入消费金融业务的竞争者，银行在信用卡消费贷上具有丰富经验，在介入消费金融市场的过程中，可利用其接入人行征信系统的先天优势，制定更优良、更有针对性的风控体系。从用户群体接入上看，由于信用卡办理门槛高、审批流程严，银行的客户群体普遍资质优良，故整体违约率较小。从资金链角度看，银行资金来源多为自身吸收的公众存款，融资成本低廉且财力雄厚。虽然银行拥有众多其他竞争者不可比拟的优势，但其严格的审批系统不仅拖累放款效率、影响客户体验，而且使其无法渗透到中下层的优质客户群体，以扩大市场份额。当然，为弥补自身短板，银行近年来也开始寻找解决方案，例如积极寻求与实体店商家合作搭建电商交易平台，设立消费金融公司等。

(2) 消费金融公司：捕捉肥尾死角，利用场景优势

截至 2016 年，我国共有消费金融公司 300 多家，其中 21 家为持牌经营。在这些持有消费金融牌照的公司中，有 16 家是为银行设立的子公司，隶属银行系。银行系的消费金融公司的设立目的主要是弥补银行不能覆盖中低端人群消费贷需求的短板，通过银行成熟完善的风控体系的支持和对银行丰富的存量客户资源进行拓展，进而形成差异化竞争。资金链上，银行系消费金融公司可以依托银行背景，在银行间市场发行消费金融资产支持证券，保证持续稳定的资金端供给。除去银行系外的消费金融公司为商品系，这类公司主要由大型耐用品企业，如苏宁消费金融、海尔消费金融等设立，其核心优势在于能够利用商家先天的场景优势捕捉消费者群体，在促进企业营收的同时满足客户消费贷款的需求，实现双赢。

(3) 平台类公司：借助互联网平台力量，拥抱大数据

除去具有强大资金链及优质客户群体的银行系和依托自身场景黏性接入客户的线下大型商品系外，拥有庞大用户群体和丰富场景接入的平台类公司是消费金融市场的另一大玩家。平台系可再细分为电商平台，场景分期平台和 P2P 网贷平台三类。电商系主要以淘宝、京东等具有巨大用户流量和产品平台的互联网企业为主，一方面通过大数据挖掘出存在需求的优质客户群体，同时完善风控系统；另一方面利用其生态板块中的金融支付工具（如蚂蚁金服）或 ABS 进行融资，从而形成消费闭环。场景分期平台主要是针对某一细分场景进行详细研究，发掘某一细分市场中消费者的特定需求，并依此提供更有针对性的消费金融产品。由于隶属某一特定场景进行深耕，故场景分期平台一方面能与 BATJ 等大型电商形成差异化竞争，避其大数据大流量的锋芒；另一方面能通过其在细分市场中的经验，形成市场壁垒。P2P 网贷平台则主要提供现金贷，其优势同样在于依托平台现有的用户流量做大业务规模，其用户流量大致介于大型电商平台和场景分期平台之间。

3. 消费金融业务形态模式

从业务模式来看，我国消费金融主要可以分为两个板块：消费分期和现金贷。

消费分期是以真实消费为背景的分期付款业务，又分为消费分期（单笔分期）和账单分期（多笔合计分期），典型的产品为银行信用卡、蚂蚁花

呗、京东白条等。

现金贷是指信用消费贷款,往往没有明确消费背景,也较难核查其现金用途,典型的产品为信用卡借款、银行消费贷、蚂蚁借呗、京东金条等。

4. 消费金融资产化业务情况

据CNABS(中国资产证券化分析网)统计,截至2017年12月底,信贷资产证券化、企业资产证券化、资产支持票据、保险资产证券化共发行1676期,发行金额高达35142.4亿元。

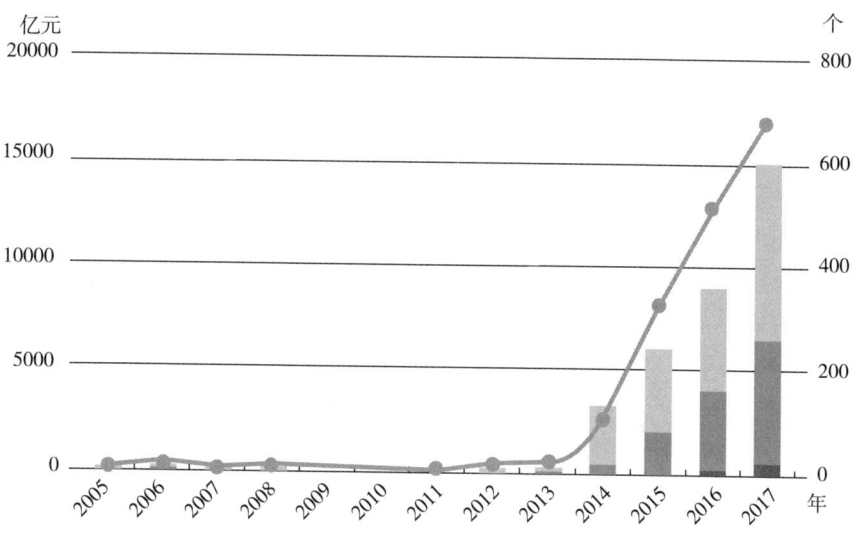

图6 该类型产品发行统计

其中,狭义消费金融ABS,即不包含房贷ABS和车贷ABS等有资产抵押的ABS产品,截至2017年底发行规模达到了6555.4亿元,共计243单。此外,消费金融ABS还包括以信托受益权、保理融资和融资租赁等方式发行的,且消费终端为个人的资产证券化产品。

在交易所市场,个人消费贷款ABS占据主要比重,主要以蚂蚁花呗、蚂蚁借呗、京东白条系列资产为主,同时,百度有钱花、小米小贷、去哪儿"拿去花"等资产也丰富了交易所个人消费贷款ABS。此外,交易所汽车消费贷款ABS主要以易鑫、汇通、先锋太盟等为主。在银行间市场,个人消费贷款占比58.54%,汽车消费贷款占比41.46%,其中个人消费贷款ABS最大的发起机构依次为招商银行、交通银行、中信银行,汽车消费贷款 ABS 最大发起机构依次为宝马金融、大众金融、奔驰金融。消费金融资产小而分散的特征，导致其对风控和 IT 系统的要求更高，目前消费金融 ABS 发行主体集中在行业头部企业，为市场树立规范，引导市场稳健发展。随着监管对 ABS 的发行规范日趋完善，针对消费金融类 ABS 的挂牌确认和信息披露指南的出台指日可待。预计消费金融 ABS 未来发行将更加趋向标准化和透明化，逐渐建立起金融有效服务实体的长效机制。

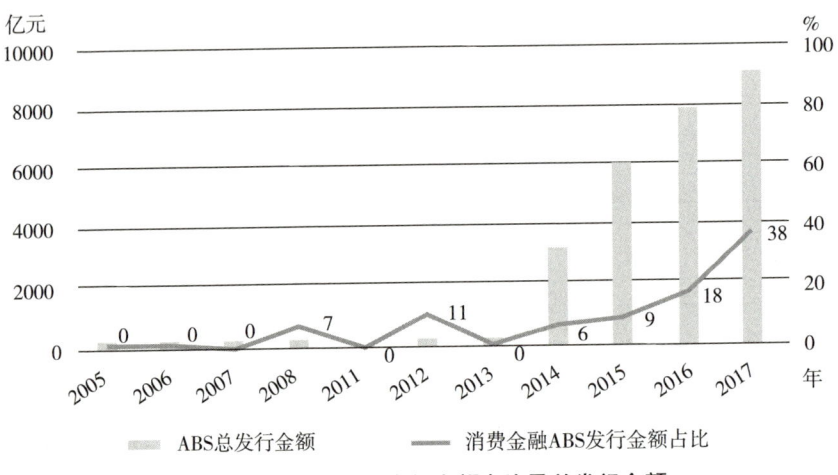

图 7 消费金融 ABS 发行金额占比及总发行金额

5. 互联网金融 ABS 特点

在我国消费金融资产中，银行资产普遍具有利率低、客群优质、展业时间较长、主体资质好等特征，目前市场对此类资产认可程度很高，信心充足。从已发行 ABS 产品的数据来看，银行信用卡类资产 90 天口径的加权静态不良率水平普遍在 1.5% 以下；现金贷类资产 90 天口径的加权静态不良率普遍在 3% 以下。对于 2014 年以后逐渐发展的互联网消费金融平台，市场的看法则具有较大的差异，主要体现在以下几个方面：

（1）借款人主体资质。

如果将个人消费信贷需求者按照传统的观念（例如资产和现金流）分为优先、中间、次级三类，银行服务的信用卡人群无疑是优先级客群，而其他平台服务的客群主要是中间级和次级的客群。但总体的分布并不能代表个体，事实上大型互联网消费金融平台都具有较好的场景优势，并通过极强的借款便利性巩固了其获客渠道，以使其客群并非仅限于信用卡外客户，而是显著地与其场景相挂钩。

此外，互联网消费金融平台的单笔单款金额往往很低，平均额度一般在几百元到几千元不等。在如此低的贷款额度下,传统意义上的优先和中间客群在还款能力上的差异缩小,同时利率敏感度会让位于便利程度。

因此,互联网消费金融平台的客群并非一定是次级客群,而是通过渠道优势和借款便利与其场景高度挂钩。

(2) 互联网金融并非都是"高利贷"。

根据中金公司数据,目前电商系互联网消费金融平台的综合年化利率(包括手续费等)水平普遍在10%~20%。此类平台的典型特点是现金贷业务往往依托于分期业务产生,为分期业务的优质客群。

纯粹经营现金贷的平台中不乏综合利率高的平台,其共同的特征在于没有稳定的获客渠道,单客获客成本高,借款短期化,共贷率很高。

(3) 大数据风控模型助力互联网金融发展。

所谓大数据风控方法,是基于用户过往的消费数据、行为数据、征信数据等多方面的信息进行综合信用分析。这一体系的重要任务是识别欺诈风险(恶意欠款),通过对异常操作、异常信息的识别来进行风险判断。在尽可能地减少欺诈风险后,其不良率将趋于稳定在其客群的平均不良率水平上。

大数据风控技术的核心是数据。大数据风控技术除了需要相应的技术和人员投入外,最重要的元素是其"原料",即其可用于分析的数据。深度使用的用户越多,单个用户使用业务越多元化,平台可用于分析的数据量就越大,对于用户的刻画更为准确,使模型能够更好地判断风险。深度使用的用户数量大、消费/支付场景多元且稳定的消费金融平台具有天然的数据优势,其风控模型的效率更高。而蚂蚁金服、京东金融等借助其电商平台、社交平台积累了大量的客户数据,且数据真实性、全面性方面具有独特优势,更有助于其利用大数据风控体系完善"客户画像",提升资产质量。

三、私人银行参与消费金融资产证券化的经验及思考

1. 锁定"头部企业",把握优质资产

在资产证券化下,通过设立特殊目的载体实现资产转移,实现主体信用向资产信用的过渡,评级机构对资产支持证券的等级评定首先要关注资产的优劣情况,其次才会关注外部增信提供方的主体评级,在此种情况下,能突出企业在某些特定资产或运营业务板块的运营能力,使主体信用比较差但是业务运营能力比较强或者拥有主体信用评级较高的债务人而导致资产比较优质的融资方,能够通过固定收益类的结构化融资产品,以较低的

成本来获得融资的路径。从资产形态来看，消费金融类资产具有地域和金额分散度高、单笔金额小的特点，如前文所述，消费金融市场越来越集中于拥有客户资源、数据优势、资本实力的头部企业，而头部企业所掌握的大量基础资产质量相对优质，且由于头部企业的技术优势和资本优势，能够实现通过数据化方式管理、整合、筛选适合资产证券化的基础资产包，以及循环购买机制等。

因此，私人银行后续应继续锁定消费金融，特别是互联网消费金融头部企业，把控优质 ABS 资产，同时也通过引入各业内最优质 ABS 资产，在存续期管理过程中，从全市场优质资源分析，洞悉消费金融 ABS 产品的发展趋势，更有利于敏锐察觉到此领域的最新变化，更好地把握风险，灵活应对突发情况。

2. 加强存续期管理，关注 ABS 底层资产状态

私人银行业务配置资产证券化产品时，配置档次一般为夹层或次级档，资产证券化的次级档由于分配顺序在优先级、夹层级之后，为优先级和夹层级提供信用支持，夹层级分配顺序在优先级之后，为优先级提供信用支持，相对下沉档次份额的投资选择主要是基于投资的风险收益比。

从基础资产形态来看，资产证券化产品的基础资产包分为动态资产包和静态资产包两种状态，静态资产包基础资产在转让给特殊目的载体时已经确定，这种优势在于投资人可以根据确定的基础资产做相对确定的分析测算，但弊端在于当底层基础资产期限较短、早偿率较高时，资产到期时间早、分布不均匀使 ABS 产品期限过短，流动性管理风险较大，难以进行资金匹配，特别是对于私人银行代理收付资金来说，这种期限不确定性较大、还款节奏不均、收益确定性弱的产品，难以匹配给高净值客户。特别是消费金融类资产，大多是期限超短、极度分散、具有一定早偿率的资产，因此消费金融 ABS 一般采取动态资产包的方式，采用循环期＋摊还期的期限设置方式，在循环期按照提前设定的基础资产入池标准，进行循环购买符合标准的基础资产。因此，私行参与消费金融 ABS 业务选择与消费金融领域的头部企业合作，也是选择业务稳定性、合规性、持续性较好的基础资产，头部企业基于先进的风控技术、领先的商业理念等，在获取客户和资产时，具有很大的稳定性优势。

3. ABS 夹层和次级的投资价值

私银人行配置消费金融 ABS 产品，大多参与夹层（第一层优先级和最后一层次级之间的档次）和次级份额，一方面是因为夹层和次级的收益更能够匹配高净值客户的高收益需求，另一方面也是通过资金优势和投资能

力参与到优质资产的超额收益。

(1) 夹层投资的价值

首先,从收益率角度来说,由于偿付顺序在优先级之后,ABS 夹层的收益率较优先级一般高出 100~200 个基点,收益率相对较高;从风险角度来说,夹层的评级通常在 AA－到 AA＋,按照目前国内的评级标准,AA－到 AA＋的证券与 AAA 证券的风险差距并不是很大,再加上信用债和 ABS 评级的逻辑不同,前者依靠主体信用和过往经营情况,后者依靠的是优质资产的未来现金流情况,因此,在基础资产足够优质的情况下,ABS 夹层证券的信用风险从一定程度上反而低于同等评级的信用债。

其次,在 ABS 存续期间,评级公司会在跟踪过程中,对部分夹层证券的评级给予上调,此种情况下,通过二级市场交易,可一次性获得夹层证券的资本利得。根据 Wind 数据统计,2017 年,银行间市场评级上调的 ABS 证券有 75 笔,下调为 0;交易所市场上调了 72 笔,下调 4 笔。由此可见,优质夹层证券通过评级调整,实现资本利得的机会是有的。

(2) 次级的投资价值与选择

如前文所述,ABS 产品的一大优势在于可以帮助企业实现资产出表,但前提是次级档的真实销售。ABS 市场发展早期,企业的发行目的更多是融资,所以大量原始权益人持有了 ABS 次级份额,并没有达到优化报表的效果,但随着 ABS 市场发展的日益完善,越来越多的投资人关注并参与到 ABS 次级投资之中。

4. 创新产品结构,探索 ABS＋模式

私人银行客户及符合合格投资者条件的高净值客户是相对投资意识及风险承受能力较强的一类零售客群,私人银行业务发展的动力是满足客户的资产配置需求。因此,对于资产证券化产品的引入全行也需具备市场超前和创新的意识,发现热点,挖掘衍生业务机会。在资产来源上,后续可逐步尝试拓展到具备大消费支撑的供应链物流端应收账款证券化。在产品结构上,可探索 PRE－ABS、ABS 夹层基金,以及 ABS 二级市场流转等,为客户提供更加丰富、创新、有保障的优质产品。

5. 加强体系内公私联动

为了加深我行对资产证券化业务的全流程介入力度,抢抓当前资产证券化市场的业务机会。目前总行端私行银行部、投资银行及大客户部、金融市场部已开始尝试搭建资产证券化产品的联动机制,通过发挥各自渠道的优势,形成产销一体化,逐步建立从获取资产、结构设计、证券分层投资到资产组合配置、风险管控的全行产业链。从分行端而言,可借鉴总行端模式，加强公金、同业及零售条线的信息互联互通，取长补短，真正做到"以客户为中心"，发挥"共享意识"。

6. 开放心态，与专业机构合作

资产证券化业务是一类较为复杂的金融产品，涉及券商、信托、法律、评级、税务、审计等多个专业机构。私人银行代理业务是一个开放的平台，客户可通过私人银行代理引入的各类产品灵活投资券商、信托等多类产品，不受公募、私募市场或评级等框架限制，因此全行可加深与证券公司、信托公司、基金公司及保险公司等不同机构的合作，特别针对证券化领域具备丰富经验和资源的机构，如本年度上海浦东发展银行与德邦证券、华能贵诚信托均在证券化产品的代理收付业务中实现批量化产品落地。通过与此类机构的合作，首先可帮助上海浦东发展银行拓宽资产来源途径，获取企业需求信息。其次依托其专业技术，也可培养自身队伍，拓宽资产引入的范围和甄别能力。

7. 重视业务合规性

银行既是经营客户的机构，又是经营风险的机构，开展业务要时时牢记合规要求，坚持风险意识，特别是私人银行代理业务性质不同于机构主体投资，实为代客理财，更应该摆正自己的位置。

在投资消费金融等 ABS 类资产时，出于高净值客户对产品期限和收益的要求，大多数 ABS 的夹层甚至次级档才能满足，夹层档往往评级不高，次级档根本没有评级，而资产证券化产品又是一类特殊而复杂投资标的，非从事相关工作的客户理解起来困难较大。这就要求：首先，在信托合同、资管合同等与客户利益直接相关的法律文件里要充分且真实地披露产品投向，做到信息和风险的充分说明；其次，要加强对一线营销人员的培训，特别是 ABS 此类复杂产品，应通过远程培训、现场路演等方式，先让营销人员充分理解产品，再介绍给合适的客户选择。

四、结论

本文从资产证券化业务、消费金融行业及消费金融资产证券化产品以及私人银行代理业务需求出发，探讨了我国资产证券化市场的蓬勃发展的现状及未来的发展方向及空间；描述了我国以消费金融为代表的零售经济新"蓝海"，挖掘消费金融资产与资产证券化产品结合的优势；同时，结合私人银行业务发展，总结私人银行在资产证券化特别是消费金融 ABS 领域的业务情况和经验，从客户需求出发，思考了消费金融 ABS 产品对于私人银行业务发展的投资价值，最终得出结论，消费金融 ABS 是一类较优质且适合私人银行业务需求的资产，后续应在总结过往投资经验的基础上，锁定消费金融领域的头部机构，同时积极创新产品形式，与专业第三方机构加深交流与合作。最重要的是，在开展私人银行代理 ABS 产品时要注重合规销售和专业销售，把控风险，对客户负责。

参考文献

[1] 张超英，翟祥辉. 资产证券化——原理·实务·实例 [M]. 北京：经济科学出版社，1998.

[2] 李曜. 资产证券化：基本理论与案例分析 [M]. 上海：上海财经大学出版社，2001.

[3] 何小锋. 资产证券化：中国的模式 [M]. 北京：北京大学出版社，2002.

[4] 王晓琛. 对我国实施住房抵押贷款证券化的研究 [D]. 上海：复旦大学，2002.

[5] 黄嵩，何小锋. 关于资产运营的一般模式建构 [J]. 学术研究，2002 (2)：5-9.

[6] 章利华. 中国资产证券化的道路 [N]. 国际金融报，2004-07-19.

[7] 朱武祥. 资产证券化与保险资金投资增值——兼论构建我国资本市场有效的微观信用基础及投资级金融工具 [J]. 经济研究，2000 (9).

[8] 梁志峰. 资产证券化的风险管理 [M]. 北京：经济管理出版社，2008.

[9] 沈炳熙. 资产证券化：中国的实践 [M]. 北京：北京大学出版社，2013.

[10] 李明伟. 金融创新工具缺陷与风险控制缺失——美国次贷危机成因再透视 [J]. 北方经济，2008 (16)：6-7.

[11] 温馨. 从次贷危机看资产证券化的内在矛盾 [J]. 金融法苑，2009，1：22-35.

[12] 胡喆，陈府申. 图解资产证券化——法律实务操作要点与难点 [M]. 北京：法律出版社，2017.

[13] Benveniste L M, Berger A N. Securitization with recourse: An instrument that offers uninsured bank depositors sequential claims [J]. Journal of Banking & Finance, 1987, 11 (3): 403-424.

[14] Steven L. Schwarcz. Structured finance: A guide to the principles of asset securitization [M]. Practising Law Institute, 2002.

[15] Steven. L. Schwarcz. The Alchemy of Asset Securitization [J]. Stan. J. L. Business & Finance, 1994: 133.

[16] David M. Morris. Asset securitization: principles and practice [M]. Executive Enterprises Publications Company, 1990.

[17] Stanton S W. The underinvestment problem and patterns in bank lending [J]. Journal of Financial Intermediation, 1998, 7 (3): 293 – 326.

[18] Rosenthal, J. A. and Ocampo, J. M. (1988), ANALYZING THE ECONOMIC BENEFITS OF SECURITIZED CREDIT. Journal of Applied Corporate Finance, Volume 1, Issue 3, pages 32 – 44, Fall 1988.

境内外支付账户体系创新发展研究及相关启示

张安琪　邓　珺　舒　冲　刘　源①

一、境外支付账户监管及创新发展现状

（一）境外支付账户监管

从美国、欧盟、澳洲等境外成熟市场的支付账户监管政策及发展历程来看，境外监管机构按机构类型、账户功能等维度对支付账户分类监管，并按账户的业务属性划归管辖部门，出台相应法规。既有助于实现账户资金的穿透式管理，也为账户运营方的规范发展创造了有利条件。

1. 按机构分类监管

在美国市场，商业银行由联邦政府或州政府监管，监管主体包括美联储（FED）、货币监理署（OCC）、联邦存款保险公司（FDIC）等。对非银行支付机构，监管机构在现行银行业的货币服务业务监管制度的基础上进行了适当延伸。涉及账户沉淀资金的非银行支付机构在联邦立法层面被定义为"货币转移服务商"，并不实际操作或持有用户账户中的资金，其账户沉淀资金被定义为负债，仅具有支付功能，不具有储蓄功能②。如在美国州立法层面，PayPal曾多次被质疑非法吸收存款。为获得监管认可，PayPal多次修改账户资金相关业务模式，将原本由支付机构托管账户的资金池模式转变为虚拟账户模式，即每一个用户在PayPal平台都有一个单独的虚拟账户，用户对资金有实际控制权，且PayPal无法通过账户资金获取任何利息收入。

---

① 作者单位：中国银联。
② FDIC要求第三方支付机构将沉淀资金存放在银行开设的无息账户中，托管行作为FDIC的被保险人。

表1　　　　　　　　PayPal 新旧业务模式对比

	旧业务模式	新业务模式
即时性转账	• 由 PayPal 直接作为媒介进行转账或开具支票	• 由富国银行代 PayPal 作为媒介进行转账或开具支票
非即时性转账	• 转入 PayPal 账户资金以 PayPal 公司名义存入 PayPal 公司账户 • PayPal 可从中获取利息收入	• 转入 PayPal 账户资金以客户名义购 PayPal 货币市场基金①或以客户代理人名义存入 FBO 无息账户 • PayPal 无法获取利息收入

欧盟对非银行支付机构的定义在不断调整和变化。2001年，欧盟出台《电子货币机构指令》，将第三方支付机构定义为电子货币机构，欧盟各成员国有权根据第三方支付机构的业务特点及申请文件，自主向其颁发牌照②。2011年，欧盟废除《电子货币机构指令》，将第三方网络支付机构认定为"信贷机构"，可以从事支付工具发行、受理、管理、支付相关信贷等业务，但不得具备储蓄功能。澳洲监管机构则根据业务范围将非银行支付机构定义为授权存款机构或金融服务机构。授权存款机构可按要求从事"银行业务"，金融服务机构则主要为金融产品提供建议、发行、营销、收单、更换、处置服务。

2. 按账户功能分类监管

功能监管是指按照业务所具备的功能划分监管权限，由相应的监管部门对开展特定业务的所有类型市场参与主体制定要求一致的法规细则。例如，美国商业银行的基金账户需受到证券交易委员会（SEC）等证券监管机构的监管，而银行结算账户则受美联储、联邦存款保险公司等机构监管。此外，由于非银行支付机构网络支付服务与票据服务以及储值卡服务在业务实质上存在一定相似性，各州政府纷纷修订适用于票据服务机构、储值卡发行机构的货币转移服务法，将第三方网络支付机构纳入监管范畴。

---

① PayPal 已于 2011 年 7 月 29 日关闭货币市场基金。
② 例如 2004 年英国向 PayPal 颁发电子货币机构许可，2007 年，卢森堡根据 PayPal 的申请，向其颁发银行牌照。

表 2　　　　　　　银行账户和非银行支付账户监管对比

非银行支付账户			
	美国	欧盟	澳洲
牌照/资质	货币转移服务	电子货币/信贷机构	受权存款/金融服务机构
监管机构及内容	FDIC，沉淀资金；财政部、FinCEN，反洗钱及信息安全；州金融监管部门，准入、风控及日常监管	欧盟委员会，准入、风控、业务行为、沉淀资金、信息安全监管；成员国监管机构，准入监管	审慎监管局，准入监管；证券与投资委员会，准入监管；澳大利亚储备银行，业务监管
主要法律	各州货币服务法	《电子货币服务指令》《信贷机构指令》等	《1959银行法》《1998金融业（股权）法》《1998支付系统（监管）法》等
功能/业务范围	(1) 货币转移（网络支付、多用途预付卡发行与受理、支票销售）；(2) 支票兑现；(3) 货币汇兑	(1) 发行、受理或管理支付工具、汇款等相关业务；(2) 与支付类交易相关信用贷款；(3) 支付相关附属服务；(4) 支付系统运营	(1) 授权存款机构：非银行，可按要求从事"银行业务"；(2) 金融服务机构：为金融产品提供建议、发行、营销、收单、更换、处置服务
银行账户			
	美国	欧盟	澳洲
牌照/资质	银行牌照	银行牌照	银行、授权存款机构
监管机构	美联储、货币监理署、FDIC	欧盟委员会、欧洲各国央行	澳大利亚储备银行、澳大利亚审慎监管机构、澳大利亚证券和投资委员会
主要法律法规	《国民银行法》《金融服务现代化法案》《联邦储备法》《多德—弗兰克法案》等	《第一银行指令》《第二银行指令》《金融服务计划》等	《巴塞尔协议Ⅲ》《1959银行法》《1998金融业（股权）法》等

（二）境外支付账户创新发展现状

随着数字经济时代的来临，支付产业从商业银行主导的有形卡片向多方参与的去实体化转变，物联网、移动可穿戴设备、支付标记化、生物识别及人工智能等技术逐步实现大规模商用，境外成熟市场支付账户体系迎来创新发展的机遇期。国际卡公司、商业银行、非银行支付机构、行业机构及大商户等各支付账户运营方之间的竞合态势及账户创新举措呈现多种特点。

1. 账户体系不断扩展延伸

（1）Token 技术助力卡公司重构银行账户管理体系

国际卡公司通过对其成员机构所发卡分配银行识别代码（BIN 号）或发卡机构识别代码（IIN 号）的方式建立自有账户体系，并将 BIN 号/IIN 号视为卡片的核心权益标识。随着数字支付时代的来临，为服务于更多账户运营方，构造动态互联的价值生态系统，国际卡公司在现有卡号体系的基础上，运用 Token 技术重构了一套数字化的账户管理体系。

例如，Visa 基于 Token 集中接入和传输方案 NHPP 以及 Token 2.0 技术框架，为银行提供层级化的账户管理服务：一是利用 Token 域控技术和银行卡号与银行主账户号的一一映射关系，支持商业银行将主账户映射成可加载不同功能、应用不同场景、配备不同权益的多类多级子账户。二是支持用户在发卡行 APP 中管理银行主账户或子账户下所有绑定的 Token 号，并实现在不同场景下对各类支付的信息管控，提升信息安全。三是通过 TSP 平台的发放和系统后台传输将 Token 推送给银行，使持卡人能在银行 APP 中选择将相关 Token 直接应用于第三方 APP，简化银行卡绑卡环节，从而使发卡银行账户成为各种数字支付工具下的首要支付账户。在该发展模式下，银行提供层级化账户管理，国际卡公司接入第三方机构并为银行提供不同应用场景，第三方机构负责拓展应用场景。

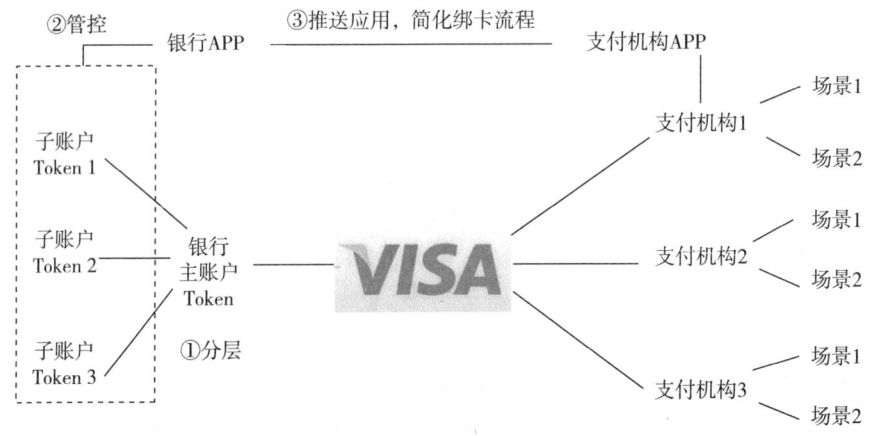

图 1　NHPP 框架的三大核心功能（以 Visa 为例）

目前，Visa 已逐渐将 6 位 BIN 迁移到 ISO 要求的 8 位 BIN（预计 2022 年 4 月完成）①，并将前 9 位作为 Account Range（账户段），不排除未来将加大对卡片发行类别、应用场景等要求的可能，实现对账户信息的进一步管控。

（2）国际卡公司凭借资本手段扩大账户服务范围

万事达于 2016 年宣布收购英国支付系统服务商 Vocalink，欲通过 Vocalink 快速对接 ACH 网络，并在 2017 年投资者大会上提出银行卡和银行账户并行发展的战略方向，为用户提供无缝、全渠道、多种方式的支付服务，标志着国际卡公司银行卡账户体系向银行账户体系的延伸。

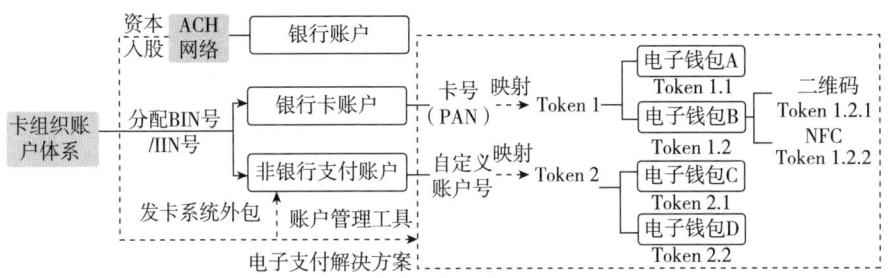

图 2　国际卡公司支付账户体系

2. 账户服务能力持续标准化输出

Visa、万事达相继在开发者平台上推出 PAR 数据库、Token 数据库、卡片信息管理、Token 集中接入和传输方案等多类账户管理 API，通过一系列技术解决方案帮助发卡行简化在电子钱包中的绑卡流程；推出一系列数据分析服务帮助金融机构区分持卡人群体并改进发卡方案。国际卡公司还建立了面向商户和持卡人的增值服务子平台，通过自助式、模块化、可按需自由组合的方式为平台使用方提供定制化的解决方案，同时扩大银行卡账户应用场景。例如，Visa 推出可帮助消费者持续管理数字支付产品使用范围及用卡权限的 Digital Controls，推出 Instant Digital Issuance 服务②实现卡片的发行、激活和用卡一体化。

3. 底层账户间高度开放、互通

（1）政府职能部门、银行间信息高度互通，推动实现信息的交叉验证

欧美等发达市场政府职能部门之间信息互联互通水平较高。在美国，

---

① 每个 8 位的 BIN 段内含 1000 个账户段。
② 该服务属于 Connected Card 整体产品概念的一部分，持卡人在发卡银行的数字平台上注册在线支付后，可将其卡片直接添加至 Visa Checkout 和持卡人移动钱包中。

个人在申请驾照、护照、贷款或购房时均需填写社会保障号（SSN），银行有条件通过工商、税务、环保、司法等部门进行信息的查询及反馈，在用户申请开户时对其身份、资质进行多维度验证。并且，个人用户在不同商业银行的账户信息同样可实现交叉验证。如美国直销银行 ING Direct 可通过 Chex System 核查个人在他行开户时使用的社会安全号、地址等基本信息。法国兴业银行、ING Direct 可通过与个人已开通的同名银行账户绑定进行验证。

（2）多家大行达成账户互联互通协议，提供快捷转账服务

境外商业银行积极通过底层账户系统对接的方式建立起支付联盟，向客户提供更为便捷、高效、低成本的服务，以期在市场推广方面形成规模效应。例如，为应对非银行支付账户带来的竞争压力，美国银行、大通银行、富国银行等 30 家银行达成互联互通合作，推出基于 ACH 网络的 Zelle 实时转账服务（原 ClearXchange），参与合作的银行用户之间转账无须收取手续费。

（3）联名账户的合作互通范围持续拓展

在行业机构、大商户等其他账户运营方与卡公司、商业银行或专业预付卡机构联名发卡的合作模式中，通常实现的是积分账户与支付账户的互通。随着产业的创新发展，联合合作模式更为多样化，账户合作互通范围也在不断拓展延伸。例如，日本比特币交易所 BitFlyer 与 Visa、Vandle 合作发行的预付卡实现了比特币交易账户与传统支付账户的互通。客户可以通过 BitFlyer 或者其他比特币钱包用比特币对 BitFlyer Visa 预付卡进行充值并在任何支持 Visa 的特约商户进行消费。

4. 账户使用体验向简易化、场景化转变

（1）卡公司结合技术创新和场景拓展提高银行卡账户支付体验

从发卡侧来看，为提高银行卡账户的支付体验，国际卡公司通过 EMV-Co 推出了安全远程控制服务（SRC），将 Visa Checkout、Masterpass 等卡公司的付款选项集成在统一的线上支付按钮中，展现用户所有绑定的卡品牌银行卡，简化用户在线支付流程。结合 Token 的应用和推送，国际卡公司还联合产业方推出了可智能支付的手表、戒指、袖扣、汽车等新兴数字支付产品，提供人脸、声纹、虹膜等多样化的账户验证服务。

从受理侧来看，国际卡公司以加油站、共享单车、自动售卖机、外卖、超市、O2O 咖啡等日常消费类商户作为重点合作对象，扩大基于银行卡的数字支付产品应用场景，提高自身及合作方账户黏性。

（2）非银行支付账户向信贷及转账汇款领域延伸获取更高用户黏性

在欧美市场中，非银行支付机构在账户功能上实现了多维度升级以增加账户黏性。除基础的线上线下消费支出外，非银行支付账户功能及应用场景的延伸主要包括三个方面①：一是消费信贷，部分非银行支付机构在个人用户主账户中添加信用账户，可以与支付账户共享用户信息，仅需通过简便的信用审查即可开通该项服务。例如，PayPal 在英国推出的 PayPal Credit 业务，用户在通过网上申请以及信用审核后可以在消费额 150 英镑以下申请贷款支付，四个月内免息。二是人到人转账，全球来看，人到人转账领域具备较大的市场潜力以及高使用频次的特点，Venmo、Square Cash、Google Wallet 等转账服务相继面世并参与到场景争夺战中，成为机构获取用户黏性的重要抓手。三是跨境汇款，缓慢的到账时间、复杂的操作流程以及高昂的手续费一直是跨境汇款领域有待解决的痛点。为此，非银行支付机构纷纷加大在跨境汇款解决方案方面的布局。如 Xoom 为用户提供了更为快速、低价、安全的跨境汇款服务，PayPal 将其收购后意图将该项服务整合至 PayPal 电子钱包中。

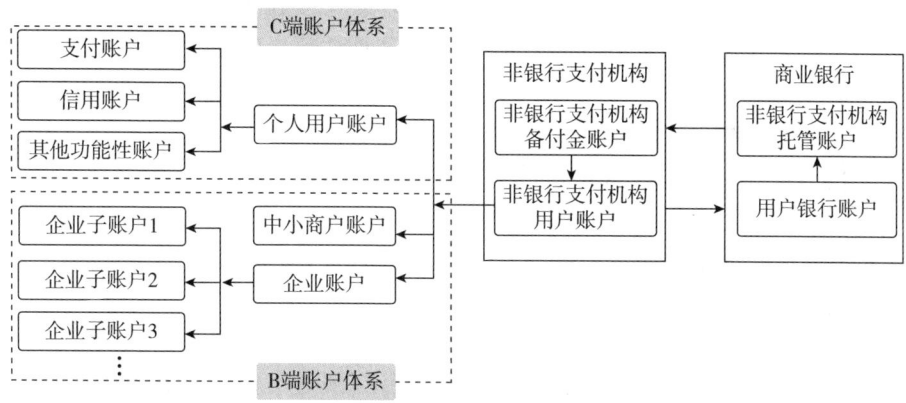

图 3　非银行支付机构账户体系

（3）传统银行开户及认证流程趋于网络化和智能化

随着支付产业的电子化发展，境外商业银行的开户、认证流程不断趋于网络化、智能化。美国银行、法国兴业银行、瑞穗实业银行、澳新银行等目前均支持客户通过远程方式提交开户申请。美国花旗银行、澳大利亚 Ubank 和英国 First Direct 等除支持远程受理开户申请外，还结合生物识别、

---

① 与境内非银行支付机构发展情况有所差异，受限于严格的监管政策，境外非银行支付机构未能在储蓄、理财方面实现突破。

人工智能等前沿技术为客户提供远程身份认证服务。富国银行则成立专属PVSI部门①简化电子账户开户流程，为客户提供智能化管理、精准营销等服务。

5. 账户服务更为细分、精准

（1）商业银行优化银行主账户功能及服务，打造附属增值账户

美国、欧盟等国的商业银行针对个人用户主账户提供的服务类型多种多样，在目标群体定位和功能设置上趋于精准化。商业银行在满足高端客户多方位增值服务需求的同时，不断降低低收入人群账户维护门槛。例如，美国银行（BOA）既推出了年服务费较高，但同时可享有较多积分和权益的高端账户"优利账户"，也推出了申请方式更方便、年服务费仅为"优利账户"的五分之一的校园账户。部分商业银行还会针对不同客户需求制订全方位的金融服务计划。

ING、汇丰、德意志等银行集团相继成立直销银行子公司或部门，为用户设置直销银行账户，定位为附属增值账户，采取低成本的创新业务模式提供专属化产品服务，目标在于新客户的获取以及新生态的建立，不对传统网点带来分流影响。并且，直销银行账户通常开户门槛较银行主账户要低，在渠道及业务特点上与境内商业银行的Ⅱ类、Ⅲ类账户有类似之处，部分商业银行对其直销银行账户功能进行了限制。

（2）非银行支付机构针对不同账户使用主体提供差异化服务

PayPal、Square等境外非银行支付机构针对B端、C端客户构建了差异化的账户服务体系。非银行支付账户通常根据服务对象及业务规模分为个人账户、中小商户账户、企业账户。

个人账户：在欧美市场，个人账户主要针对的是线上线下消费人群，通常未经实名认证便可便捷开户，与非实名制预付卡类似，具有低门槛的特点，但在功能和金额上受到一定限制，经实名认证后，账户功能将完全开放，限额也将大幅提高。

中小商户账户：本质也是个人账户，主要用于中小商户收款（如PayPal的高级账户）。在未经认证的情况下，中小商户账户与个人账户等同，认证后，中小商户账户将具备更多特定功能。如可使用网站、购物车、E-mail签名收款，可批量向多人付款等。

企业账户：针对企业用户，具有中小商户账户全部功能，可设置不同权限的二级账户。

---

① PVSI是富国银行于2016年第四季度成立的支付、虚拟化解决方案及创新部门。

表3　　　　　　　　境外主流非银行支付机构账户分类情况①

	个人用户账户	中小商户账户	企业账户
使用主体	个人	个人	企业
应用场景	消费支付	收款	收款
基本功能	转账、消费、充值、提现	收款、付款、充值、提现	收款、付款、充值、提现
认证及限额	未认证：累计限额约250~500美元 认证：累计交易/提现限额②	未认证：累计限额约250~500美元 认证：提现限额	（1）注册认证为企业账户 （2）由企业法人个人账户认证升级为企业账户
特点	可接收信用卡付款，不可使用网站、购物车、E-mail签名收款，不可接收捐赠	可接收信用卡付款，可使用网站、购物车、E-mail签名收款，可批量向多人付款等	收款账户名为企业名，可设定不同权限的二级账户，e.g. 只可退款或提现等
费用	收款：1.5%~3.9+0.3美元 付款：免费	收款：1.5%~3.9+0.3美元（可申请商家优惠费率） 付款：免费	收款：1.5%~3.9+0.3美元 （可申请商家优惠费率） 付款：免费

6. 跨行业账户合作愈加频繁

（1）多种账户系统连接，达成应用内互嵌合作

以PayPal为代表的非银行支付账户与商业银行APP（如Chase Pay）、运营商APP（如Vodafone Wallet）、手机厂商APP（如Android Pay）等多种支付入口均达成了内嵌合作，使PayPal作为虚拟账户成为第三方电子钱包中的支付方式之一进行线上线下消费，从而实现互相引流，资源共享。并且，PayPal还与Visa、万事达等国际卡公司达成合作，Visa、万事达支付选项被快捷添加到PayPal钱包中，同时实现PayPal账户系统与Visa Direct等卡公司支付平台的对接。

近年来，国际卡公司相继通过与产业各方联合发行虚拟卡的方式扩大账户服务范围，并通过将银行卡号（PAN）/非银行支付账户号（如预付账户）映射为Token的方式保护用户账户信息，为账户发行方提供场景拓展解决方案。例如，Visa与Square合作发行Square Cash虚拟预付卡，Visa在此

---

① 以PayPal、Square等机构为重点研究对象，不同非银行支付机构的账户设置存在一定差异。资料来源：PayPal官网及网络公开信息。

② 个人账户经认证后限额约束方式存在较大差异，如PayPal提现限额为2500美元。

业务模式中作为 Token 服务提供方和转接清算网络，从实质上帮助 Square 建立了沉淀资金账户，实现应用内绑卡支付以及实体卡片的 ATM 取现。

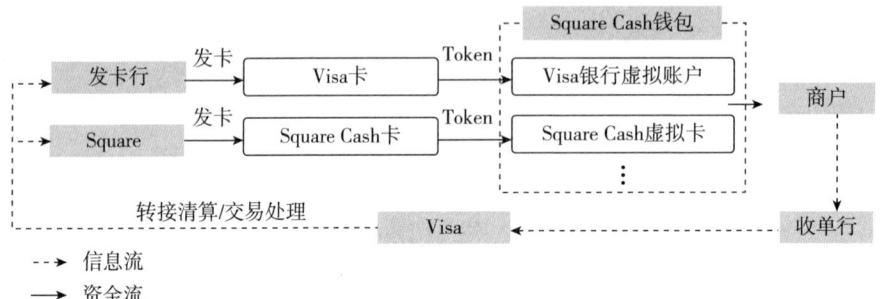

图 4　Square Cash 卡业务模式

Discover 与 PayPal、Android Pay 达成合作，PayPal 账户可作为 Android Pay 的支付选项内嵌在其电子钱包中，实现不同账户的基本信息互通。Discover 通过发行 Token 转接了非银行支付账户中绑卡以及余额交易。随后，万事达与 PayPal 也达成了类似账户合作，帮助 PayPal 作为支付选项内嵌在 Samsung Pay 中。

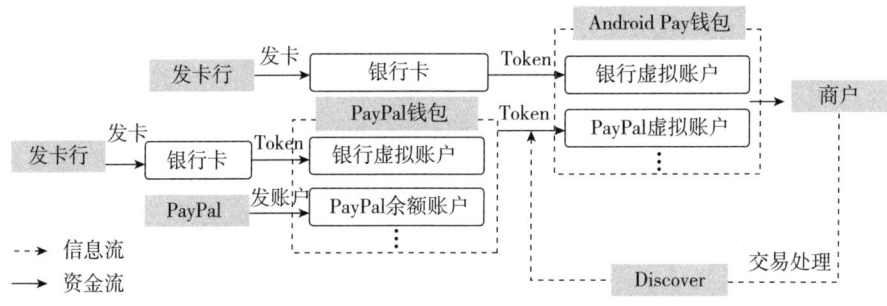

图 5　PayPal 与 Android Pay 内嵌合作模式

（2）行业商户通过联合发行虚拟卡建立自有账户体系

由于牌照、资质以及监管方面的原因，国际上大多数电子钱包属于渠道钱包，即 Visa、万事达定义的穿透式钱包，不涉及资金的留存。尚未获得支付业务相关资质的机构往往通过与商业银行或专业预付卡公司合作发卡的模式构建自有账户体系，发行叠加有特殊权益、积分的联名借记卡、信用卡，卡片可在卡公司网络中受理。例如，苹果公司与预付卡公司 Green Dot、Discover 合作发行的 Apple Pay Cash 虚拟卡，由 Green Dot 作为发卡方以及资金托管方，Discover 作为交易处理网络，可用于人到人转账以及 Apple Pay 绑卡线上线下支付。

同时，第三方机构可采取白标模式与专业预付卡机构合作发行专属预付卡，凸显自身品牌标识，由专业预付卡机构或卡公司提供发卡系统外包服务。如苹果公司的 Apple Pay Cash 虚拟卡的卡面上既无 Discover 也无 Green Dot 的标识，仅显示了 Apple Pay Cash 的标志，有助于提升用户品牌认知。

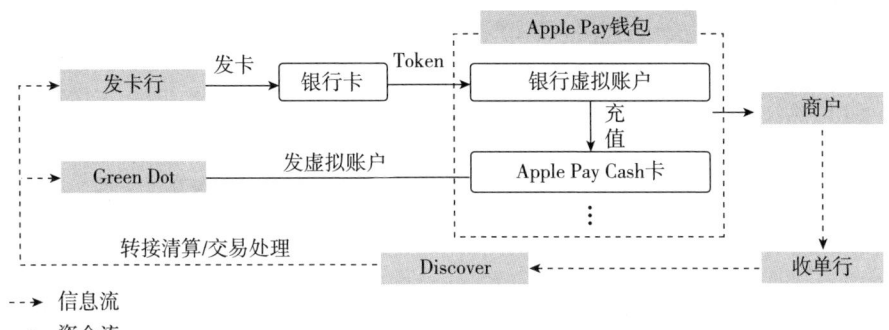

图 6 Apple Pay Cash 业务模式

二、境内支付账户监管及创新发展现状

（一）境内支付账户监管

从账户发行的角度来看，银行账户和非银行支付机构的支付账户是国内现阶段账户创新的主要载体，商业银行和非银行支付机构也是境内监管机构的关注重点。2015 年以来，人民银行等监管机构为顺应账户创新发展需求，相继印发《关于落实个人银行账户分类管理制度的通知》《关于改进个人银行账户服务加强账户管理的通知》，将个人银行结算账户分为Ⅰ类、Ⅱ类、Ⅲ类银行结算账户。并出台《非银行支付机构网络支付业务管理办法》，对网络支付的账户分类与监管及法律责任等予以明确及规范。

相较境外成熟市场依据机构类别、账户功能及业务实质进行监管，我国首创了个人银行及支付账户分渠道、分安全等级进行管理的监管框架，满足了差异化的支付服务需求，对银行机构转变经营理念，加快转型创新，起到了积极的推动作用，同时有助于对网络支付账户进行灵活管控，保障信息安全。但境内根据业务实质进行穿透式监管的力度相较境外仍存在一定差距。目前，我国对于第三方支付主要依据业务场景分为银行卡收单、网络支付、预付卡发行与管理三大类。随着线上线下一体化趋势的加强，原有业务边界变得模糊，使监管难度也随之加大。

表 4　　　　　　　　　个人银行（借记）账户

银行账户	开户渠道			账户功能						实体介质	交易限额
	柜面	自助机具	电子渠道	购买金融产品	消费缴费支付	转账	现金存取	发放贷款	透支		
Ⅰ类账户	√	√（现场核身）	—	√	√	√	√	√	√	√	无
Ⅱ类账户	√	√	√	√	√（限额①）	√	√（现场核身）	√	√	√（现场核身）	单日累计1万元，年累计限额20万元
Ⅲ类账户	√	√	√	—	√（小额②）	√	—	√	—	—	余额上限和出金日累计限额均为2000元，年累计限额为5万元

表 5　　　　　　　　　个人支付账户分类

支付账户	身份核实	余额付款功能			余额付款限额
		投资理财	消费	转账	
Ⅰ类账户	以非面对面方式，至少通过一个外部渠道验证身份	—	√	√	自账户开立起累计限额1000元
Ⅱ类账户	面对面身份验证，至少通过三个外部渠道验证身份	—	√	√	年累计限额10万元
Ⅲ类账户	面对面身份验证，至少通过五个外部渠道验证身份	√	√	√	年累计限额20万元

（二）境内支付账户创新现状

1. 境内外支付账户创新存在共同点

竞争格局的变化和前沿技术的进步使境内外银行账户和支付账户都在向产品体验好、应用场景多、安全等级高的超级账户方向发展，希望成为

---

① 单日累计不超过1万元，年累计不超过20万元。
② 单日累计不超过5000元，年累计不超过10万元。限定1000元账户余额。

用户的首选账户。同时，监管机构对账户的分类管理也为商业银行和支付机构的创新与合作提供了一定条件。具体而言，账户创新主要体现在：账户开立及认证方式创新、应用场景创新、账户层级创新和账户间合作创新这四个方面。

表6 　　　　　　　　　　　账户创新具体体现

账户创新	具体体现
账户开立及认证方式创新	通过在多个渠道、多种交叉认证方式实现在线交易的身份确认，并结合人脸识别、虹膜识别、指纹识别等生物识别技术，推动账户开立及认证方式的网络化、智能化
应用场景创新	从原有核心应用向多场景、跨行业延伸
服务领域创新	借助对个人账户的数据分析和深入挖掘向个性化资金清结算、供应链金融等中小微对公领域拓展，实现内部业务交叉销售
账户间合作创新	商业银行与非银行支付机构从竞争向竞合发展，卡公司、专业发卡机构帮助行业账户扩大自有账户体系。异业账户间的合作更为频繁

2. 境内外支付账户创新具有差异性

通过对比境外市场支付账户创新发展情况，可以发现，我国支付账户体系在创新发展具体实施路径上具有一定独特性，同时也面临一些问题。主要包括以下四个方面：

一是境内不同机构间的支付账户创新程度差异较大。在欧美等境外成熟市场，大量账户运营方不涉及资金滞留和监管机构严格管理等因素，使拥有余额账户的支付机构与商业银行间的创新发展情况较为均衡。在国内，监管的差异和特殊的产业格局导致各类账户间的创新程度差异较大。如支付宝、微信支付的创新程度很高，在用户入口（移动APP）、应用场景、产品体验等用户强感知方面优于大多数银行账户，用户的活跃度高于单一的银行账户，更易成为用户在移动端的一站式统一入口（见表7）。多数中小支付机构的账户创新发展主要集中于线上，在线下受理应用场景方面较难打开局面。此外，境内行业账户多半仅局限于行业内使用，部分垄断程度较高的行业账户有着较强的用户黏性，但整体上用户覆盖面和账户吸引力相对有限。

表7　　　　国内个人银行账户与支付账户在移动端发展现状

	现状	个人银行账户	支付账户（以支付宝、微信为例）
强感知	服务人群	侧重于为高净值客户提供更优质服务，客户体量偏小，市场影响力有限	以长尾客户为主要客群，服务门槛低，客户体量大，口碑传播快
强感知	用户入口（移动APP）	多数借记账户的移动APP（如招行手机银行）和信用账户的移动APP（如招行掌上生活）分开运维，用户无法从同一账户入口获取全部服务，也无法获取其他银行或非银行支付机构的服务，作为一站式入口的吸引力偏弱	借记账户和信用账户统筹体现在一个移动APP中，整合体系内多项应用和不同银行、不同机构的增值服务，易成为一站式统一入口
强感知	应用场景	以金融应用为主，逐步向生活服务领域延伸	以小额、便民领域为主发展各类生活服务应用，并提供低门槛的金融业务
强感知	产品体验	用户界面和操作体验还有待完善，简易化、灵活性和个性化不足	界面友好，操作便捷，简单易用
弱感知	支付限额及收费	普遍高于支付账户限额，借记账户取现基本免费①	普遍低于银行账户限额，余额账户提现超出免费额度后收取0.1%手续费
弱感知	账户安全等级	金融级，高	商业级，低
弱感知	客户服务	7×24小时客服热线、微信客服等客户经理个性化服务（高净值客户） 信用卡挂失前24~72小时赔付机制	在线客服自助服务 服务标准化 账户失窃险
整体情况	账户活跃度	偏低，通常只在有资金存、贷、汇需求时主动触及账户，沦为非银行支付机构账户的绑定扣款或充值渠道	高，对移动APP的打开和使用已经产生较大黏性
整体情况	日活账户数（截至2017年末）	工行：586.3万个 建行：435.5万个 招行：363.7万个②	支付宝：日活1.58亿个 微信+Wechat：日活9.02亿个

① 部分银行会收取一定的跨行或异地取款手续费。
② 资料来源：易观国际。

二是境内账户信息资源开放力度不足,信息共享机制仍待完善。在境外发达市场,除了政府职能部门、商业银行以及企业机构之间信息高度互联互通外,欧洲、英国、美国分别相继推出 PSD2 法规和开放银行(Open Banking)计划以及金融数据共享的九大原则,意图打破数据孤岛,推动产业各方信息资源的开放。万事达则通过建立合法第三方提供商名录、反欺诈监管服务和争端解决机制,助力英国政府推进开放银行计划。

目前,境内不同账户类型之间仍然存在重复验证、信息无法互通、无法跨领域受理等多种问题。一是由于各类机构的账户发行及运营管理体系缺乏统一标准,无法统一各类支付账户的发卡侧信息,在系统对接上存在改造难度;二是由于各政府部门与企业间尚未构建完善的信息互通机制,对于多渠道交叉验证以及增值服务创新的支持力度仍显不足;三是由于各账户运营方在开放资源信息方面存在核心资源流失、信息安全脱敏等方面的顾虑。以六大行联盟为代表的大型商业银行对于向中小银行开放Ⅱ类户资源的意愿不强①,不同银行之间仍未全面实现Ⅱ、Ⅲ类户尤其是Ⅱ类户的跨行验证与发行。尽管招行、浦发以及银联在内的金融机构已经着力打造开放服务平台,但总体上开放程度不足,对各类账户的支持和服务力度不够。

三是境内账户资金清算模式较为特殊,账户分类监管办法有助于推动异业账户达成合作。在境外发达市场,银行体系较为庞大及复杂,非银行支付机构较少存在直连商业银行的情况。在中国,非银行支付机构直连商业银行进行交易处理的情况较为普遍。由于"中间账户"的存在,交易处理在模式上更为灵活,但存在账户资金不透明,不利于穿透式监管的问题,为金融信息安全带来一定的潜在风险。为此,央行发布系列监管文件,推动非银行支付机构"断直连",回归四方清算模式。清算机构为各类机构账户提供多样化清算服务的发展需求更为强烈。

同时,境外异业账户合作多存在于银行账户和行业积分账户之间,主要采取联名发卡模式。部分不涉及余额资金的账户运营方主要通过与国际卡组织、预付卡发行机构合作发行虚拟预付卡构建自有账户体系。在国内,个人账户分类管理办法的出台有力推动了异业账户间达成合作。在现有监管框架下,拥有支付牌照的互联网公司、消费金融公司以及校园、公交等多个行业商户相继与境内银行卡清算机构、商业银行合作发行基于银行Ⅱ类、Ⅲ类账户的虚拟卡,实现了账户发行模式的创新以及受理应用场景的

---

① 开放Ⅱ类账户与开放Ⅲ类账户相比新增了对账户属性的验证。由于Ⅱ类账户的限额较高,大行担心存款和用户流失。Ⅲ类账户有人民银行强制规定6月底前全部开通,故跨行验证难度较低。

创新。

四是境内账户创新主要集中在个人账户，对公账户创新发展相对滞后。近年来，Visa、万事达等国际卡公司以及 PayPal 等非银行支付机构均积极采取举措升级对公账户服务体系，强化对公业务发展，对于对公账户采取了分层级、差异化、精细化的管理办法及服务举措。

目前，境内个人支付账户的创新发展势头强劲，个人银行账户分类管理办法的出台也提供了良好的政策环境。相较之下，支付账户在对公领域的创新发展较为滞后，对公账户服务体系仍不健全，便捷化开立对公账户和交易跨行处理的市场需求尚未得到满足。为完善对公服务体系，2018 年 4 月，人民银行印发《中国人民银行关于优化企业开户服务的指导意见》，从优化企业开户流程、提升服务水平、提高现行账户核准效率等方面对银行提出了具体要求。

三、对我国支付账户体系发展的启示及建议

综上所述，境内外支付账户体系创新发展情况在总体上具备诸多共性，同时也各具发展特点。建议部分境外支付账户创新发展思路，结合境内支付市场发展的实际情况，从四个方面推动支付账户体系不断完善。

（一）以业务实质为细分标准优化账户监管思路

针对境内银行账户和非银行支付账户创新发展水平不均衡、风控力度参差不齐，以及业务分类边界模糊的情况，建议部分借鉴欧美支付账户监管思路，在我国现有监管框架下，依据业务实质调整、细化账户分类标准。对不同类型账户运营主体的相同或类似业务行为实行统一的或相对统一的监管举措，避免监管重叠和监管真空，消除监管套利。

1. 依照账户功能及业务实质完善预付卡管理办法

预付卡账户和非银行支付账户在功能及业务实质上存在诸多相似之处，均为拥有沉淀资金的储值工具。随着预付卡账户的电子化，非银行支付账户与预付卡账户在存储介质上的差异在不断减少，部分单用途预付卡受理应用面不断拓展，已从实质上突破了"单用途"的定义。建议我国监管密切关注此类预付卡发展动向，针对预付卡账户采取与非银行支付账户平行的监管举措。

2. 从账户发行、收单角度区分支付机构资质

在线上线下融合发展的趋势下，仅根据移动、互联网、银行卡等业务场景划分机构类型，进行资质认定，已无法满足支付账户体系的创新发展需求。建议我国监管借鉴境外发达市场思路，按照是否涉及账户资金发行、

流转进行资质判定，将同时从事账户发行、收单和仅从事收单的支付机构牌照资质予以区分。对于支付机构同时从事账户发行和收单的，逐步加强账户安全监管层级，采取与商业银行类似的监管举措。

（二）推动建立统一的底层账户运营标准，实现各类账户间的互联互通，提升交易透明度

统一的底层账户运营标准将有助于实现银行账户与支付账户、行业账户间的异业验证，为底层互通和相互引流提供基础。同时，在Token域控技术的支撑下，交易透明度、可追溯性将显著提升，有助于监管机构对账户资金实行穿透式监管。

考虑到已广泛应用于个人支付场景的银行卡号既是银行卡发展的基础，也可作为各类数字支付产品的交易识别号。建议利用EMVCo的Token2.0技术，参考国际卡公司的NHPP服务方案，利用Token技术和银行卡号的映射，以卡公司为主推动行业建立统一的底层账户运营标准（包含Token标准、账户编码体系及运作规则等），并基于Token域控技术实现跨机构、跨领域、分层级、多类别账户管理。同时，建议制定交易信息报送相关行业标准，可以通过规定Token号中的固定字段或要求账户运营方上送交易报文域信息至账户资金清算机构，对账户等级、应用行业、资金来源等进行细化管理。

（三）鼓励产业各方建立开放生态，促进账户间的信息和资源共享

目前，国务院已印发《政务信息资源共享管理暂行办法》，推动实现各地方及各部门政务信息系统互联和公共数据共享。建议监管机构在政府内部信息共享的基础上，逐步加大政府信息向企业机构、商业银行的开放力度，优先支持金融账户运营方在工商、税务、司法、公安等职能部门进行信息的查询、比对，推动银行开户系统加快与工商行政部门的企业注册登记系统、预约开户系统等对接，在防范金融风险的同时有助于简化开户流程，实现同名账户在不同账户运营方的交叉验证。

同时，高度关注境外开放银行政策对支付产业带来的影响和作用。在权衡产业各方利益，保障用户隐私安全，维护产业发展秩序的前提下，鼓励国内账户运营方特别是传统商业银行建立开放服务平台，在运用数据脱敏手段保障自身核心资源的同时，快速与行业信息资源对接，实现账户服务的标准化、模块化输出，提升支付产业的总体运作效率。

（四）提升账户资金清算机构的系统处理能力，满足不同账户多样化的资金清算需求

在断直连背景下，非银行支付机构逐步接入账户资金清算网络。支付

账户尤其是行业账户因行业属性的不同，对资金清算的需求差异较大，建议鼓励账户资金清算机构对现有交易处理系统进行扩容升级，构建多样化的资金清算平台，为不同账户运营方提供丰富的资金清算服务。例如，支持个人理财类账户的T+0、T+1、D+0等赎回和到账，支持企业账户的供应链上下游款项划付、大型物流上下游结算、汇款及资金实时、批量或多批次结算等需求，并通过关闭商户反向交易权限、设置交易限额等方式防范相关业务风险。

(五) 推动全面提升账户服务水平，提高账户使用体验

1. 加大个人账户分类监管执行力度，鼓励账户合作试点

目前，个人银行账户分类管理办法存在执行力度不到位，个人主动开户意愿不强等问题。建议从地方人民银行、相关政府机构层面着手，加大力度推动商业银行Ⅲ类户跨行验证的全面开通，以Ⅲ类账户的互联互通促进Ⅱ类账户之间的跨行验证，打破六大行联盟和十二行联盟的壁垒，全面实现Ⅱ类户的跨行验证、发行和受理。同时在账户分类监管框架下，推动银行账户、支付账户、行业账户间达成异业合作，由账户清算机构进行交易处理，在保障信息安全的同时，为终端用户提供更为多样化的创新服务。

2. 结合场景建设，推进金融科技在账户创新领域的应用

持续推动传统支付产业与金融科技的融合发展，加速实现传统账户开立、验证、管理等流程的网络化、智能化。在账户信息互通基础上，构建账户大数据生态，推动实现账户服务的"千人千面"。以便民示范工程为切入点，鼓励产业各方加大支付账户在场景建设方面的应用创新，可以考虑利用 Token 技术根据不同场景设置差异化的账户属性及功能，并针对不同的账户层级及场景配套相应的风控管理。

3. 构建完善对公账户体系，提升对公服务水平

建议人民银行及相关监管机构在持续推动优化企业开户服务，提升企业开户效率的同时，推动建立对公业务相关的统一行业规则及标准，鼓励具备相关资质及风险管控能力的账户运营方（如大型商业银行、账户资金清算机构）运用信息化手段进一步健全、完善对公账户体系，在账户功能、体验、应用场景等方面积极实践创新，并且通过对中小企业提供差异化的服务，助力实践普惠金融。

参考文献

[1] 张铭睿，谢安. 美国政府开放数据的实践及启示 [J]. 中国统计，2015 (5)：24 – 26.

[2] 巴曙松. 支付账户分类监管的政策建议 [J]. 经济, 2015 (4): 9.

[3] 苏盼. 美国第三方支付州法监管制度述评及启示 [J]. 金融法苑, 2016 (1): 202-215.

[4] 巴曙松, 杨彪. 第三方支付国际监管研究及借鉴 [J]. 财政研究, 2012 (4): 72-75.

[5] 魏景茹. 个人银行账户实施分类管理影响研究 [J]. 吉林金融研究, 2017 (6): 62-64.

[6] 张彬. 第三方支付监管问题研究 [J]. 互联网金融与法律, 2014 (4): 1-8.

[7] 杨敏. 个人银行账户分类管理存在的问题亟待关注 [J]. 金融经济, 2018 (8): 148-149.

[8] Federal Reserve System. Strategies for Improving the U. S. Payment System. 2015-01-26.

[9] Deutsche Bank Markets Research. New Partnerships Reveal Deeper Strategy. 2017-07-24.

[10] Chandra Srivastava. Payment Account Reference Overview. Visa Public. 2016-04-06.